STALKING

Rasso Knoller

STALKING

Wenn Liebe zum Wahn wird

Schwarzkopf & Schwarzkopf

Vorbemerkung

Im folgenden Text beschreibt der Begriff Stalker sowohl männliche Täter als auch im Plural die Gruppe der Stalker, also männliche und weibliche Täter gleichermaßen. Die weibliche Form Stalkerin wird nur dann angewandt, wenn es sich ausdrücklich um eine weibliche Person handelt. In einigen Textpassagen und Zitaten kommt auch der Begriff Stalkee zur Anwendung. Er kommt aus dem Englischen und meint Stalkingopfer. Die Namen der Opfer und Täter in diesem Buch sind anonymisiert, auch wenn bei den Zitaten aus Internetpostings ein »Nickname« angegeben wird, wurde er verändert.

1. TEIL

EINLEITUNG

Stalking ist ein Verbrechen, das meist im Verborgenen bleibt. Von der Öffentlichkeit wird es oft nur zur Kenntnis genommen, wenn Berühmtheiten betroffen sind. Und doch werden 12–17 % aller Frauen und 4–7 % aller Männer in Deutschland mindestens einmal in ihrem Leben Opfer von Stalkern. Das heißt, sie werden längerfristig von einer Person verfolgt, belästigt und teilweise auch bedroht. Oft sind es die Ex-Partner, die es nicht verkraften können, zurückgewiesen bzw. verlassen zu werden. Um ihre Macht auch nach der Trennung auszuüben, beginnen sie ihren ehemaligen Partner zu terrorisieren. Stalker können aber auch flüchtige Bekannte oder völlig Fremde sein, und manches Opfer weiß über Jahre hinweg nicht, von wem es in Angst und Schrecken versetzt wird. Leider bekommen die Opfer in Deutschland kaum Unterstützung. Während in den USA Stalking als Straftat gilt und die Justizbehörden mit aller Härte gegen die Täter vorgehen, gilt bei uns Stalking als Kavaliersdelikt, ausgeführt von »nicht-erhörten Liebenden«. Ihnen werden mildernde Umstände eingeräumt und die Straftaten oft als Partnerschaftsstreitigkeiten bagatellisiert. Ein Grund dafür ist u.a. die erschreckende Unwissenheit bei den Polizei- und Justizbehörden. Auch die Werbung greift die Stalkingthematik verharmlosend auf: In einem Fernsehspot der Telekom Austria wird beispielsweise ein süffisant lächelnder junger Mann gezeigt, der ganz lässig sagt: »Ich will wissen, wie sie heißt und wo sie wohnt ... bevor ich sie anrufe ...«

Es klingelt an der Tür. Nachts um elf und sicher schon zum zwanzigsten Mal an diesem Abend. Rainer K. zieht sich die Decke über den Kopf und versucht weiterzuschlafen. An die Tür geht er nicht, denn wer da ist, weiß er ohnehin. Wie einige hunderttausend andere Deutsche ist K. das Opfer eines Stalkers, eines Menschen, der andere aus scheinbarer »Liebe« belästigt und bedroht. K. war schon mehrmals bei der Polizei, um dort Anzeige wegen nächtlicher Ruhestörung oder Hausfriedensbruch zu erstatten. Aber meist unter dem anzüglichen Lächeln der diensthabenden Polizeibeamten, die seine Aussage, Nacht für Nacht stehe eine Frau vor seiner Tür und verlange sturmklingelnd Einlass, mit der Bemerkung »das möchten wir auch« kommentierten. Erst als die Stalkerin in seine Wohnung einbrach und ihn bestahl, wurde die Polizei aktiv. Eine Anzeige wegen Wohnungseinbruchsdiebstahls war die Folge – das Verfahren wurde aber nie eröffnet und von der Staatsanwaltschaft wegen Geringfügigkeit eingestellt.

Beispiele wie dieses gibt es zu Tausenden, sie erzählen von Unwissenheit und Inkompetenz auf Seiten der Behörden, allzu oft aber auch von zerstörten Lebensgeschichten, Krankheit, Arbeitsunfähigkeit oder gar Mord und Selbstmord.

1. STALKING – WAS IST DAS?

Stalking ist das wiederholte Belästigen und Verfolgen einer anderen Person über einen längeren Zeitraum hinweg, das beim Opfer Angst, Sorge und Panik auslöst.

Stalking. Hätte man vor zwanzig Jahren nach dem Wort gefragt, hätten es allenfalls Anglisten erklären können und es als einen Begriff aus der Jägersprache übersetzt, der in etwa »anschleichen« oder »anpirschen« bedeutet. Auch heute weiß noch lange nicht jeder, was Stalking ist, und die, die das Wort gehört haben, bringen es meist in Zusammenhang mit Berühmtheiten. »Ist das nicht, wenn Fans ihren Stars nachstellen und sie belästigen?«, ist die meist unsichere Antwort. Laut einer Studie der Kriminologin Julia Bettermann konnten von 75 Befragten nur sieben, also weniger als 10 % den Begriff Stalking einigermaßen richtig einordnen. In der Tat sind viele Berühmtheiten schon einmal Opfer eines Stalkers geworden, die Liste der Betroffenen ist endlos und reicht von Kati Witt über Steven Spielberg und Madonna bis zu Jeanette Biedermann und Guido Westerwelle. Doch es werden nicht nur Stars von Stalkern verfolgt. Im Gegenteil: Die meisten Opfer sind ganz normale Menschen.

Wann spricht man von Stalking?

Theresa hat sich von ihrem Freund Oliver getrennt. Der aber will das nicht wahrhaben, ruft nun mehrmals täglich an und fleht sie an, die Beziehung fortzusetzen und ihm noch einmal eine Chance zu geben. Ein Fall von Stalking? Sicher nicht – zumindest noch nicht. Noch ist es »normaler« Liebeskummer, wie ihn viele schon einmal erlebt haben. Im Trennungsschmerz schießt mancher schon mal übers Ziel hinaus. Hofft, die Geliebte dadurch zurückzugewinnen, dass er sie mit Rosen überhäuft, mit Liebesbriefen bombardiert, an der Arbeitsstelle anruft oder unangemeldet zu einem »Versöhnungsabendessen« vorbeikommt. Liebeskummer klingt aber ab, und die Kontaktaufnahmen werden seltener und hören schließlich ganz auf. »Liebeskummer-Oliver« wird sich bald ein Leben ohne Theresa vorstellen können und vielleicht sogar irgendwann mit ihr richtig gut befreundet sein. Beide werden dann über seine übertriebenen Rosenattacken und seinen »Telefonterror« lachen können. »Stalking-Oliver« wird aber auch noch nach Wochen und Monaten Dutzende Male am Tag bei Theresa anrufen, und es wird ihm egal sein, ob es elf Uhr morgens oder drei Uhr nachts ist. Es wird ihn nicht kümmern, wenn das gemeinsame Kind aufwacht und sich schlaflos in seinem Bettchen wälzt, wenn er nachts gegen die Tür trommelt, und es ist ihm auch egal, wenn er sich durch seine nächtlichen Auftritte den Zorn der Nachbarn zuzieht. Er wird auf Theresa vor der Haustüre warten und sie festhalten, weil er »unbedingt mit ihr sprechen muss«. Er wird ihr auf der Straße hinterherlaufen und sie mit Liebesschwüren oder auch Beschimpfungen überhäufen. Theresa wird ihm erst freundlich, dann immer bestimmter sagen, dass sie ihn nicht mehr sehen will, aber Oliver wird das nicht kümmern. Im Gegenteil. Es wird immer schlimmer, die Nachstellungen nehmen an Häufigkeit und Heftigkeit zu.

Ein weiteres Beispiel: Martina hat einen »supersüßen« Englischprofessor. Er sieht gut aus, ist intelligent und blickt während der Vorlesung, so glaubt sie jedenfalls, immer wieder zu ihr hin. Irgendwann rafft sie ihren ganzen Mut zusammen und schickt ihm eine Rose samt Liebesbrief. Als er ihr nicht antwortet, ruft sie sogar bei ihm an. Stalking? Noch nicht – allenfalls peinlich. Vorausgesetzt, Martina hört jetzt mit ihren Zudringlichkeiten auf und konzentriert sich auf englische Vokabeln und nicht auf den Professor, der sie ihr beibringen will.

»Stalking-Martina« sieht aber sogar in der Zurückweisung ein geheimes Signal. Hat der Professor denn nicht am Tag, nachdem er die Annahme der roten Rose verweigert hatte, in der Vorlesung einen schwarzen Pullover getragen? »Stalking-Martina« ist klar, damit gab er ihr sicher ein geheimes Zeichen der Liebe. Denn: Rot und Schwarz – war doch der Roman von Stendhal, in dem es um eine tragische Liebe ging? Martina wird jetzt ihre Anstrengungen verdoppeln, verdreifachen, ja verzehnfachen. Sie wird täglich bei ihrem Professor vor dem Sprechzimmer warten, wird ihm in den Urlaub hinterherreisen und ihm regelmäßig Geschenke schicken. Dass der Professor glücklich verheiratet ist und zwei Kinder hat, stört sie nicht.

Auch Wissenschaftler haben sich Gedanken gemacht und einen Kriterienkatalog für die Definition von Stalking aufgestellt. Zunächst einmal muss die Handlungs- und Bewegungsfreiheit des Opfers eingeschränkt werden – im obigen Beispielfall geschieht das dadurch, dass Oliver vor der Wohnungstüre auf Theresa wartet und ihr immer und immer wieder ein Gespräch über die Trennung aufzwingen will. Aber auch scheinbar »harmlose« Verhaltensweisen, wie ständiges Hinterherlaufen auf der Straße, schränken den Bewegungsspielraum ein. Das Opfer wird sich schon überlegen, ob es unbedingt seine Wohnung verlassen muss, wenn es weiß, dass sich sofort ein Verfolger an die eigenen Fersen heften wird. Auf einen entspannenden Cappuccino zum Italiener um die Ecke geht es dann sicher nicht mehr.

Ein weiteres Definitionskriterium für Stalking: Der Täter nimmt eine Zurückweisung durch das Opfer nicht zur Kenntnis oder sieht diese sogar als Bestärkung. Viele Stalkingopfer können von den absurdesten Situationen berichten. Rainer K., dessen Geschichte im zweiten Teil des Buches erzählt wird, erinnert sich, wie er seiner Stalkerin in seiner Verzweiflung ins Gesicht gebrüllt habe, dass er sie »verdammt noch mal nicht liebe«. Ihre Reaktion, ein Lächeln und der Satz: »Ich kann in deinen schönen blauen

Augen sehen, dass du mich liebst.« Ihr Stalkingverhalten hat sich selbstverständlich nicht geändert.

Stalker, die ihren ehemaligen Partner verfolgen, sind besonders resistent gegen Zurückweisungen. Da kann die Ex-Frau noch so oft sagen, dass sie endlich in Ruhe gelassen werden möchte, für den Stalker ist dies kein Grund aufzuhören. Selbst gerichtliche Auflagen dem Opfer fernzubleiben führen nur selten zum Erfolg (siehe dazu S. 149f.).

Ebenfalls wichtig: Um von Stalking sprechen zu können, müssen sich die Aktionen über einen längeren Zeitraum erstrecken. Was man unter »lange« versteht, darüber herrscht unter Stalkingforschern allerdings keine Einigkeit. In den USA und Australien wird im Allgemeinen ein sehr enger Maßstab angelegt, d.h. eine relativ kurze Dauer der Belästigung reicht aus, um das Vergehen als Stalking zu definieren. In Europa fordert man dagegen eine Mindestdauer von zwei bis vier Wochen, bevor man von Stalking ausgeht.

Viele Wissenschaftler sprechen nur dann von Stalking, wenn sich das Opfer durch die Aktionen seines Verfolgers belästigt und bedroht fühlt. Dem halten manche Kollegen entgegen, nur weil das Opfer nervenstark sei, ändere dies nichts an der Tatsache, dass ein bestimmtes Verhalten ein Verbrechen ist.

Die Grenzen zwischen sozial akzeptiertem Verhalten und Stalking sind fließend, und deswegen ist auch für die Opfer eine angemessene Reaktion schwierig. Denn jede Stalkingaktion beginnt zunächst scheinbar harmlos. Auch ein potentielles Stalkingopfer wird den ersten Blumenstrauß, und mag er auch von einem noch so unsympathischen Verehrer kommen, geschmeichelt in Empfang nehmen. Beim 100. Blumenstrauß innerhalb einer Woche wird dieselbe Person ganz anders reagieren. Für die Betroffenen ist es deswegen oft schwer, den »richtigen« Zeitpunkt zu finden, deutlich Stopp zu sagen. Gerade das aber ist sehr wichtig und kann den zukünftigen Verlauf des Stalkings entscheidend beeinflussen (siehe dazu S. 43).

Wann spricht man von Stalking?

- wenn die Handlungs- bzw. Bewegungsfreiheit des Opfers eingeschränkt wird
- wenn der Täter Zurückweisungen durch das Opfer nicht zur Kenntnis nimmt bzw. diese keine Auswirkungen auf sein Verhalten haben
- wenn die Belästigungen regelmäßigen und andauernden Charakter haben
- wenn das Verhalten vom Opfer als Bedrohung / Belästigung wahrgenommen wird

Ob man von Stalking spricht, hat nichts mit der Heftigkeit der Nachstellungen zu tun. Oft sind es gerade die kleinen und an sich unspektakulären Aktionen, die das Opfer zermürben. Elmyra, eine junge Frau, berichtet im Internet über ihr Stalkingerlebnis. Sie schreibt: »Ich hatte einen Stalker. Und wenn ich alle die kleinen Dinge, die er im Laufe der Zeit gemacht hat, hintereinander erzählen würde, würde wahrscheinlich jeder sagen: ›Das ist doch kein Stalking. Der hat sich doch nur Mühe gegeben. Der ist dir ein bisschen hinterhergelaufen. Das ist doch süß.‹ Und es stimmt – viele der Aktionen hätte ich, kämen sie von einem anderen und nicht in einer solchen Masse, sicherlich süß gefunden. Gut für mein Ego. Schließlich hat er nie Anzeichen von Gewalttätigkeit erkennen lassen. Oder irgendetwas getan, das auch nur annähernd strafrechtlich relevant gewesen wäre. Tatsache ist aber: Ich wollte das nicht. Ich habe ihm das deutlich gesagt. Mehrmals. Er hat nicht aufgehört. Das hat an meinen Nerven gezerrt, durch überladene Mailboxen den Kontakt mit Menschen erschwert, mit denen ich Kontakt haben wollte, und mir teilweise trotz der Harmlosigkeit der Einzelaktionen auch Angst gemacht.«

STALKING VS. MOBBING

Mitunter wird Stalking mit Mobbing gleichgesetzt bzw. beides wird verwechselt. Trotz vieler Gemeinsamkeiten gibt es aber deutliche Unterschiede.

Bei Mobbing wird eine Person am Arbeitsplatz von Kollegen über einen längeren Zeitraum und wiederholt schikaniert, belästigt, beleidigt, ausgegrenzt oder mit kränkenden Arbeitsaufgaben bedacht. Ausgangspunkt des Mobbing ist oft ein unausgetragener Konflikt, der das Arbeitsklima vergiftet. Spitze Bemerkungen und Gehässigkeiten gegenüber dem Mobbingopfer sind die Folge, es wird für Fehler in der Abteilung zum Sündenbock gemacht. Die Feindseligkeiten nehmen zu, der ursprüngliche Konflikt tritt in den Hintergrund. Niemand will mehr mit der gemobbten Person zusammenarbeiten, sie wird nicht mehr akzeptiert und respektiert. Der Gemobbte wird unsicher und macht irgendwann wirklich Fehler. Der reguläre Arbeitsablauf wird gestört, der Gemobbte erscheint als »Sand im Getriebe« und ihm wird oft die Kündigung nahe gelegt. Durch den ständigen Stress, dem sie ausgesetzt sind, werden Mobbingopfer häufig krank und sind nicht mehr arbeitsfähig.

Zwischen Mobbing und Stalking gibt es viele Übereinstimmungen – in beiden Fällen wird das Opfer über einen längeren Zeitraum belästigt, und die Aktionen erhalten oft erst durch ihre Wiederholung einen schwerwiegenden Charakter. Einmal ungerecht gemaßregelt zu werden ist unangenehm, als Mobbing kann man es aber noch nicht bezeichnen. Ebenso wie ein einzelner nächtlicher Drohanruf noch kein Stalking darstellt.

Stalking und Mobbing unterscheiden sich aber auch in wesentlichen Punkten. Stalker haben bzw. wünschen in der Regel eine persönliche Beziehung zum Opfer, Mobber sind daran nicht interessiert. Ihr Ziel ist es, dass die gemobbte Person verschwindet, für viele Stalker wäre dies die größte Katastrophe.

Mobbing	Stalking
• Regelmäßige Belästigung über einen längeren Zeitraum (meist am Arbeitsplatz) • (Meist) mehrere Mobber belästigen ein Opfer • Ist zielgerichtet, haben die Mobber ihr Ziel erreicht, beenden sie die Belästigung • In der Regel keine körperliche Gewalt gegen das Opfer	• Regelmäßige Belästigung über einen längeren Zeitraum • Ein Täter belästigt ein oder mehrere Opfer • Ziel des Stalking ist mit der gestalkten Person eine Beziehung aufzubauen, sich an ihr zu rächen etc. • Es besteht die Gefahr, dass körperliche Gewalt angewendet wird

Beim Stalking bedroht ein Täter ein oder mehrere Opfer, beim Mobbing verschwören sich meist mehrere »Kollegen« gegen ein Opfer. Ein weiterer Unterschied zwischen Mobbing und Stalking ist, dass Mobbing zielgerichtet ist, d.h. sobald das Opfer seinen Arbeitsplatz aufgegeben hat bzw. man seine Versetzung erreicht hat, hört das Mobbing auf. Beim Stalking verfolgt der Täter sein Opfer dagegen überall hin, d.h. auch wenn es seinen Lebensmittelpunkt verlagert, geht die Verfolgung weiter. Mobbingopfer sind ebenso wie Stalkingopfer durch psychische Krankheiten gefährdet, in beiden Fällen führt der ständige Stress zur Erkrankung. Allerdings wenden Mobber im Gegensatz zu Stalkern fast nie körperliche Gewalt an.

GESTALKT WURDE SCHON IMMER

Stalking ist erst seit wenigen Jahren ins Bewusstsein der Öffentlichkeit gelangt, doch gestalkt wurde eigentlich schon immer – nur wurde Stalkingverhalten lange Zeit nicht nicht als strafbares Vergehen betrachtet. »Die Phänomene, die Stalking beschreibt, sind so alt wie die Menschheit und die Liebe selbst. Schon in der antiken Medizin wusste man, dass ›fehlgeleitete Liebe den Verstand umnebeln‹ kann«, so der Psychiater und Psychotherapeut Dr. Peter Schlegel.[1] Liest man die antike Mythologie mit entsprechendem Blick, kann man sogar dort Geschichten finden, die von Stalking erzählen. Apollo beispielsweise belästigte die Nymphe Daphne so sehr, dass die vor seiner »Liebe« floh und sich lieber in einen Lorbeerbaum verwandeln ließ, als sich der stalkenden Gottheit hinzugeben. Im Mittelalter wurde das, was wir heute als Stalking bezeichnen, als »romantische Liebe« eingestuft. Zurückweisungen, und seien sie auch noch so ernst gemeint, entmutigten den Werber nicht, sondern spornten ihn zu immer neuen Anstrengungen an. Ein Verhalten, das so mancher zurückgewiesene Freier auch heute noch zeigt und sein Stalkingverhalten mit angeblicher Liebe rechtfertigt. Was solche Menschen vergessen – wir leben nicht mehr im 13. Jahrhundert.

Auch in späteren Jahrhunderten verstand man unter wirklicher Romantik, dass ein Mann sein Werben nie aufgeben durfte. In der Literatur findet man zahllose Liebesgedichte, die sich mit heutigen Augen gelesen eher wie eine Anleitung zum Stalking ausnehmen. Dante Alighieris Beschreibung seines hartnäckigen Werbens um Beatrice ist bei Erscheinen des Buches 1576 als romantisches Ideal verklärt worden, heute würde ein solches Verhalten als Stalking eingestuft. Bereits 1623 beschrieb der Arzt Jacques Ferrand unter dem Namen »Alte Jungfern Psychose« eine Krankheit, bei der Frauen sich schwärmerisch einer unerreichbaren männlichen Person zuwandten und diese mit ihrer Liebe verfolgten. Im 19. Jahrhundert sprach man dann vom »Versuch eines kokettierenden klimakterischen Weibes, noch einmal gefallen zu wollen« oder der »natürlichen Erkrankung bei alternden Mädchen«. Als Ursachen, die zum Ausbruch der »erotischen Verrücktheit« führten, wurden damals Onanie, weil sie die nervliche Erregbarkeit erhöht, das Lesen von romantischen Romanen und allzu weiche Erziehung festgemacht. Der französische Psychiater

Gaetan de Clérambault (1872–1934) »entdeckte« die Erotomanie, eine Krankheit, die häufig Stalkingverhalten auslöst. Sie ist auch als Clérambault'sches Syndrom bekannt. Menschen, die darunter leiden, leben in dem Glauben, dass sie von einer anderen, meist höher stehenden und unerreichbaren Person, geliebt werden. Oft glaubt der Erotomane zudem, dass ihm das Objekt seiner »Liebe« geheime Zeichen gibt, um mit ihm Kontakt aufzunehmen.

Der englische König George V. wurde Anfang des 20. Jahrhunderts von einer älteren französischen Dame gestalkt. Sie belagerte richtiggehend den Buckingham Palast und interpretierte bereits die kleinste Bewegung an irgendeinem der Vorhänge des Schlosses als Zeichen des Königs, der ihr so seine Liebe gestehen wollte.

Da Stalking lange nicht als abnormales Verhalten oder Straftat wahrgenommen wurde, kann man im Nachhinein nur aus dem Studium von Gerichtsakten schlussfolgern, dass viele spektakuläre Gewaltverbrechen des 20. Jahrhunderts eine Stalkingvorgeschichte hatten. Das berühmteste Stalkingopfer jener Zeit dürfte Greta Garbo gewesen sein. Trotz ihrer zurückgezogenen Lebensweise wurde sie immer wieder das Opfer wahnhafter Fans. 1949 wurde der bekannte amerikanische Baseballspieler Eddie Waitkus von einer 19-jährigen Frau angeschossen, die ihn schon länger verfolgt hatte. Als man ihr Zimmer durchsuchte, fand man dort Dutzende von Fotos, die den Sportler zeigten. Außerdem hatte sie schon seit Jahren Zeitungsausschnitte mit allen Meldungen über ihn gesammelt. Die Beschreibung des Falles ähnelt in vielen Details Vorfällen aus der heutigen Zeit, die man unter dem Oberbegriff »Starstalking« subsumiert (siehe dazu ab S. 50ff). 1960 erschien der Roman »This Sweet Sickness« (dt. »Der süße Wahn«) von Patricia Highsmith, in dem die Krimiautorin einen Stalkingfall beschreibt. Er erschien zu einer Zeit, lange bevor Stalking als Verbrechen in der amerikanischen Öffentlichkeit wahrgenommen wurde bzw. der Begriff geprägt wurde. Ende der sechziger

Jahre wurde Bill Lennon erschossen. Er war der Vater der Lennon Sisters, einer damals bekannten »Mädchen-Band«. Sein Mörder Chester W. H. Young hatte über Jahre seine Tochter Peggy verfolgt und ihn durch drei Schüsse aus nächster Nähe getötet, weil er angeblich der Hochzeit mit Peggy im Wege stand. Zuvor hatte Chester sogar einen Brief an US-Präsident Lyndon B. Johnson geschrieben und ihn bedroht, weil er ihn mitverantwortlich dafür machte, dass er Peggy Lennon nicht heiraten konnte. 1983 versuchte ein Stalker mehrfach auf das Grundstück von Olivia Newton-John einzudringen. Er war von den Augen der Sängerin und Schauspielerin so fasziniert, dass er ständig in ihrer Nähe sein wollte. Als er immer wieder abgefangen wurde, reiste er an seinen Heimatort zurück und tötete dort seine Eltern, seine Cousins und Cousinen und einen Neffen – alle durch Schüsse in die Augen.

STALKING WIRD IN DEN USA ZUM STRAFTATBESTAND

Wirklich zum Thema wurde Stalking aber in den USA erst 1989 durch den Mordfall Rebecca Schaeffer. Die relativ unbekannte junge Schauspielerin aus einer Vorabendserie war vom 19-jährigen Robert Bardo erschossen worden. Er war ihr größter Fan und hatte in sein Tagebuch geschrieben: »Sie trat zum rechten Zeitpunkt in mein Leben. Sie war klug, schön, wunderbar, ich war von ihrer Unschuld beeindruckt. Für mich wurde sie zur Göttin. Von diesem Augenblick war ich Atheist und betete nur noch sie an.«

Jahrelang hatte er ihr glühende Fanpost geschickt und in seinem Zimmer einen Altar mit Fotos von ihr aufgebaut. Auf seinen ersten Brief antwortete Schaeffer noch persönlich und sagte, es wäre der schönste Brief eines Fans gewesen, den sie je erhalten habe. Ohne es zu ahnen, hatte sie mit ihrer Freundlichkeit vermutlich ihr eigenes Todesurteil gesprochen. Schon vorher hatte Bardo andere Promis gestalkt, hatte da aber nicht diese Bestätigung bekommen. Nach seiner Verhaftung gab Bardo zu Protokoll, dass er von dem Zeitpunkt an, da er Schaeffers Brief in Händen hielt, wusste, »dass er mehr wollte«. Vom fanatischen stalkenden Fan zum Möder wurde Bardo, weil seine Angebetete in einem Film in einer Liebesszene mit einem anderen zu sehen war. Für ihn war die bis dahin in seinen Augen reine und unschuldige Schauspielerin zu einer der »Huren von Hollywood« geworden. Seine Briefe nahmen nun einen drohenden Ton an. Er fertigte eine lebensgroße Zeichnung ihres Körpers, auf der er genau einzeichnete, wo sie die Schüsse aus seiner Waffe treffen sollten. Mehrfach versuchte er, der Schauspielerin am Set aufzulauern. Er wurde aber immer von Sicherheitsbeamten abgefangen, die ihn des Geländes verwiesen. Seinen Bruder fragte Bardo, ob er ihm eine Waffe besorgen könne, seiner Schwester erzählte er, dass er Schaeffer ermorden würde. Niemand nahm seine Drohungen ernst und warnte die Schauspielerin. Deswegen wusste sie auch nicht, wem sie die Tür öffnete, als am 17. Juli 1989 Bardo, als Blumenbote verkleidet, an ihrer Haustüre klingelte. Der Stalker hielt ihr ein Foto entgegen, sagte, er sei ein glühender Fan und bat um ein Autogramm. Schaeffer unterzeichnete und bat ihn zu gehen. Wenige Minuten später klingelte Bardo erneut und schoss Schaeffer ohne Vorwarnung in die Brust. Sie starb mit den Worten »Warum, warum?« auf den Lippen.

Warum? Nach der Tat wurde schnell klar, dass dic junge Frau nicht hätte sterben müssen, wenn man auf die vielfältigen Warnzeichen geachtet hätte. Von Stalking wusste damals aber noch kaum jemand, und entsprechend wurden die warnenden Vorzeichen auch nicht ausreichend ernst genommen.

Nach dem Mord an der Schauspielerin wurden innerhalb kurzer Zeit drei weitere Frauen auf ähnliche Weise von ihren Stalkern ermordet, und dann wurde auch noch die olympische Schiläuferin Patricia Kastle von ihrem getrennt lebenden Mann, der sie schon lange belästigt und bedroht hatte, erschossen.

Diese fünf Morde rüttelten die Öffentlichkeit auf. In den Medien wurde der Begriff Stalking geprägt. Zunächst war damit aber nur das Verfolgen und Nachstellen bei Berühmtheiten gemeint. Sehr schnell wurden in einem Bundesstaat nach dem anderen Antistalkinggesetze erlassen.

Vorreiter war 1991 Kalifornien, bis 1993 gab es entsprechende Gesetze in jedem amerikanischen Bundesstaat und in Kanada. Wiederum zunächst in Kalifornien, später aber auch in anderen Bundesstaaten wurden so genannte Threat Management Units gegründet, speziell in Stalkingfragen geschulte Polizeieinheiten.

Außerdem befasste sich nun auch die Wissenschaft mit dem Phänomen Stalking, und bald standen die ersten Bücher zu diesem Thema in den Regalen. Im Kino wurde »Fatal Attraction« ein Kassenschlager, ein Film, in dem eine Frau nach einer Affäre nicht von ihrem Geliebten lassen kann und dann ihn und seine Familie verfolgt. Schnell wurde auch klar, dass Stalking kein Verbrechen ist, das nur Filmstars treffen kann, und der Begriff wurde nun allgemein verwendet.

Es folgten weitere Länder mit der Verabschiedung von Antistalkinggesetzen, u.a. Australien, Großbritannien, Belgien und die Niederlande.

DIE ENTWICKLUNG IN DEUTSCHLAND

In Deutschland wurde das Problem lange Zeit ignoriert, und es ist eher der Initiative Einzelner zu verdanken, dass Stalking als Problem wahrgenommen wird. So engagiert sich beispielsweise der Rechtsanwalt Dr. Volkmar von Pechstaedt seit Jahren für Stalkingopfer und hat mehrere Fachbücher zu dem Thema veröffentlicht, und die Journalistin Susanne Schumacher hat mit ihrem Buch »Liebeswahn«, das im Jahr 2000 erschien, erstmals eine breitere Öffentlichkeit für das Thema Stalking sensibilisiert.

Anders als in vielen anderen Ländern wurden hierzulande die Politiker nicht von selbst aktiv, sondern erst durch äußeren Druck. 2002 reagierte der Gesetzgeber durch die Verabschiedung des Gewaltschutzgesetzes (siehe dazu S. 148 ff). Dadurch wurde Stalking aber immer noch nicht zu einem Straftatbestand, sondern das Opfer wird nach wie vor auf das Zivilrecht verwiesen. Da das Gesetz eigentlich für Probleme häuslicher Gewalt geschaffen wurde, ist es im Kampf gegen Stalking zudem eine äußerst schwache Waffe. Immerhin aber haben Stalkingopfer seitdem eine rechtliche Möglichkeit, sich gegen ihre Verfolger zur Wehr zu setzen. Über die Verabschiedung eines Antistalkinggesetzes (siehe dazu S. 156ff) wird derzeit debattiert.

Interessant ist die Tatsache, dass es in der deutschen Sprache noch immer keine Entsprechung für das englischsprachige Wort »Stalking« gibt. Allein an der weltweiten Verbreitung des Englischen kann das kaum liegen, denn ein holländisches Wort für Stalking gibt es beispielsweise sehr wohl. Hier spricht man von »Belaging«.

STALKING IN DER MODERNEN ZEIT

Obwohl schon immer gestalkt wurde, scheint das Phänomen in unserer Zeit zuzunehmen. Begründet wird dies mit sozialen und kulturellen Veränderungen, die zu einer Zunahme sozial isolierter Menschen geführt haben. So haben sich die traditionellen Familienstrukturen weitgehend aufgelöst, Großfamilien, wie sie früher üblich waren, gibt es nicht mehr. Das heißt, sowohl die Wärme, die eine Großfamilie schenken kann, als auch die Kontrolle, die sie ausübt, fallen heute weg. An ihre Stelle ist einerseits individuelle Freiheit, andererseits aber auch Vereinsamung getreten. Während psychisch »angeschlagene« Personen früher von der Familie aufgefangen wurden, sind sie heute weitgehend auf sich allein gestellt.

Der Wunsch nach einer Beziehung besteht bei den meisten Menschen weiterhin, die Fähigkeit, eine Partnerschaft zu leben, ist aber vielen abhanden gekommen. Dies ist extrem bei Stalkern der Fall – viele von ihnen wünschen eine Beziehung, einen Partner gewinnen bzw. eine Beziehung aufrecht erhalten können sie aber nicht. Als Konsequenz versuchen sie, Beziehung durch Nachstellungen und Bedrohungen zu bewahren bzw. zu begründen.

Auch die allgemeine Anonymisierung der Gesellschaft wird von vielen Wissenschaftlern als Begründung für das zunehmende Stalking genannt. Während beispielsweise früher selbst in Großstädten die Nachbarn engen Kontakt zueinander pflegten, leben heute die Menschen meist in riesigen Wohnsilos und kennen oft selbst nach Jahren nicht einmal den Namen des Nachbarn. Für viele bedeutet dies mehr Entfaltungsmöglichkeiten. Die daraus resultierende fehlende soziale Einbettung und Kontrolle bedingt aber gleichzeitig, dass ein mögliches Stalkingverhalten nicht frühzeitig erkannt und »abgefedert« werden kann.

STALKING UND DIE MODERNE KOMMUNIKATIONSTECHNIK

Auch die moderne Technik trägt zur Verbreitung von Stalking bei. Wenn der mittelalterliche Stalker seine Angebetete belästigen wollte, musste er zumindest persönlich erscheinen. Das erforderte Mut und war ein ziemlicher Zeitaufwand. Zumindest wenn er zum Ritterturnier in die Nachbarburg unterwegs war, konnte sein Opfer sicher vor seinen Nachstellungen sein. Auch konnte er ihm weder ein Dutzend Pizzas ins Haus liefern lassen, noch beim Versandhandel auf seinen Namen ein Doppelbett bestellen.

Der heutige Stalker kann feige aus dem Hinterhalt agieren und zudem sein Opfer dank Telefon, Handy und Internet jederzeit und von jedem Ort der Welt aus erreichen. Viele persönliche Daten sind im Internet ganz einfach herauszufinden, und fast jeder wird, wenn er seinen Namen »googlet«, interessante Informationen über sich finden. Je mehr eine Person in der Öffentlichkeit steht, desto schwieriger ist es, sich für einen Stalker unsichtbar zu machen. Ein Großteil der »Selbstverteidigung« besteht deswegen auch darin, dafür zu sorgen, dem Stalker Zugang zu möglichst wenigen persönlichen Informationen zu geben.

STALKING ALS KULTURELLES PHÄNOMEN

Stalking wird nicht nur in unterschiedlichen Zeitperioden, sondern auch in unterschiedlichen Kulturen verschieden bewertet. Was beispielsweise in den USA als Stalking gilt, ist in machen islamischen Ländern ein völlig akzeptiertes Verhalten. Dort ist nach traditioneller Vorstellung die Ehre eines Mannes abhängig von dem ehrbaren Verhalten der weiblichen Familienmitglieder und vor allem der eigenen Frau. Bricht diese nun aus der Ehe aus bzw. flieht sie vor einer durch die Familie arrangierten Ehe, hat sie den Mann entehrt, und dem stehen nun alle Mittel offen, um diese Ehre wieder herzustellen. Wenn er sie nun wochenlang belästigt und bedroht, sie vielleicht sogar tötet bzw. ermorden lässt, wird dies in der Gesellschaft toleriert. Mehr noch: Während in dem einen Land der Mann als Täter betrachtet wird, wird in dem anderen die Frau kriminalisiert.

WIE VIELE OPFER GIBT ES?

Genaue Angaben über die Zahl der Stalkingopfer in Deutschland gibt es nicht. Einerseits wurden bisher nur wenige Untersuchungen durchgeführt, zudem fehlt eine eindeutige Stalkingdefinition. Während die eine Forschungsgruppe lediglich zwei unerwünschte Kontaktaufnahmen verlangt, damit die Stalkingdefinition erfüllt wird, fordern andere Forscher einen längeren, meist mehr als zweiwöchigen Zeitraum der Belästigung, bevor sie von Stalking sprechen.

Dies macht die folgenden Zahlen zum Teil schwer vergleichbar, eine Tendenz lässt sich jedoch durchaus ablesen.

Die meisten und größten Untersuchungen wurden bisher in den USA durchgeführt. Bei einer Telefonbefragung von je 8000 Männern und Frauen kam man dort zu dem Ergebnis, dass 12 % aller Frauen und 4 % aller Männer einmal in ihrem Leben Stalking ausgesetzt sind.[2] Bei einer ähnlichen Studie in England fand man heraus, dass 16 % der Frauen und 7 % der Männer schon Stalkingopfer waren.[3] Vergleichbare Werte ergab auch eine australische Studie mit 17 bzw. 7,2 %. Die Werte schnellten sogar auf 33 % bzw. 13 % nach oben, wenn man als Kriterium für Stalking lediglich eine zweimalige unerwünschte Kontaktaufnahme ansetzte.[4] In Deutschland hat Dr. Harald Dreßing, vom Zentralinstitut für Seelische Gesundheit in Mannheim, eine repräsentative Studie mit 2000 Personen durchgeführt. Sie hat ergeben, dass 11,6 % der Befragten schon einmal in ihrem Leben Stalkingopfer waren.[5] Hier wurde eine Stalkingdefinition von mindestens zwei unerwünschten Kontaktaufnahmen über einen Zeitraum von mindestens zwei Wochen zu Grunde gelegt.

Auch bei dieser Studie zeigte sich deutlich, dass wesentlich mehr Frauen Opfer von Stalking werden als Männer. Fasst man die Ergebnisse der Studien zusammen, kann man davon ausgehen, dass zwischen 12 und 17 % aller Frauen und zwischen 4 und 7

% aller Männer einmal in ihrem Leben Opfer eines Stalkers werden. Das bedeutet, dass grob gerechnet fünf bis sieben Millionen Frauen und eineinhalb bis drei Millionen Männer in Deutschland irgendwann zu Stalkingopfern werden. Pro Jahr geht man für Deutschland von gut einer halben Million Stalkingfällen aus, in Großbritannien von 900.000 und in den USA von 1,4 Millionen. Wegen einer erheblichen Dunkelziffer, müssen die genannten Zahlen vermutlich deutlich nach oben korrigiert werden.

Dazu Prof. Sebastian Scheerer vom Institut für Kriminologische Sozialforschung der Uni Hamburg im NDR:

»Betroffen sind Tausende und Zehntausende von ganz normalen Bürgern. Viele erleiden das still, unter anderem deswegen, weil sie eine diffuse Angst haben und in ihrer Lebensqualität enorm beeinträchtigt sind, aber es nicht auf den Begriff bringen können und sich dann auch nicht trauen, jemandem ihr Leid zu klagen. Erst wenn man einen Begriff hat, auf den man ein Unbehagen bringen kann oder auch die Gefährdungssituation, traut man sich es zu artikulieren. Und insofern ist davon auszugehen, dass es ein großes Dunkelfeld an Beeinträchtigungen schwerer und schwerster Art gibt, die erst noch ans Licht kommen werden.«

Die meisten Opfer wollen nach dem Ende der Belästigungen nicht mehr über den Psychoterror sprechen und die Geschichte ein für allemal abschließen. Dies ist an und für sich verständlich, führt aber ebenfalls dazu, dass viele Stalkingfälle unerkannt bleiben.

STALKING FOREVER? – WIE LANGE KANN STALKING DAUERN?

Eine generelle Aussage darüber, wie lange Stalking dauern kann, lässt sich nur schwer treffen. Eine australische Studie hat ergeben, dass die durchschnittliche Stalkingdauer 24 Monate beträgt,[6] eine holländische geht von 48 Monaten[7] und eine amerikanische sogar von mehr als fünf Jahren[8] aus.Eine unter der Leitung von Dr. Harald Dreßing erstellte deutsche Studie kommt zu dem Schluss, dass fast 25 % aller Stalkingfälle länger als ein Jahr dauern, während sich gut 30 % der Fälle bereits nach gut einem Monat erledigt hätten.[9]

Alle diese Forschungsergebnisse sind für die Voraussage der Stalkingdauer in einem individuellen Fall aber ohne Aussagekraft. Zu unterschiedlich ist die Länge des Stalkingverhaltens, und es ergibt deswegen wenig Sinn, einen Mittelwert zu errechnen.

Viel wichtiger ist es zu wissen, dass die Stalkingdauer in der Regel abhängig ist vom Typ des Stalkers (siehe dazu S. 78ff). Am kürzesten ist sie meist bei den so genannten »inkompetenten Stalkern«, sie halten ihre Nachstellungen selten länger als einige Wochen aufrecht, am längsten verfolgen in der Regel »beziehungssuchende Stalker« ihr Opfer. Hier sind Fälle bekannt, in denen das Stalking bis zum Tod des Opfers bzw. des Stalkers anhielt. An den vielen einschränkenden Formulierungen in diesem Absatz, lässt sich erkennen, dass generelle Aussagen nicht möglich sind. Jeder Stalker ist ein Individuum, und deswegen lassen sich allenfalls Wahrscheinlichkeiten voraussagen.

Auch das Verhalten des Opfers beeinflusst die Stalkingdauer. Je konsequenter der Stalker zurückgewiesen wird, desto größer die Chance, dass er mit dem Stalking aufhört. Aber auch hier gilt leider, dass sich eine allgemeine Erfolgsformel wie »konsequentes Antistalkingverhalten = schnelles Ende des Stalkings« nicht aufstellen lässt. Auch Umstände, die vom Stalkingopfer nicht zu beeinflussen sind bzw. gar nichts mit ihm zu tun haben, können zur Beendigung des Stalkings führen. So enden beispielsweise viele Fälle, bei denen der Ex-Partner verfolgt wird, schlicht und einfach dann, wenn der Stalker eine neue Beziehung findet. Allerdings nehmen diese häufig das Stalking wieder auf, wenn sie auch in ihrer neuen Beziehung gescheitert sind. Genau das ist die Tragik für die Opfer. Selbst wenn sich der Stalker einige Zeit nicht mehr meldet, können sie nie sicher sein, dass das Stalking für immer aufgehört hat. Wie Menschen, die in der Nähe eines Vulkans leben, wissen auch Stalkingopfer: »Jetzt ist Ruhe, das heißt aber nicht, dass es im nächsten Monat oder im nächsten Jahr immer noch so sein wird.«

Das Posting der Internetuserin »Cybernatter« zeigt einen solchen Fall. Ihr Ex-Partner hatte sie gestalkt und schließlich sogar versucht, sie zu ermorden. Dafür wurde er zu einer langjährigen Gefängnisstrafe verurteilt. Sie schreibt: »Der Typ wollte mich erschießen und kriegte damals über zehn Jahre. Ich zog mehrmals um, lebe in einer glücklichen Beziehung und habe einen anderen Namen. Auf einer ›Klassentreffen-Suchseite‹ fand er mich, schickte mir einige Mails und stand heute vor meiner Haustür!!!! Ich schlug die Tür sofort wieder zu und rief meine Freundin an. Er weiß alles über mich, was ich in den letzten Jahren gemacht habe!!!! Wie kommt der Kerl, verdammt noch mal, an all diese Informationen? Ich dachte wirklich, das wäre vorbei, was kann ich bloß machen ...?«

Auch Rainer K., dessen Fall hier im Buch ab S. 190 erzählt wird, hatte schon mehrmals während der fünfjährigen Stalkingzeit gehofft, seine Verfolgerin würde von ihm ablassen. Einmal hatte sie sich fast ein Jahr nicht gemeldet, dann aber stand sie plötzlich wieder vor seiner Tür. So erging es auch Eva S. (siehe dazu S. 230ff), deren Ex-Mann das Stalking abgebrochen hatte, als er eine neue Beziehung fand, es aber sofort wieder aufnahm, als ihn die neue Partnerin verließ.

Viele Stalkingopfer sind so erleichtert, wenn ihr Fall »gelöst« ist, dass sie sich nicht mehr mit der Thematik befassen und schon gar nicht über ihre Erlebnisse sprechen wollen. Sie kommen dann besonders schwer damit zurecht, wenn der Stalker erneut zuschlägt und die Verfolgung von neuem beginnt.

Ehemalige Opfer, die sich auch nach Abschluss des Stalking mit der Thematik auseinander setzen und zwar auf eine souveräne und nicht angstbesetzte Art, sind dagegen in der Regel auf den eventuellen Wiederbeginn des Stalking besser vorbereitet. Sie genießen zwar einerseits die »stalkingfreie Zeit«, arbeiten aber gleichzeitig am Aufbau ihrer inneren Stärke und an Strategien, wie sie auf einen erneuten Angriff reagieren können.

IMMER WIEDER KLINGELT DAS TELEFON – DER TÄGLICHE TERROR

Viele Stalkingaktivitäten sind für sich allein genommen harmlos. Ein einziger nächtlicher Anruf, bei dem man sich beschimpfen lassen muss, mag zwar unangenehm sein, eine Einschränkung der Lebensqualität ist er aber nicht.

Anders sieht es aus, wenn man zehn- oder fünfzehnmal täglich angerufen wird. Genau das ist aber das typische Stalkerverhalten: Stalker verfolgen ihr Opfer nahezu täglich und belästigen es häufig rund um die Uhr. Die Darmstädter Stalking Studie ergab beispielsweise, dass 45 % aller Stalker ihr Opfer sogar mehrmals täglich belästigen, 12 % zumindest einmal täglich, ein bzw. mehrmals wöchentlich werden 27 % aller Opfer behelligt.[10] Hinter diesen trockenen Zahlen verbergen sich persönliche Schicksale von Menschen, die in Angst leben müssen.

Ein Stalkingopfer berichtet beispielsweise, dass seine Stalkerin über Wochen täglich vor seiner Tür erschien. »An manchen Tagen stand sie nur da und klopfte alle fünf Minuten gegen die Wohnungstür. Allerdings von acht Uhr morgens bis acht Uhr abends. So, als ob sie zur Arbeit gehen würde, erschien sie regelmäßig zur gleichen Uhrzeit. Sogar eine ›Mittagspause‹ gönnte sie sich, denn von zwölf bis zwei war sie meist verschwunden. Ich wusste, dass ich durch die Tür geschützt war, und das Klopfen war auch nicht besonders laut. Trotzdem war ich nach einigen Tagen dieses Klopfterrors völlig mir den Nerven fertig.« Als das Opfer schließlich zur Polizei ging, erhielt es, nachdem es seinen Fall geschildert hatte, die Antwort: »Wenn eine Frau an Ihre Tür klopft, dann lassen Sie sie doch ein«, und etwas ernster: »Nur weil jemand an Ihre Türe klopft, können wir ihn nicht einsperren«.

Wieder einmal wird in diesem Fall die bei Stalking typische Problematik deutlich. Ein einzelnes Klopfen an der Tür ist natürlich keine Straftat, ja nicht einmal eine Belästigung. Genau das stellt sich aber ein mit Stalkingfragen nicht vertrauter Polizist vor, wenn er die Geschichte des Opfers hört. Er »hört« vor seinem inneren Ohr ein einzelnes Klopfen und lächelt wahrscheinlich darüber, dass es so verrückte Leute gibt, die eine Anzeige wegen Klopfens stellen wollen. Aber wie ist es mit: zwölf Mal klopfen in der Stunde, 120 Mal am Tag, 840 Mal in der Woche, mehrere zehntausend Mal im Jahr? Ein hundertfaches Klopfen am Tag kann sich der Polizist vermutlich nicht vorstellen, weil er das noch nie erlebt hat. Wahrscheinlich kann er sich auch nicht vorstellen, dass nicht das Klopfen das Opfer krank macht, sondern die nervliche Anspannung. Es sitzt als Gefangener in seiner Wohnung und lauscht ständig an der Tür. Es kann sich auf nichts anderes mehr konzentrieren, jedes Geräusch lässt es hochschrecken. Bald ist es nicht allein das Klopfen – ein Bleistift fällt zu Boden, die Dielen knarzen, die Schritte des Stalkers vor der Tür, dessen Atem. Kann man den wirklich hören? Wahrscheinlich nicht, wahrscheinlich ist es nur im Kopf des Opfers. Aber die Angst ist da. Denn: Nicht immer bleibt es beim Klopfen, manchmal hört man den Stalker vor der Tür schreien, manchmal betätigt er die Türklingel, und ein andermal macht er sich mit einem Gegenstand am Türschloss zu schaffen. Das Opfer weiß, dass der Stalker da ist. Es weiß, dass es die Wohnung nicht verlassen kann. Aber es weiß nicht, was der Stalker als Nächstes tun wird. Vielleicht wartet er schon mit einem Messer vor der Tür? Was es aber weiß: »Wenn jemand an meine Tür klopft, dann ist das kein Verbrechen.«

»KREATIVE« STALKER

Stalker verfügen über ein großes Repertoire an feindseligen Aktionen, mit denen sie ihre Opfer verfolgen. Dabei sind sie erstaunlich »kreativ« und beschränken sich nicht nur auf eine Art der Nachstellung. Am häufigsten sind Telefonanrufe, bei denen sie ihre Opfer beschimpfen und bedrohen, sie aber auch mit Liebesschwüren überhäufen. In vielen Fällen gibt sich der Stalker nicht zu erkennen und schweigt ins Telefon. Mitunter suchen Stalker scheinbar »normale« Gespräche, durch die sie Nähe herstellen wollen. Für das Opfer ist es wichtig, sich auch solchen Gesprächen zu verweigern. Andernfalls droht eine Eskalation des Stalkingverhaltens, denn der Stalker sieht das Gespräch als »Belohnung« für seine Beharrlichkeit.

Viele Stalkingopfer erzählen, dass sie bis vor ihre Haustüre verfolgt werden bzw. der Stalker dort auf sie wartet, sie in ihrem Privatbereich beobachtet oder ihnen auf der Straße hinterherläuft. Der persönliche Kontakt hat etwas besonders Bedrohliches und schränkt die Bewegungsfreiheit der Opfer ein. Deswegen ändern auch 90 % von ihnen ihr Verhalten anderen Menschen gegenüber und entwickeln ein größeres Misstrauen in zwischenmenschlichen Beziehungen. Bei 70 % ergeben sich sogar Veränderungen im privaten Bereich.[11] Oft können die Partner nicht mit der Stalkingsituation umgehen bzw. das Opfer verändert sich, bedingt durch das Stalking, so sehr in seiner Persönlichkeitsstruktur (Depressionen, Reizbarkeit etc.), dass die Beziehung belastet wird (siehe dazu S. 118f). Etwas mehr als die Hälfte der Opfer verändern ihr Freizeitverhalten, um dem Stalker zu entgehen. Ein gestalkter Mann erzählte beispielsweise, dass er seine Aktivitäten in einem Lesekreis völlig eingestellt habe. »Einerseits hatte ich natürlich Angst, das Haus zu verlassen, denn vor der Tür konnte meine Kollegin stehen, die mich verfolgte. Dann aber war ich so nervös und hippelig, dass ich mich einfach nicht mehr konzent-

Hier ein paar Beispiele für Stalkinghandlungen:

85 % Ständiges Anrufen, Telefonterror
68 % Häufige Präsenz in der Nähe der Wohnung oder Arbeitsstelle des Opfers
65 % Kontaktaufnahme über Dritte
55 % Ausspionieren im Umfeld
54 % Vor der Haustüre stehen
50 % Schreiben von »Liebes«- und Drohbriefen
47 % Belästigende Kurzmitteilungen
44 % Nachlaufen auf der Straße
43 % Unerwünschte Geschenke
39 % Wortloses Dastehen
35 % Hinterlassen von Nachrichten an der Wohnungstür, am Auto etc.
35 % Verschicken unerwünschter E-Mails
35 % Verfolgen mit dem Auto
26 % Sachbeschädigung z.B. Zerstechen von Autoreifen
18 % Eindringen in die Wohnung
13 % Verschicken von »schockierenden Dingen«
10 % Bestellen von Waren etc. im Namen des Betroffenen

Zahlenangaben nach der Darmstädter Stalking Studie, in: Bettermann, Feenders (Hrsg.): »Stalking. Möglichkeiten und Grenzen der Intervention«, S.27

rieren konnte und ich überhaupt nicht mehr in der Lage war, ein Buch zu lesen. Im Lesekreis ging es mir oft so, dass ich am Ende nicht einmal mehr wusste, was wir eben gemeinsam gelesen und diskutiert hatten.«

DANN BRAUCHT ER GEWALT

Das Ausmaß von Gewalttätigkeiten bei Stalking ist beunruhigend hoch. 39 % der bei der Darmstädter Studie befragten Betroffenen gaben an, körperliche Angriffe seitens des Stalkers erfahren zu haben. Jedes fünfte Opfer berichtete sogar über schwerere Formen von Gewalt wie Schläge mit der Faust oder Angriffe mit Waffen.

Besonders in Ex-Beziehungen ist das Gewaltpotential ausgesprochen hoch (siehe dazu S. 67ff). Wann und ob Stalker gewalttätig werden, lässt sich nicht vorhersagen. Anhand des folgenden Kriterienkatalogs kann aber eine grobe Gefahreneinschätzung vorgenommen werden. Je mehr Punkte zutreffen, desto größer die Wahrscheinlichkeit der Gewaltanwendung:

- antisoziales Verhalten
- vorliegende Persönlichkeitsstörung
- eine Vorgeschichte, die auf Gewaltdelikte hinweist
- das Stalkingopfer ist der Ex-Partner
- Alkohol- bzw. Drogenmissbrauch
- häufige Drohungen
- Selbstmorddrohungen
- Arbeitslosigkeit
- soziale Isolation
- Zugang zu Waffen
- Therapieverweigerung

STALKINGOPFER – ICH DOCH NICHT

Während der Vorrecherche zu diesem Buch sprach ich mit einer Frau, die seit 1993 von ihrem ehemaligen Partner, mit dem sie damals eine dreimonatige Affäre hatte, verfolgt, bedroht und belästigt wird. Am Telefon sagte sie mir: »Bis vor einem halben Jahr wusste ich gar nicht, dass ich gestalkt werde. Ich dachte, ich hätte einfach Pech gehabt, dass ich an so einen unbeherrschten Typen geraten bin.« Diese Geschichte ist kein Einzelfall.

»Du schreibst ein Buch über Stalking«, zeigte sich eine Bekannte interessiert, als sie von meinem Buchprojekt erfuhr. Das sei ja ein spannendes Thema, betreffe aber doch nur die Wenigsten, sagte sie, nur um mir im Laufe desselben Gesprächs eine Begebenheit aus ihrer Vergangenheit zu erzählen, die alle Merkmale eines typischen Stalkingfalls aufwies. Sie habe mit einem Perser eine kurze Beziehung gehabt, und als sie Schluss gemacht habe, wäre der damit nicht zurechtgekommen. Häufig habe er vor ihrer Tür gestanden, sie auf dem Weg zur Universität abgepasst, sie immer wieder aufgehalten und sie zu einem Gespräch gezwungen. Sie habe ziemliche Angst gehabt, aber das Ganze trotzdem nur für ein Problem unterschiedlicher Kulturen gehalten. Im Iran sei man es eben nicht gewöhnt, dass die Frau eine Beziehung beende. Damit hat meine Bekannte sicher Recht – Stalking war das Verhalten ihres Ex-Partners aber trotzdem.

Stalking ist in unserer Gesellschaft ein noch so wenig beschriebenes Phänomen, dass selbst viele Opfer nicht wissen, dass sie davon betroffen sind. Wer vom Ex-Partner verfolgt und belästigt wird, sieht sich oft als unglücklichen Einzelfall. Da man für seine Partnerwahl selbst verantwortlich ist und es doch den Spruch gibt, dass in einer Beziehung nie einer allein schuld ist, redet sich mancher eine Mitschuld am »Ausrasten« des Ex-Partners ein. Stalking ist aber eben kein Problem in einer Partnerschaft, Stalking ist auch kein Problem zweier Menschen miteinander. Im Falle von Stalking gibt es nur ein Problem – und das ist der Stalker!

Für viele Stalkingopfer ist es der erste Schritt aus ihrer Isolation, wenn sie erfahren, dass sie kein Einzelfall sind, sondern dass es Hunderttausende Menschen gibt, die dasselbe Schicksal teilen.

Bevor man sich gegen seinen Stalker zur Wehr setzen kann, muss man sich allerdings eingestehen, dass man gestalkt wird. »Ich doch nicht«, sagen viele und erzählen dann, es sei doch nur der Ex-Mann, der täglich vor der Tür stehe. »Bei anderen ist es doch viel schlimmer«, entschuldigt manches Opfer seinen Stalker und verweist darauf, dass es doch »nur« Telefonterror sei. Seit fünf Jahren zwar, aber von Stalking könne man deswegen nicht sprechen.

Stalking wird in Deutschland erst dann als Verbrechen ernst genommen werden, wenn die Opfer sich selbst ernst nehmen und ihre Verfolger nicht länger in Schutz nehmen!

Typische Verhaltensweisen von »Liebesstalkern«

Telefonterror

Ein Stalker ruft nicht einmal, sondern zwanzigmal am Tag an. Dabei nimmt er keine Rücksicht, wie spät es ist bzw. ob der Anruf erwünscht ist. Er hinterlässt eventuell drohende und beleidigende Nachrichten auf dem Anrufbeantworter.

Unerwünschte Besuche

Ein Stalker sucht sein Opfer wiederholt zu Hause, am Arbeitsplatz oder auch an anderen Orten auf. Spricht man ihn darauf an, verweist er meist auf eine »zufällige Begegnung«.

Post im Übermaß

Ein Stalker schreibt nicht nur einen Brief oder eine Mail, er verschickt nicht nur eine SMS. Wie das Opfer reagiert, hat keine Auswirkungen auf den »Briefverkehr« – auch wenn es sich die Zuschriften verbittet oder nicht antwortet, der Stalker macht weiter. Viele Stalker schicken auch Geschenke, Blumen und andere Aufmerksamkeiten und laden ihr Opfer unablässig zu gemeinsamen Aktivitäten ein.

Überwachung

Ein Stalker beobachtet sein Opfer und spioniert dessen Alltag und Lebensgewohnheiten aus. Er weiß bald alles über das Privatleben des Opfers und zeigt dies dem Verfolgten meist auch deutlich. Ein Stalker steht nicht einmalig kurz vor dessen Haus, sondern stundenlang – und das Tag für Tag.

Keine Grenzen

Ein Stalker verlangt nach der Aufmerksamkeit des Opfers und sichert sich diese notfalls auch durch Sachbeschädigung oder Einbrüche. Die Autoreifen sind zerstochen, man lässt sie reparieren, und kurze Zeit später sind sie wieder platt. Solche und ähnliche Aktionen sind deutliche Hinweise auf Stalking.

JA, ICH WERDE GESTALKT!

Für viele Opfer ist es nicht leicht, sich einzugestehen: »Ja, ich werde gestalkt!« Wissenschaftliche Untersuchungen in den USA haben ergeben, dass es oft ein langer und schmerzhafter Prozess ist, bis ein Stalkingopfer in der Lage ist, aktiv und wirkungsvoll gegen seinen Verfolger vorzugehen. Die unterschiedlichen »Phasen«, die Opfer bis dahin durchlaufen müssen, sind bei den meisten Menschen ähnlich. Dies zu erkennen mag dem einen oder anderen helfen, den »Weg zum Ziel« abzukürzen.

1. Das Opfer will das Stalkingproblem nicht wahrhaben

Nächtlicher Telefonterror. Der Ex-Mann steht täglich vor der Tür. Man erhält unerwünschte Post von einem unbekannten Verehrer.

Das Opfer nimmt zwar wahr, dass es belästigt wird, erkennt aber noch nicht die Tragweite. Drohungen werden nicht ernst genommen. »Es ist doch nur der Ex-Mann, der ständig anruft.« Oder: »Na ja, da ist eben jemand in mich verliebt, das wird sich schon wieder geben.« – »Wenn der seine Wut abreagiert hat, dann kriegt er sich schon wieder ein.« So oder ähnlich ist die Argumentation der Opfer in dieser Phase.

Der Täter wird nicht in seine Schranken gewiesen und interpretiert dies als »stillschweigende« Zustimmung des Opfers.

2. Das Opfer diskutiert mit dem Täter über sein Verhalten

Das Stalking geht weiter, intensiviert sich vielleicht sogar. Der Täter sucht immer wieder Kontakt und verlangt eine »klärende Aussprache« mit dem Opfer. Oft ist es auch das Opfer, das sich durch ein Gespräch eine Verbesserung der Situation erhofft und seinerseits auf den Täter zugeht.

»Wenn mein Ex erst mal weiß, wie sehr er mir mit seinen Nachstellungen wehtut, wird er sicher aufhören.« – »Wenn sie erst mal verstanden hat, dass ich sie nicht liebe, wird sie sich schon beruhigen.« – »Wahrscheinlich weiß er gar nicht, dass ich in einer Beziehung lebe. Wenn ich ihm sage, wie sehr ich meinen Freund liebe, schickt er bestimmt keine Rosen mehr.« Hoffnungen von Stalkingopfern – die in der Regel enttäuscht werden.

Stalker sind völlig unfähig, sich in die Situation des anderen hineinzuversetzen und sich mit dessen Gefühlen auseinander zu setzen. Deswegen ist ein Gespräch zwischen Opfer und Täter von vornherein zum Scheitern verurteilt. Vielmehr wird der Stalker die Gesprächsbereitschaft des Opfers als Erfolg seiner Bemühungen sehen. Denn es macht genau das, was er braucht: Es schenkt ihm Aufmerksamkeit.

3. Anspannung und Stress

Das Opfer erkennt, dass es ständig verfolgt wird. Es wird nervös und gestresst. Angstgefühle, Schlaflosigkeit und andere Stresssymptome setzen ein.

»Ohne meinen Freund verlasse ich meine Wohnung nicht mehr.« – »Nachts bin ich nur noch mit dem Taxi unterwegs, zu Fuß gehe ich nicht einmal mehr kurze Strecken.« – »Ich fühle mich verfolgt, blicke mich ständig um, die Leute müssen mich schon für verrückt halten.«

Der Stalker betrachtet das selbsteinschränkende Verhalten des Opfers als Erfolg. Er erkennt, dass er mit seinen Nachstellungen Einfluss auf das Leben des Opfers ausüben kann.

4. Niedergeschlagenheit und Hoffnungslosigkeit

Das Opfer muss feststellen, dass es mit seiner Freundlichkeit keinen Erfolg hatte. Es ist in einer Situation, in der es mit den »üblichen« Mitteln, die sonst bei zwischenmenschlichen Problemen Anwendung finden, keine Lösung findet. Neue Lösungsansätze hat das Opfer noch nicht gefunden, es empfindet die Situation als ausweglos und verfällt in Verzweiflung und Depressionen. Die Angst nimmt immer mehr zu, denn das Opfer kann nicht einschätzen, wie lange die Verfolgung noch anhält und ob und wann ein körperlicher Angriff droht. Das Selbstbewusstsein sinkt.

»Was soll ich denn machen, wenn er jeden Tag vor meiner Tür steht. Er hört einfach nicht auf mich.« – »Ich habe ihr doch immer und immer wieder gesagt, dass sie verschwinden soll, was soll ich denn noch tun?« – »Ich glaube, das Ganze lohnt gar nicht mehr, egal was ich tue, er lässt nicht locker.«

Der Stalker wähnt sich nahe am Ziel. Er ist in der Lage, den Lebensrhythmus seines Opfers zu bestimmen, und kann seine Machtgefühle befriedigen.

5. Das Opfer sucht die Schuld bei sich

Das Opfer findet keine Erklärungen für das Verhalten des Täters und sucht die Schuld bei sich. Noch immer hat sich das Opfer nicht in vollem Maße eingestanden, dass es gestalkt wird. Es geht davon aus, dass der Täter rational handelt. Die Betroffenen zerfleischen sich in Selbstzweifel. Die Erkenntnis, »ich bin das Opfer, der andere der Täter«, hat sich noch nicht eingestellt.

»Wenn mein Ex so sauer auf mich ist, dann hat er bestimmt einen Grund. Vielleicht hätte ich ihn nicht verlassen dürfen?« – »Kann sein, dass ich ihr zu viele Hoffnungen gemacht habe, schließlich war ich ja zweimal mit ihr essen.« – »Ich hatte ja mal was mit ihr, aber für mich war es nur eine Bettgeschichte. Wenn ich Schwein nur die Finger von ihr gelassen hätte.« So oder ähnlich denken in dieser Phase die Opfer über ihre eigene Situation.

Stalker sehen sich immer im Recht, sie sind zur Selbstkritik nicht fähig. Sollten sie von den Zweifeln des Opfers etwas mitbekommen, werden sie dadurch nur bestätigt und denken: »Na endlich hat der andere kapiert, dass er schuld ist und Strafe verdient hat.«

6. Wut und Hass

Endlich gesteht sich das Stalkingopfer das Problem ein. Es erkennt, dass es gestalkt wird, und ist auch in der Lage, die »Schuldfrage« eindeutig zu beantworten. Noch aber reagiert es mit ohnmächtiger Wut. Beschimpft den Stalker oder schlägt vielleicht sogar auf ihn ein. In dieser Phase würde das Stalkingopfer fast alles tun, um seinen Verfolger loszuwerden. Wenn man anbieten würde, dass die Mafia den Fall »unkompliziert löst« – einige würden das Angebot in dieser Situation annehmen. Und sicher haben alle Stalkingopfer zumindest in der Fantasie nicht nur einmal mit diesem Gedanken gespielt. Im Internet schreibt beispielsweise eine Clarissa: »Ich hätte mir an dem nicht die Finger schmutzig gemacht. Aber ich habe mir oft gewünscht, dass er mit dem Auto vor den Baum fährt oder mit dem Flugzeug abstürzt.«

Stalker brauchen Beachtung, und negative Beachtung ist besser als gar keine. Wutausbrüche ihres Opfers und aggressives, aber hilfloses Abwehrverhalten werten sie als Erfolg. Jetzt haben sie erreicht, was sie immer wollten, nämlich, dass sie von ihrem Opfer wahrgenommen werden und eine zentrale Rolle in dessen Leben spielen.

7. Das Opfer akzeptiert, dass sich sein Leben verändert hat

Das Stalkingopfer akzeptiert, dass sich sein Leben verändert hat und nimmt die Opferrolle an. Es geht offensiv mit dem Thema Stalking um, informiert sich über mögliche Abwehrmechanismen und unternimmt aktiv Schritte zur Veränderung der Situation. Der Gestalkte gibt seine passive Rolle auf und wartet nicht mehr nur ab, bis der Stalker seine Nachstellungen beendet. Der Stalker schränkt zwar das Leben des Opfers nach wie vor ein, verliert aber seine alles beherrschende Bedeutung.

Dadurch, dass man ihn ignoriert, nimmt man dem Stalker das Gefühl, über das Leben des Opfers bestimmen zu können. Er verliert die Beachtung, die er braucht, und kann seine Machtansprüche nicht mehr umsetzen. Wahrscheinlich hört das Stalking nicht (sofort) auf, das Opfer hat aber begonnen, sich zu wehren, und seinem Verfolger eine erste Niederlage zugefügt.

WENN LIEBE ZUM STALKING WIRD

In einem Internetforum für Betroffene erzählt die Userin »Knautschi« ihre Geschichte. Sie wird seit Monaten von einem ehemaligen »guten Freund« gestalkt. Ausgangspunkt des Stalkings war eine Liebesnacht an Silvester, die die beiden wohl unterschiedlich interpretierten. Der folgende kurze Ausschnitt aus dem Posting zeigt in typischer Weise das unüberbrückbare Kommunikationsproblem zwischen Stalker und Opfer:

»Ich hatte zu Silvester einen Kumpel eingeladen, den ich lange nicht mehr gesehen habe. Er hat sich in mich verliebt und hat mir nach Mitternacht seine Liebe gestanden. Da ich ihn sehr mochte, hab ich ihm gesagt, dass auch ich ihn gern mag, ihn aber nicht liebe, es aber später noch was werden könnte mit uns ... Am Anfang wollte ich ihm nicht zu sehr wehtun und habe deshalb aus Mitleid gesagt, es könnte ja später noch mal was aus uns werden, doch ich habe sehr schnell gemerkt, dass das falsch war, und habe ihm einen Brief geschickt, in dem ich ihm deutlich geschrieben habe, dass er sich keine Hoffnungen mehr zu machen braucht. Anfangs verstand er das auch, aber plötzlich fing er wieder an, mich zu bedrängen. Er hat immer auf mich eingeredet, und irgendwann habe ich dann gesagt, gut dann komm noch einmal vorbei, und wir reden über die Sache.«

Die (vermutlich junge) Frau, die das Posting geschrieben hat, verhält sich aus ihrer Sicht völlig normal. Sie trifft einen alten Freund und verbringt eine Nacht mit ihm. Als er ihr seine Liebe gesteht, will sie ihn nicht zu sehr verletzen und sagt, dass sie auch etwas für ihn empfinde, gleichzeitig macht sie aber deutlich, dass es sich bei ihr nicht um Liebe handelt. Eigentlich eine klare Aussage – freundlich verpackt. »War schön mit dir, mehr wird aus uns aber nicht werden, lass uns gute Freunde bleiben«, so oder ähnlich würden die meisten die Abfuhr verstehen. Ein Stalker klammert sich aber daran, dass es »später doch noch was werden könne«. Für ihn ist das die Bestätigung, alles läuft richtig, und er muss nur ein bisschen »dranbleiben«, um Erfolg zu haben. Das hat auch »Knautschi« bald bemerkt und schrieb ihrem Bekannten einen Brief, in dem sie ihm deutlich seine Grenzen aufzeigt. Der Stalker scheint zu verstehen, geht aber nach einer kurzen Pause wieder auf das Opfer zu. Wieder hat er Erfolg und erreicht ein erneutes Gespräch. Für den Stalker ein deutliches Zeichen, dass sich Beharrlichkeit bezahlt macht.

Ein weiteres Posting von Knautschi findet man zwei Monate später: »Er lässt mich nicht mehr in Ruhe. Dauernd ruft er an, und wenn ich bei Freunden bin, kommt er eben dorthin. In der Disco steht er immer da und schaut mir hinterher. Manchmal habe ich einen richtigen Hass auf ihn. Ich meine es nicht böse mit ihm, aber ich habe nichts mehr übrig für ihn und will, dass er mich endlich in Ruhe lässt. Wenn ich daran denke, wie er mich anfasst oder mich küsst, fühle ich mich richtig widerlich und schäme mich, fast wie nach einer Vergewaltigung. Ich kann nicht mehr ...«

Das Problem für das Opfer ist zu erkennen, wann normales Liebeswerben in Stalking übergeht. Ein zartes Liebesgeständnis brüsk zurückzuweisen, weil man die Gefühle nicht erwidern kann, wäre unsensibel, und geradezu paradox wäre es, wenn man einem »alten Freund«, der einem seine Liebe gesteht, für immer die Türe weisen würde. Eine freundliche, aber, wenn es sein muss, deutliche Klärung der Gefühlslage kann jeder erwarten. Normalisiert sich das Verhältnis nach der Zurückweisung wieder bzw. bleibt es bei schwärmerischen Blicken und dem ein oder anderen Kompliment, ist die Sache ausgestanden. Sehr vorsichtig sollte der Umworbene aber sein, wenn die Abfuhr nur vermehrte Anstrengungen zur Folge hat und plötzlich Grenzen überschritten werden. Ein Blumenstrauß als Dank für den schönen Abend – kein Problem. Wenn aber täglich rote Rosen samt Liebesbrief vor der Haustür liegen, sollte man deutlich eine Grenze ziehen und dem anderen sagen, dass man das nicht möchte. Freundlich, aber bestimmt. Denn: Der wichtigste Unterschied zwischen Liebeskummer bzw. Liebeswerben und Stalking besteht darin, wie lange und wie intensiv das Werben anhält. Seelisch gesunde Menschen fangen sich nach einer Zurückweisung schnell wieder, psychisch labile können damit aber nicht umgehen, denn bei ihnen kreist das gesamte Denken nur noch um die umworbene Person. Das Wahnhafte am Verhalten des anderen zu erkennen ist für das Opfer sehr wichtig, denn nur so kann es angemessen reagieren.

MIT DER KLEINEN WIRST DU DOCH WOHL FERTIG WERDEN – DIE BESONDERE ROLLE VON MÄNNLICHEN STALKINGOPFERN

Laut Statistik sind wesentlich mehr Frauen als Männer Stalkingopfer. Das mag im Prinzip zwar richtig sein, speziell bei männlichen Stalkingopfern ist aber von einer erheblichen Dunkelziffer auszugehen. Gründe dafür gibt es viele.

Die Schwelle, die überschritten werden muss, bevor sich Männer selbst als Stalkingopfer sehen und von der Umwelt als solche wahrgenommen werden, ist höher als bei Frauen. Dies hängt unmittelbar mit der körperliche Bedrohungssituation zusammen. Während ein weibliches Opfer einem männlichen Stalker meist körperlich unterlegen ist, trifft dies im umgekehrten Fall nur selten zu. In der Regel wird aber nur der als Opfer wahrgenommen, der körperlich bedroht wird.

David wurde von einer Frau gestalkt, im Internet meldet er sich auf der Suche nach anderen männlichen Opfern zu Wort: »Was mich interessiert, ist, ob es andere Männer gibt, die gestalkt werden? Mir jedenfalls ging es so und ich habe mich erst zu spät gewehrt, weil der Stalker eine Frau war. Freunde und Bekannte, die auch zum Teil einiges mitbekommen haben, sagten mir:

›Ja, das musst du verstehen, sie ist halt sehr enttäuscht, dass du dich getrennt hast ...!‹ Nun ja, das nahm ich mir auch zu Herzen, aber die Sache wurde derweil immer schlimmer, bis ich keinen Ausweg mehr sah und rechtliche Schritte einleitete. Aber bei der Auswahl der Schritte: entweder ein ordentliches Strafverfahren wegen gefährlicher Körperverletzung, Beleidigung und übler Nachrede oder das mildere Mittel, es in einem Sühneverfahren beim Schiedsmann zu versuchen, entschied ich mich dann für den zweiten Weg. Nun ja, es war meine Ex und zudem eine Frau und das Ganze gepaart mit Scham und dem Gedanken, dass mir als Mann sowieso niemand glaubt.«

Ein Mann, der gestalkt wurde, erzählte mir im Vorgespräch zu diesem Buch von einer Situation auf dem Polizeirevier. Nachdem er dem Beamten berichtet hatte, dass eine Frau ihn ständig verfolge, fragte der nach ihrem Aussehen. Als er sie als gut aussehende Person beschrieb, lächelte der Beamte nur und sagte: »Wo ist das Problem? Das würde ich mir auch wünschen.«

Wenn Probleme so wenig ernst genommen werden, ist die Motivation, sich als Stalkingopfer zu outen, nicht besonders groß. Selbst im Freundes- und Bekanntenkreis können Männer nicht unbedingt auf Verständnis hoffen, wenn sie von einer Bedrohungssituation durch eine Frau berichten. Zu sehr hat sich das Bild des »ständig sexuell interessierten« Mannes in vielen Köpfen festgesetzt. Erzählt er in einer Männerrunde sein Problem, kann er mit einer ähnlichen Reaktion wie auf der Polizeistation rechnen. Von Frauen bekommt er dagegen wahrscheinlich zu hören: »Irgendwas hast du bestimmt gemacht, wenn die was von dir will.«

Christian Meunier, der jahrelang von einer Studentin gestalkt wurde und dessen Fall durch eine Reportage im Stern bundesweit bekannt wurde, sagt zur nachlässigen Haltung der Justiz resignierend: »Wenn ich eine Frau wäre und sie ein Mann, wäre es anders.«

Ein weiterer Punkt ist, dass es Männern schwer fällt, ihre Hilflosigkeit zuzugeben und um Unterstützung zu bitten. Es braucht schon einige Zeit, bis sich ein Zweimetermann eingesteht, dass er von einer 1,60 Meter großen, zierlichen Stalkerin in eine Situation gebracht wird, in der er nicht mehr weiter weiß. Mit seinem Outing gibt er gleichzeitig auch Teile seines männlichen Selbstbildes auf.

In diesem Sinne schreibt Andrea in einem Internetforum: »Mein Freund wird seit 2 1/2 Jahren von seiner Ex-Freundin verfolgt. Sie telefoniert, bis der Akku leer ist, schreibt SMS ohne Ende, steht vor seiner Tür, fährt ihm nach und beschimpft ihn. Sie hängt sich an ihn und schlägt, beißt und kratzt. Er fühlt sich total hilflos und ist mit den Nerven am Ende. Aber er schämt sich auch, um Hilfe zu bitten, denn er ist schließlich ein MANN und lässt sich von einer Frau fertig machen. Das geht ja gar nicht. Auf meiner Suche im Netz wird meistens nur von betroffenen Frauen berichtet, aber es trifft auch Männer. Jetzt wollen wir zusammenziehen, und ich muss gestehen, dass ich etwas nervös bin. Was ist, wenn sie dann hier einfällt und anfängt meine Kinder und mich zu belästigen? Über Kommentare bin ich sehr dankbar.«

Bezeichnenderweise schreibt nicht der von Stalking betroffene Mann selbst, sondern seine Freundin. Sie bringt sein Problem an die Öffentlichkeit und fragt im Internet um Rat.

»Männliche Opfer von Gewalt, Ausbeutung und Misshandlung verschwinden hinter einer Schweigemauer«, so Hans-Joachim Lenz, der selbst eine Studie über Gewalt gegen Männer vorgelegt hat, in »Psychologie Heute«. Dort heißt es weiter: »Meist schweigen Betroffene aus Scham; jene, die über ihre Gewalterfahrung reden, werden nicht selten ignoriert.«

TYPISCH OPFER

Eines vorweg, das typische Opfer gibt es nicht. Leider kann jeder zu jeder Zeit zum Stalkingopfer werden. Es gibt aber – vor allem dann, wenn das Stalking von einem Ex-Partner ausgeht – Persönlichkeitsstrukturen, die das Risiko erhöhen. Die im Folgenden wiedergegebenen Erkenntnisse sollte man aber durchaus kritisch lesen, denn bisher gibt es nur sehr wenige Untersuchungen zu diesem Thema. Dazu gehört die bereits erwähnte Studie von Dr. Harald Dreßing, vom Zentralinstitut für Seelische Gesundheit in Mannheim. Stalkingopfer werden darin »als Personen mit dependenter Charakterstruktur« beschrieben, das heißt, sie neigen dazu, die Verantwortung für wichtige Bereiche ihres Lebens anderen abzutreten und ihre eigenen Interessen und Bedürfnisse eher zurückzustellen. Solche Menschen haben oft große Schwierigkeiten, eindeutige Grenzen zu ziehen. Während andere ihrem stalkenden Ex-Partner deutlich sagen können: »Es ist aus, ich will dich nie wiedersehen«, heißt es bei ihnen eher: »Ich denke, wir sollten uns vorerst nicht so oft sehen«. Stalker aber verstehen, wenn überhaupt, nur eine deutliche Sprache und nehmen Zurückhaltung, und mag sie noch so freundlich gemeint sein, als Aufforderung, mit ihrem Tun fortzufahren. Hält man den Kontakt aufrecht und will helfen, kann das für einen Stalker die Eintrittskarte sein, seine Macht in der ehemaligen Beziehung aufrecht zu erhalten.

Das Gesagte könnte auch mit der Erfahrung übereinstimmen, dass sich unter Stalkingopfern angeblich überdurchschnittlich viele »unsichere« Menschen befinden. Wissenschaftlich nicht geklärt ist bisher, ob es das unsichere Auftreten ist, das Stalker anzieht, oder ob die Verunsicherung erst durch das Stalkingverhalten hervorgerufen wird.

Zur Klarstellung: Auch unsichere Menschen, die sich schwer tun, unter eine Beziehung einen deutlichen Schlussstrich zu zie-

> **Tipp:**
>
> Wenn man eine Beziehung beendet, in der der Partner schon vorher Anzeichen gezeigt hat, die auf eine eventuelle »Stalkingneigung« hindeuten (übertriebene Eifersucht; Versuche, die Freiheit des Partners einzuschränken; Nachspionieren; Hang zu Gewalttätigkeit etc.), sollte man die Trennung besonders klar und deutlich vollziehen und sich auch später auf keine Diskussionen mehr einlassen.

hen, sind nicht schuld daran, dass sie gestalkt werden. Schuld am Stalking ist immer und egal unter welchen Umständen der Täter.

Eine interessante statistische Randnotiz, für die es bisher keine wissenschaftliche Begründung gibt. Frauen sind bis zum Alter von 40 Jahren und Männer in der Altersgruppe zwischen 40 und 50 besonders gefährdet, Stalkingopfer zu werden.

GEFÄHRDETE HELFER

Menschen, die einen sozialen Beruf ausüben, sind laut Statistik in besonderer Weise anfällig für Stalking. Stalker, die ohnehin schon Probleme haben, Realität und Fantasie zu unterscheiden, deuten deren professionelle Hilfsbereitschaft oft als Nähe und Intimität. Besonders weibliche Stalker suchen sich häufig Opfer aus, die bei ihnen eine Helferrolle einnehmen. Endlich haben sie jemanden gefunden, der ihnen zuhört und sie versteht. Im Kopf eines Stalkers wird dies schnell als Beziehung missdeutet. Ärzte, Psychotherapeuten und Sozialarbeiter, die beruflich mit Stalkern zu tun haben, sollten deswegen besonders deutlich auf Abgrenzung achten. Warnzeichen sind, wenn ein Patient häufig grundlos in der Praxis anruft, immer wieder ohne vereinbarten Termin auftaucht oder gar nach der Sprechstunde vor der Praxis wartet. Menschen aus Sozialberufen sind aber nicht nur dann besonders gefährdet, wenn der Kontakt auf beruflicher Ebene hergestellt wurde. Auch unter den von Ex-Partnern Gestalkten finden sich auffällig viele Menschen aus sozialen Berufen. Beruflich entsprechend geschult, versuchen sie auch in einer Trennungssituation dem Partner mit Verständnis zu begegnen und ihm Hilfe anzubieten. Dieses Angebot wird von einem Menschen mit Stalkingneigung aber nicht als solches erkannt, sondern ist für ihn oft die Aufforderung zum Stalking. Denn, so der Stalker: »Wenn der Ex den Kontakt nicht abbricht, dann will er sicher noch was von mir.«

2. STALKING BEI STARS

WENN FANS ZU TÄTERN WERDEN

»Hast du keinen Stalker, bist du kein Star«, lautet ein in den USA häufig gebrauchter Spruch. Mitunter kann man nur schwer zwischen einem fanatischen Fan und einem Stalker unterscheiden. Ein Fan ist jemand, der eine Vorliebe für einen Star hat, die weit über das Normale hinausgeht. Er kauft alle seine Platten, sieht jeden seiner Filme an, zeichnet alle Fernsehinterviews mit seinem Liebling auf und pflastert sein Zimmer oder seine Wohnung mit Bildern seines Vorbilds. Vielleicht reist er ihm sogar hinterher, um möglichst viele seiner Konzerte zu besuchen und steht kreischend vor Bühne. Er wartet nach der Vorstellung stundenlang, um seinem Vorbild nahe zu sein, um ein Autogramm zu bekommen, ihn zu berühren oder sich mit ihm gemeinsam fotografieren zu lassen. Extremes Fanverhalten wird von den Stars gewünscht, denn nur das macht sie zu dem, was sie sind. Aber es ist oft nur ein kleiner Schritt vom Superfan zum Stalker.

Wenn Sie von Ihrem Nachbarn ein halbes Dutzend Liebesbriefe bekommen, obwohl Sie nichts für ihn empfinden, und er immer wieder lächelnd vor der Haustüre auf Sie wartet, ist das sicherlich Stalking. Was aber, wenn ein Fan seinem Idol Liebesbriefe schreibt und dann nach jedem Konzert auf ihn wartet? Im Gegensatz zu »nicht berühmten« Menschen leben Stars davon, dass sie Emotionen erzeugen und bei ihren Anhängern Sympathie- oder sogar Liebesgefühle erzeugen. Liebe und Sympathie allein sind natürlich noch kein Verbrechen. Wie die folgenden Beispiele zeigen, rechtfertigen aber viele Stalker ihr Verbrechen mit Liebe. Die Frage ist, wann akzeptiertes und sogar gewünschtes zu einem übergriffigen, unerwünschten und strafbaren Verhalten wird. Stalkern fällt es schwer, diese Grenze zu akzeptieren bzw. sie überhaupt zu erkennen. Bei »Nichtberühmtheiten« fällt diese Unterscheidung in der Regel leicht, im Fall von Stars liegt gewünschtes und unerwünschtes Verhalten oft eng beisammen.

Aber auch für Stars gilt: Stalking liegt spätestens dann vor, wenn sich das Opfer belästigt fühlt. Ein Fan, der einem Star hinterherreist, ihm bei jedem Konzert einen Liebesbrief auf die Bühne wirft, ansonsten aber nicht ins Leben des Stars eingreift, ist allenfalls peinlich, aber sicher kein Stalker. Stehen in den Briefen aber Drohungen oder taucht der Fan vor der Privatwohnung des Stars auf und verlangt hereingelassen zu werden, handelt es sich um Stalking.

Der wichtigste Unterschied zwischen Fan und Stalker ist, dass der eine weiß, dass der Star in einer anderen Welt lebt, und dies akzeptiert. Beim anderen verschwimmen Realität und Fantasie, und der Star wird zum Teil der realen Welt des Stalkers.

Der Psychologe Jens Hoffman von der TU Darmstadt rät Stars deshalb, keine Details ihres Privatlebens an die Öffentlichkeit zu geben. Eine ausführliche Homestory in einem Klatschmagazin sei quasi eine Einladung an potentielle Täter. Bisher gibt es nur wenige Untersuchungen über die Häufigkeit von Stalking bei Stars. Eine Befragung der TU Darmstadt von 36 deutschen Moderatoren und Moderatorinnen hat ergeben, dass 72 % von ihnen schon mindestens einmal in ihrem Leben eine Stalkingerfahrung machen mussten und 42 % sogar eine persönliche Begegnung mit einem Stalker hatten, allerdings hielten dabei die Stalker meist einen »gewissen Sicherheitsabstand« ein.[12]

Oft nahmen diese brieflich mit dem verfolgten Star Kontakt auf. Daneben wurden »Geschenke«, aber auch pornographische Zeitschriften und Kondome verschickt. Auffällig war, dass Ge-

genstände mit sexueller Bedeutung ausschließlich an weibliche Prominente gesandt wurden.

In einzelnen Fällen kommt es auch beim Starstalking zu Gewaltanwendung. Dies ist aber deutlich seltener der Fall als beim Stalking von »Normalpersonen«. Im Wesentlichen lässt sich das auf die folgenden Gründe zurückführen. Zunächst ganz offensichtlich besteht in der Star-Fan-Konstellation niemals eine solche Nähe wie in Ex-Partnerschaften, bei denen es am häufigsten zu Gewaltanwendung kommt. Der stalkende Fan lebt in der Regel weit entfernt vom »Objekt seiner Begierde« und kann es deswegen allein aus praktischen Gründen schwer erreichen. Dann sind Stars natürlich besser geschützt als Privatpersonen, und schließlich scheinen sich viele Stalker gar nicht erst der Gefahr der Zurückweisung aussetzen zu wollen.

Die Liste der prominenten Stalkingopfer ist lang und beschränkt sich nicht auf Schauspieler, Sänger oder Sportler. Prinzessin Diana wurde ebenso von einem Stalker verfolgt wie Prinzessin Victoria von Schweden. Die folgende Aufzählung zeigt nur einen kleinen Ausschnitt der Betroffenen: Paula Abdul, Justine Bateman, Victoria und David Beckham, Dagmar Berghoff, Halle Berry, Jeanette Biedermann, Björk, Toni Braxton, Sonny Bono, David Bowie, Jackson Browne, Sandra Bullock, Belinda Carlisle, Yvonne Catterfield, Anja Charlet, Cher, Sabine Christiansen, Chelsea Clinton, Costa Cordalis, Sheryl Crow, Michael Douglas, Dominique Dunne, Sheena Easton, Gloria Estefan, Andrea Evans, Agnetha Fältskog, Helmut Fischer, Roberta Flack, Jodie Foster, Michael J. Fox, Richard Gere, Mel Gibson, Debbie Gibson, Kathie Lee Gifford, Sharon Gless, Stefanie Graf, Sven Hannawald, George Harrison, Martina Hingis, Whitney Houston, Chris Isaak, Michael und Janet Jackson, Nicole Kidman, Anna Kournikova, Lenny Kravitz, Michael Landon, Avril Lavigne, John Lennon, David Letterman, Jerry Lewis, Patrick Lindner, Madonna, Barbara Mandrell, Sarah McLachlan, George Michael, Anne Murray, Bebe Neuwirth, Olivia Newton-John, Jacqueline Kennedy Onassis, Gwyneth Paltrow, Brad Pitt, Kelly Preston, Ronald Reagan, Jens Riewa, Dennis Rodman, Linda Ronstadt, Axl Rose, Jeri Ryan, Meg Ryan, Theresa Saldana, Rebecca Schaeffer, Harald Schmidt, Caroline Kennedy Schlossberg, Monica Seles, Birgit Schrowange, Maria Shriver, Anna Nicole Smith, Britney Spears, Steven Spielberg, Susan Stahnke, Amber Tamblyn, Tanya Tucker, Gianni Versace, Andy Warhol, Guido Westerwelle, Vanna White, Vanessa Williams, Jackie Wilson, Kate Winslet, Katarina Witt und Catherine Zeta-Jones.

Interessant ist der unterschiedliche Zugang zum Thema Stalking in Deutschland und den USA. Während deutsche Stars ihre Stalkingproblematik häufig aus Angst vor Nachahmern geheim halten, gehen die meisten amerikanischen Stars damit sehr offensiv um. Man kann vermuten, dass dies auch daran liegt, weil Stalking in den USA als Straftatbestand akzeptiert ist und Stars mit ihrem »Outing« mit dem Verständnis der Öffentlichkeit und dem Schutz der Gesetze rechnen können.

Starstalker

Gavin de Becker, amerikanischer Sicherheitsexperte, unterscheidet drei unterschiedliche Typen von Starstalkern:

1. Der Kontaktsucher: Er ist schon glücklich, wenn er einen Kontakt zu dem Prominenten herstellen kann. Das ist der ungefährlichste Typ, der fast nie Gewalt anwendet.
2. Der Identitätssucher: Er will über den Star selbst berühmt oder bekannt werden. Er ist sehr gefährlich, weil ihn auch eine Gewalttat gegen den Star zur »Berühmtheit« machen kann.
3. Der Wahngetriebene: Er wähnt sich auf einer göttlichen Mission und ist genau deswegen völlig unberechenbar.

Madonna und Kati Witt: Nur in den USA geschützt

Madonna wurde immer wieder das Opfer von Stalkern. Mitte der neunziger Jahre wurde sie über Monate von dem arbeitslosen Robert Hoskin verfolgt. Er behauptete, Madonna sei ihm zur Frau bestimmt, und drohte damit, ihr die Kehle durchzuschneiden, falls sie sich weigere, ihn zu heiraten. Er drang mehrmals auf ihr Grundstück ein, wurde dabei aber immer wieder von ihren Leibwächtern abgefangen. Denen drohte er, wenn sie ihn davon abhalten würden, Madonna zu sehen, würde er sie töten. Monatelang wiederholte sich dieser Ablauf, bis eines Tages überraschend Schluss war. Mehr als ein halbes Jahr war Hoskin nicht mehr zu sehen, und der Popstar begann Hoffnung zu schöpfen, dass diese Stalkingepisode vorüber sei. Dann aber tauchte Hoskin wieder auf und kletterte wie gewohnt über die hohe Mauer um Madonnas Grundstück. Doch als er diesmal von einem Leibwächter aufgehalten wurde, griff er nach dessen Waffe. Es kam zu einem Gerangel, im Zuge dessen Hoskin angeschossen wurde. Der Stalker wurde vor Gericht gestellt und entsprechend amerikanischen Gesetzen zu zehn Jahren Gefängnis verurteilt. Auch dort lebt Hoskin immer noch in dem Wahn, Madonnas Mann zu sein, und sonnt sich in dem durch sein Verbrechen gewonnenen Ruhm. Seine Zelle hat er mit dem Graffiti »The Madonna Stalker« verziert.

Trotz dieser Erfahrung kann Madonna bei ihrem neuesten Stalkingfall auf keine Unterstützung der Justiz hoffen. Inzwischen lebt sie in Großbritannien, dort gibt es zwar ebenfalls ein Antistalkinggesetz, das aber aus Opfersicht wesentlich strenger und enger ausgelegt wird. Im aktuellen Fall schickte der Stalker eine ganze Reihe obszöner Mails und Briefe und verfolgte sogar ihre Tochter Lourdes bis auf den Spielplatz. »Madonna lebt seitdem in der ständigen Furcht, so zu enden wie John Lennon«, wird einer ihrer Leibwächter zitiert. Trotzdem reagiert die britische Polizei wie es auch in Deutschland die Regel ist: Sie beschied dem

Rockstar, dass man nichts tun könne, solange der Stalker nicht gewalttätig geworden sei.

Ebenso wie Madonna wurde auch Katarina Witt von einem Fan verfolgt, der sie heiraten wollte bzw. in ihr seine Ehefrau sah. Der Amerikaner Harry Veltman schickte der ehemaligen Eiskunstläuferin jahrelang Briefe, Faxe und obszöne Fotos und versuchte immer wieder, persönlichen Kontakt mit ihr aufzunehmen. Er lauerte ihr vor ihren Wohnungen auf und verfolgte sie um den halben Globus. Wenn sie bei Eisrevuen auftrat, saß er meist im Publikum und warf Liebesbriefe – einmal auch eine Bibel – aufs Eis. Witt fühlte sich schließlich in ihrer Wohnung in Berlin so unsicher, dass sie auszog. Während die deutsche Justiz dem Treiben des Stalkers tatenlos zusah bzw. auf Grund der Gesetzeslage zusehen musste, wurde er in den USA festgenommen und zwangsweise für drei Jahre in eine psychiatrische Anstalt eingeliefert.

Brad Pitt und Jeanette Biedermann: im Bett seines Stars

Athena Marie Rolanda ist Schauspielerin. Noch ist sie in keinem Film aufgetreten, und doch ist sie schon bekannt, nämlich als Stalkerin von Brad Pitt. Die damals 19-Jährige hatte den Filmstar von 1996–1999 mit Briefen belästigt – neben Liebesbriefen waren auch Drohbriefe gegen ihn und seine damalige Freundin Gwyneth Paltrow in der Post. Der Frauenschwarm war gerade zu Dreharbeiten unterwegs, als Rolanda nur mit einem seidenen Schlafanzug und Pantöffelchen bekleidet in seine Wohnung einstieg. Dort hielt sie sich unerkannt zehn Stunden auf, probierte die Kleidung ihres Idols an und schlief mit seinem T-Shirt und seiner Jogginghose bekleidet im Bett ein. Schließlich wurde sie vom Hausmeister entdeckt, der sofort die Polizei verständigte. In diesem »leichten Stalkingfall« beließ es die ansonsten strenge amerikanische Justiz bei einem Urteil von 15 Tagen gemeinnütziger Arbeit und der Auflage, sich psychologisch betreuen zu lassen. Außerdem wurde Rolanda verboten, sich Pitt und seinem

Anwesen zu nähern. Noch am Tag ihrer Verurteilung diktierte die Stalkerin den Journalisten in die Blöcke, dass sie jeden Respekt vor Pitt verloren habe, denn sie könne Männer nicht ausstehen, die nicht vor Gericht erscheinen würden, um sich selbst zu verteidigen (sic!). Außerdem würde sie eine Klage gegen Pitt in die Wege leiten, um zu erreichen, dass der sich von ihr fern halten müsse.

Der Auflage, sich in psychologische Behandlung zu begeben, kam Rolanda übrigens nicht nach und wurde deswegen später zu einer Geldstrafe verurteilt.

Auch im Bett der deutschen Popsängerin Jeanette Biedermann tummelte sich ungebetenerweise ein so genannter Fan. Der 39-jährige Gebrauchtwagenhändler Toni Aigner – der Stalker hatte sich selbst diesen »Künstlernamen« gegeben – war in Biedermanns Berliner Wohnung eingedrungen und hatte es sich dort eine Nacht lang gemütlich gemacht. Eigentlich hatte er »seine Jeanette« nur besuchen wollen, aber als auf sein Klingeln niemand öffnete und er Licht in der Wohnung sah, stieg er durch ein geöffnetes Dachfenster in die Maisonette-Wohnung der Künstlerin ein. Er bediente sich am Kühlschrank, kochte sich ein Fertigmenü und genehmigte sich ein paar Gläser Champagner, bevor er es sich im Bett gemütlich machte. Als er das Haus am nächsten Tag verließ, hinterließ er seiner Angebeteten einen Abschiedsbrief. Aigner war dem Wahn verfallen, dass das Popsternchen seine Zuneigung teile, sie jedoch nicht öffentlich machen dürfe. Er war davon überzeugt, sie habe ihm anonym über das Fernsehen Botschaften zukommen lassen oder ihm sehnsüchtige Blicke während ihrer Konzerte zugeworfen. In die Wohnung eingebrochen sei er nur, weil er sich Sorgen um sein Idol gemacht habe. Er habe gar gefürchtet, der Popstar habe sich aus unerfüllter Liebe zu ihm etwas angetan. Biedermann hatte nach dem Einbruch »lange böse Alpträume« und wechselte aus Angst sogar die Wohnung. Ihre Hoffnung, dass ihr Stalker – der sie schon vor dem Einbruch mit

Briefen und Anrufen belästigt hatte – zu einer Gefängnisstrafe verurteilt werden würde, erfüllte sich nicht. Wegen Hausfriedensbruchs und Diebstahls musste er eine Geldstrafe von 3600 Euro bezahlen. Das Gericht erklärte, er sei von einem Wahn getrieben und vermindert schuldfähig.

Nach der Gerichtsverhandlung kündigte Aigner an, dass er jedes Interesse an Biedermann verloren habe. Zu wünschen wäre es ihr, der Ort, an dem er dies kundtat, lässt aber Zweifel aufkommen: Es war die Homepage der jungen Sängerin.

Nicole Kidman und Britney Spears: wenn sich der Stalker verfolgt fühlt

Es ist durchaus typisch, wenn sich wie im Fall Rolanda/Pitt der Stalker selbst als Opfer fühlt und die Tatsachen völlig umkehrt. Dies musste auch Nicole Kidman erfahren, die von einem gewissen Matthew Hooker verfolgt wurde. Der schickte ihr nicht nur Briefe und belästigte sie telefonisch, sondern lauerte ihr regelmäßig vor ihrem Haus auf. Als Kidman eine gerichtliche Verfügung gegen ihn erwirkte, nach der er sich von ihr fern zu halten hatte, reichte Hooker seinerseits Klage ein und forderte von Kidman Schadensersatz in Höhe von 200 Millionen Dollar wegen angeblicher Diffamierung. Auch Britney Spears wurde von ihrem Stalker vor Gericht gezerrt. Ein japanischer Computerspezialist war der Sängerin hinterhergereist und hatte sie in den USA verfolgt, er war mehrere Male auf ihr Grundstück eingedrungen und hatte dabei Zettel hinterlassen, auf die er schrieb: »Ich jage dich«. Schließlich erwirkte die Sängerin einen Beschluss gegen ihren japanischen Verfolger, der diesem untersagte, sich ihr weiter als einen Kilometer zu nähern. Da zudem sein Visum auslief, schien der Fall beendet. Der Japaner beantragte aber umgehend eine neue Aufenthaltserlaubnis und begann sein Unwesen von neuem. Schließlich wurde er von einem Leibwächter der Sängerin vor deren Grundstück abgefangen und dabei angeblich mit einer

Waffe bedroht. Seitdem leidet der Britney-Spears-Stalker unter traumatischen Angstzuständen und kann nicht mehr arbeiten. Deswegen verklagte er die Sängerin auf Schadensersatz in unbekannter Höhe.

Sie liebt mich doch auch – der Fall Martina Hingis

»Keiner Schuld bewusst« war sich Dubravko Rajcevic, der Stalker der Tennisspielerin Martina Hingis, als er von einem amerikanischen Gericht zu zwei Jahren Gefängnis verurteilt wurde. Rajcevic, ein australischer Bootsbauer kroatischer Herkunft, überschüttete Hingis mit Blumen und Liebesbriefen und klingelte immer wieder stundenlang an ihrer Haustür. Sogar seine Frau und sein Kind hatte er verlassen, um für »seine Martina« frei zu sein. Obwohl ihm die Tennisspielerin das Gegenteil zu verstehen gab, war ihm klar: »Ich liebe sie und sie liebt mich. Wenn das Umfeld nicht dagegen wäre, wären wir schon längst ein Paar.« Nicht untypisch für Stalker, diese »Wahrnehmungsstörung«. Rajcevic lehnte sogar einen Vorschlag des Gerichts ab, nachdem er straffrei geblieben wäre, wenn er sich schriftlich verpflichtet hätte, sich von Martina Hingis fern zu halten. »Weil Martina das nicht will«, verweigerte er die Unterschrift und ging lieber ins Gefängnis.

Wiederholungstäter: Erst Mel B., dann Anna Kournikova

Anna Kournikova, ebenfalls Tennisspielerin, wurde von einem 40-jährigen Obdachlosen verfolgt, der behauptete, er müsse sie umbringen, um das Böse zu bekämpfen. Der Mann hatte der Sportlerin, die mehr für ihre Schönheit als ihre Leistungen auf dem Platz bekannt ist, immer wieder obszöne Briefe geschrieben.

Als er nackt am Swimmingpool der Nachbarn saß – er hatte das Haus verwechselt –, wurde er festgenommen und von einem Gericht dazu verurteilt, sich von Kournikova weiter als 300 Meter entfernt zu halten. Momentan wird der Stalker mit der Einhaltung dieser Vorgabe keine Probleme haben, denn er sitzt wegen anderer Delikte in Untersuchungshaft. Interessant ist auch, dass Kournikova nicht seine erstes Opfer war – die Statistik geht bei Stalking von 30 bis 40 % Wiederholungstätern aus. Bevor er sich mit seinen Nachstellungen der russischen Tennisspielerin zuwandte, verfolgte er das Ex-Spice Girl Mel B.

Wenn auch Offensichtliches nicht schreckt: George Michael und Steven Spielberg

Dass auch Offensichtliches Stalker nicht von ihrem Tun abhält, zeigt der Fall von George Michael. Obwohl sich der Künstler schon lange als homosexuell geoutet hatte, wurde er doch Opfer von Nachstellungen einer Stalkerin. Die 29-jährige Lucy Nowak brach gleich mehrfach in das Londoner Haus des Künstlers ein und versteckte sich dabei einmal vier Tage unter den Bodendielen, um ihrem Angebeteten nahe zu sein. Nach dem ersten Einbruch wurde sie von einem Gericht verurteilt, sich von Michael, dessen Freund und seinem Haus jeweils mindestens 100 Meter entfernt zu halten, doch Lucy Nowak verstieß wiederholte Male gegen das Verbot und bombardierte den Star auf dessen privater E-Mail-Adresse, die sie beim ersten Einbruch gestohlen hatte, mit Hunderten von Mails. Trotzdem: George Michael setzte sich in einem schriftlichen Statement vor Gericht für die Stalkerin ein und bat, sie nicht hinter Gitter zu sperren, sondern sie zu einer psychiatrischen Behandlung zu verurteilen. Ein Wunsch, dem das Gericht auch nachkam. Seit dem Stalkingvorfall hat sich Michael weitgehend aus der Öffentlichkeit zurückgezogen. Sein Freund und Künstlerkollege Elton John erzählte den Medien, dass Michael eine Scheu vor Begegnungen mit anderen Menschen entwickelt habe und sehr unglücklich sei.

In Deutschland wurde der Fall des FDP-Vorsitzenden Guido Westerwelle bekannt, der sich ebenso wie George Michael zu seiner Homosexualität bekannt hatte, nichtsdestotrotz aber von einer Mitarbeiterin über Monate belästigt und verfolgt wurde. Erst durch einen Gerichtsentscheid wurde ihr verboten, sich dem Politiker zu nähern. Seitdem ist aus dem Umkreis des Politikers nichts mehr zu dem Stalkingvorfall zu hören.

Es ist aber nicht nur so, dass Stalkerinnen offensichtlich homosexuelle Stars belästigen, der umgekehrte Fall, dass homosexuelle Stalker heterosexuelle Stars bedrohen und verfolgen ist ebenso gang und gäbe. So der Fall des amerikanischen Regisseurs Steven Spielberg.

Der Stalker Jonathan Norman belästigte Spielberg mit obszönen Briefen, in denen er ihm seine sexuellen Fantasien aufdrängte und ihm drohte, dass er ihn vergewaltigen werde. Immer wieder wurde er auf oder in der Nähe von Spielbergs Grundstück gesehen. Als er versuchte, in dessen Villa einzubrechen, wurde er festgenommen. Damals fand man bei ihm Handschellen, ein Paketband und einen Paketschneider. Der Unterschied zwischen amerikanischer und deutscher Rechtsprechung wurde im Gerichtsverfahren gegen Norman deutlich. Während der hierzulande nur sehr schwer zu einer Gefängnisstrafe hätte verurteilt werden können, schickte man ihn in den USA für 25 Jahre hinter Gitter. Spielberg selbst sagte vor Gericht aus, dass er sehr beunruhigt bei der Vorstellung sei, dass der Mann wieder freikomme und dann sein »Werk« fortsetzen könne.

Auch Mel Gibson wird von einem männlichen – offenbar geisteskranken – Stalker belästigt. Ein Jahr lang erhielt der Schauspieler und Regisseur Drohbriefe von Zack Sinclair. Irgendwann stand der Stalker dann neben Gibson in der Kirche und forderte ihn auf, mit ihm zu beten, schließlich sei er von Gott geschickt, um ihn zu heilen. In der Folge tauchte Sinclair mehrfach vor Gibsons Anwesen auf. Dort wurde er auch festgenommen und erhielt von einem Gericht die Auflage, sich für drei Jahre von Gibson, seinen Angehörigen und seinem Grundstück fern zu halten. Schon einen Tag später verstieß er gegen die Auflage, wurde festgenommen und zu drei Jahren Gefängnis verurteilt. In der Haftanstalt soll er psychologisch betreut werden.

Nicht immer sind die Fälle von Starstalking spektakulär und gefährlich – trotzdem für den Betroffenen lästig und unangenehm. Whitney Houston wurde von einer 36-jährigen New Yorkerin verfolgt, die in der Popdiva die Wiedergeburt ihrer Mutter sah und sie mit Briefen und Geschenken überhäufte. Täglich kamen BHs, Unterwäsche, Lippenstifte und andere Schminkutensilien mit der Post. Houstons Tochter nannte sie ihre »kleine Schwester«. In diesem harmlosen Fall wurde die Frau mit einem Näherungsverbot belegt.

Catherine Zeta-Jones: Die »Nebenbuhlerin« muss weg

Im Fall von Catherine Zeta-Jones war die Schauspielerin zwar das Opfer des Stalkings, aber nicht das »eigentliche Objekt der Begierde«. Vielmehr stand sie dem vermeintlichen Glück einer Stalkerin im Wege. Die 35-jährige Dawnette Knight hatte Zeta-Jones in unzähligen Briefen Gewalt angedroht. Grund dafür war, dass sich die Frau in Zeta-Jones' Ehemann Michael Douglas verliebt hatte und die »Nebenbuhlerin« aus dem Weg haben wollte. In einem Brief hatte sich die Stalkerin auch an Douglas selbst gewandt und ihm von einer angeblichen Affäre zwischen Zeta-Jones und George Clooney berichtet. Vor Gericht bat Knight um Milde und entschuldigte sich bei ihrem Opfer: »Ich hoffe, eines Tages wird mir Zeta-Jones vergeben. Es tut mir Leid, ich denke die ganze Zeit über meine Taten nach.« Die verfolgte Schauspielerin ließ sich davon nicht beeindrucken und bezeichnete in einem Brief ans Gericht die Angeklagte als bösartig, denn sie habe gedroht, ihr das Hirn aus dem Kopf zu schießen, sie zu zerstückeln und an Hunde zu verfüttern. Wie viele Stalkingopfer kann auch Zeta-Jones nach Ende der Verfolgung nicht einfach zur Normalität zurückkehren: »Ihre Handlungen werden mich mein Leben lang verfolgen«, schrieb Zeta-Jones und erklärte, dass sie seitdem in ständiger Angst lebe, verfolgt zu werden. Die Schwere des Vergehens stufte das Gericht offenbar ähnlich ein, denn es verurteilte die Täterin zu drei Jahren Haft. Ein Urteil, das in dieser Höhe in Deutschland völlig undenkbar wäre. Hierzulande wäre in einem ähnlichen Fall sogar ein milderes Urteil nur schwer zu erreichen, denn die Stalkerin hatte ja »noch nichts getan«.

Attentate als Liebesbeweis – die Fälle Foster und Graf

Manchmal bedrohen Stalker nicht das eigentliche »Ziel ihrer Zuneigung«, sondern eine dritte Person. Der bekannteste Fall dieser Art ist der von John Hinckley jr., der den damaligen US-Präsidenten Ronald Reagan anschoss und schwer verletzte, um damit der Schauspielerin Jodie Foster seine Liebe zu beweisen. Hinckley bezeichnete seine Tat als Akt der Liebe und »entschuldigte« sich sogar dafür, dass »Liebe so schmerzvoll sein muss«. Mit seinem Attentat auf Reagan wollte er nach eigenen Aussagen der Schauspielerin glaubhaft machen, dass seine Liebe ernsthaft und aufrichtig ist. Hinckley hatte Foster in unzähligen Telefonaten und Briefen bedrängt und sie auch zweimal persönlich getroffen. Bei diesen Gelegenheiten hatte die Schauspielerin ihn freundlich, aber bestimmt zurückgewiesen. Zunächst wollte Hinckley sich selbst vor den Augen Fosters umbringen, doch als er schon auf dem Weg zu der Universität war, an der sie damals studierte, las er in einem Zeitungsartikel, dass Präsident Reagan ganz in der Nähe sprechen würde. Daraufhin änderte er seinen Plan und entschloss sich – entsprechend einer Szene aus dem Film Taxi Driver, in dem Jodie Foster die Hauptrolle spielt –, den Präsidenten zu ermorden. In einem Liebesbrief an Foster, den er nie abschickte und den man nach seiner Festnahme bei ihm fand, schrieb er: »Ich gestehe dir, dass ich dieses Attentat durchführe, weil ich endlich Eindruck auf dich machen will. Ich muss etwas tun, damit du endlich verstehst.« Noch im Gerichtssaal drohte Hinckley der jungen Schauspielerin. Während ihrer Aussage sprang er hoch, deutete mit seinem Kugelschreiber auf sie und schrie: »Ich krieg dich schon noch, Foster.« Hinckley wurde für schuldunfähig erklärt und in eine psychiatrische Anstalt eingeliefert. Dort schien er sich zu einem Musterpatienten zu entwickeln, der scheinbar gute Fortschritte machte und mit großem Erfolg an den Therapiesitzungen teilnahm. Ihm wurde bescheinigt, dass eine Fixierung auf Jodie Foster nicht mehr feststellbar sei. Deshalb war ihm Freigang gewährt worden, damit er das Osterfest mit seiner Familie feiern könne. Nur durch Zufall wurde kurz vorher bekannt, dass Hinckley heimlich Briefkontakt mit anderen Attentätern – u.a. der Frau, die Präsident Ford ermorden wollte – hatte. Daraufhin wurde sein Zimmer durchsucht, und man fand zwanzig gut versteckte Fotos von Jodie Foster. Die Bildersammlung wurde ihm abgenommen und der Hafturlaub gestrichen. Einige Jahre später meldete sich ein Posterversand bei der Anstaltsleitung und informierte diese, dass Hinckley ein Poster der knapp bekleideten Jodie Foster bestellt hatte.

Jodie Foster, die zum Zeitpunkt des Attentats gerade einmal 19 Jahre alt war, war von dem Attentat auf Reagan so schockiert, dass sie sich mehrere Jahre aus der Öffentlichkeit zurückzog.

Auch Günter Parche stach einen Menschen nieder, um dadurch die Liebe zu einem anderen zu beweisen. Der fanatische Steffi-Graf-Fan verletzte Monica Seles mit einem Messer, weil er durch die Beseitigung der schärfsten Konkurrentin Graf die Rückkehr auf den Platz 1 der Tennisweltrangliste ermöglichen wollte. Parche und Hinckley kommen zwar aus völlig unterschiedlichen Familien, die eine arm, die andere wohlhabend, und doch haben sie ein ähnliches Schicksal. In ihrer Kindheit haben sie wenig Zuneigung aus dem Elternhaus erlebt; Hinckley suchte immer wieder vergeblich die Aufmerksamkeit seines strengen Vaters, Parche wurde gar in eine Pflegefamilie gegeben. Wie bei vielen Stalkern, die sich Prominente als Opfer wählen, offenbart sich auch bei Hinckley und Parche der Drang, einmal aus der Bedeutungslosigkeit treten zu können und in der Öffentlichkeit wahrgenommen zu werden. Je extremer die Tat, desto wahrscheinlicher ist dies natürlich. Mark Chapman, der Mörder John Lennons – der von seinem Opfer so besessen war, dass er wie dieser eine japanische Frau heiratete –, wird beispielsweise mit den Worten zitiert: »Ich war ›Mr. Nobody‹, bis ich den größten ›Somebody‹ der Welt ermordet habe.«

Björk: Die Briefbombe eines Rassisten

In einem besonders schockierenden Fall wurde der isländische Popstar Björk von dem wahnsinnigen Amerikaner Ricardo Lopez verfolgt. Der Stalker hatte Björk zunächst mit Liebesbriefen überhäuft. Die Briefe bekamen aber immer drohendere Untertöne, als er mit seinen Nachstellungen keinen Erfolg hatte. Die Situation eskalierte schließlich, als der bekennende Rassist erfuhr, dass Björk mit dem farbigen Musiker Goldie zusammenlebte. Daraufhin konstruierte er eine Briefbombe, die er an die Londoner Adresse der Sängerin schickte. Gleichzeitig filmte er sich selbst, wie er die Bombe zusammenbaute, sich den Kopf rasierte und sich erschoss. Dieses Video fand die Polizei in Florida neben der Leiche von Lopez und verständigte sofort die britischen Behörden. Das Bombenpaket konnte deswegen schon im Postamt abgefangen und entschärft werden. Ironie der Geschichte: Björk hielt sich zu diesem Zeitpunkt selbst in Florida auf – nur wenige Kilometer von dem Ort entfernt, an dem der wahnsinnige Stalker seine Briefbombe bastelte. Die isländische Sängerin ist häufig Ziel verrückter Stalker. Kurz nach dem Bombenzwischenfall, brach ein anderer Stalker ins Haus ihrer Mutter ein und hinterließ dort einen Brief, in dem er Björk drohte. Die zurückgezogen lebende Isländerin, die sich ohnehin dem Starrummel weitgehend entzieht, war völlig schockiert und sagte in einem Zeitungsinterview: »Das war noch schlimmer als die Briefbombe. Dass Menschen, die ich liebe, wegen mir Drohungen ausgesetzt sind, ist furchtbar. Allein der Gedanke, dass jemand meinen Sohn verletzen könnte, macht mich wahnsinnig. Ich fühle mich sehr schuldig, und vielleicht werde ich meine Karriere als Sängerin beenden.«

Sheryl Crow: Unterlassungsklagen haben nicht immer Erfolg

Auch bei Stars führen Unterlassungsklagen gegen Stalker nicht immer zum Erfolg. Sheryl Crow wurde 15 Monate von einem Mann verfolgt, doch ein amerikanisches Gericht war der Meinung, seine Bemühungen hätten nicht einer »gefährlichen Besessenheit« entsprochen. Der Stalker, der auf zwei gescheiterte Ehen zurückblickt, meinte nach der Gerichtsverhandlung, er sei ein ehrenwerter Mann, der sich um eine tolle Frau bemühe. Weiter sagte er aus, dass er auch in Zukunft nach Liebe Ausschau halten werde, und wenn er eine Frau finde, die seine Gefühle genauso wecke wie Frau Crow, dann könne er sich durchaus eine Beziehung vorstellen.

Liest man diese Geschichten und verfolgt die Presse, scheint es so, als wäre Stalking ein Verbrechen, das nur Berühmtheiten trifft. Dieser Eindruck ist aber völlig falsch und rührt daher, dass sich die Medien in ihrer Berichterstattung bevorzugt auf Fälle mit berühmten Stalkingopfern stürzen. In absoluten Zahlen gerechnet sind aber wesentlich mehr »normale« Menschen von Stalking betroffen als berühmte.

3. STALKER, DER VERSUCH EINER CHARAKTERISIERUNG

DIE ART DER VORBEZIEHUNG

Die meisten Stalker kennen ihr Opfer aus einer früheren engeren (jedoch nicht immer sexuellen) Beziehung, wobei dieser Kontakt das obsessive Verhalten in der Psyche des Täters auslöste. Beispiele hierfür sind ehemalige Lebensgefährten bzw. Ehepartner (siehe dazu S. 67ff) und sexuelle Affären, aber auch Beziehungen zwischen Arzt und Patient, Professor und Student oder Lehrer und Schüler. Es gibt aber durchaus auch Fälle, in denen zwischen Opfer und Täter keinerlei Vorbeziehung bestand. Irgendwann kommt es zu einem kurzen, mitunter vom zukünftigen Opfer gar nicht wahrgenommenen Kontakt, der beim Täter als schicksalhafte Begegnung interpretiert wird. Ein typisches Beispiel wäre eine Frau, die bei einem Fest am Nebentisch einen ihr unbekannten Mann sieht und ihn von da an verfolgt, weil sie glaubt, dass sie beide füreinander geschaffen sind.

Beziehungskonstellationen

Der Stalker war ...

- Ex-Partner 32-49%
- Bekannter/Freund 19-22%
- Fremder 8 -25%
- Arbeitskollege 8-10 %
- Familienmitglied 2-6%
- Patient, Klient, Kunde u.ä. 2-4 %

Die Zahlen stammen aus unterschiedlichen Untersuchungen und geben jeweils eine Bandbreite an (u.a. Stalkingstudie der TU Darmstadt und Mannheimer Stalkingstudie). Generell ist zu sagen, dass die Forschung auf diesem Gebiet noch in den Kinderschuhen steckt und die Zahlen deswegen nur ein grober Anhaltspunkt sein können.

Schließlich können Personen des öffentlichen Lebens allein durch ihre mediale Präsenz zum Zielobjekt des Stalkers werden. Hier ist also gar kein persönlicher Kontakt nötig, um das Stalking auszulösen.

WENN DER EX ZUM STALKER WIRD

Vor fünf Jahren hat man sich noch ewige Treue geschworen, vor drei kam das gemeinsame Kind zur Welt, vor einem war man noch zusammen im Urlaub und vor sechs Wochen vielleicht noch gemeinsam im Bett. Dann ist die Beziehung aus ... und der einst geliebte Partner verwandelt sich scheinbar zu einem Monster, zum größten Feind, den man je hatte. Manchmal ist es in der Tat eine »Verwandlung«, oft aber liegen die Ursachen für das Stalking schon in der Beziehung begründet. Meist sind es die Männer, die die Kränkung einer Trennung nicht überwinden können und dann ihre vermeintlichen Rechte durch Stalking durchsetzen wollen. Anders als in anderen Stalkingkonstellationen ist es für die Opfer oft schwer, deutliche Grenzen zu setzen, denn die Gefühlslage ist verwirrend und komplex. Man möchte den Partner verlassen, ihm aber doch nicht wehtun. Vielleicht funktioniert auch die Partnerschaft schon lange nicht mehr, die sexuelle Anziehungskraft besteht aber nach wie vor.

Mitunter wird auch einfach das Gewaltmuster, das bereits in der Partnerschaft bestand, hinterher weiter fortgeführt. Opfer und Täter geraten in einen Teufelskreis aus Abhängigkeit, Gewalt und immer neuen Versöhnungen. Der amerikanische Sicherheitsexperte Gavin de Becker bringt es auf den Punkt: »Das Drama beginnt, wenn Männer, die nicht loslassen können, Frauen wählen, die nicht Nein sagen können.« Stalker, die ihren ehemaligen Partner verfolgen, sind häufig Menschen, die in der Beziehung versucht haben, ihren Partner zu unterdrücken, um so ihr eigentlich geringes Selbstwertgefühl zu heben. Den Partner zu beherrschen gibt ihnen ein Machtgefühl, das sie nirgends sonst empfinden können. Verlieren sie den Partner, geht damit der einzige Lebensbereich verloren, über den sie glaubten Kontrolle zu haben. In ihrem Weltbild verlieren sie somit alles. Entsprechend heftig sind die Reaktionen. »Wenn ich dich nicht haben kann, soll dich keiner haben«, ist eine tausendfach ausgesprochene Drohung von stalkenden Ex-Partnern. In einem Interview mit dem Internetportal newsklick.de sagte der Psychologe Holger Barkhau dazu: »Es geht um Macht und Kontrolle – darum, andere klein zu machen, um sich selbst größer zu fühlen. Es gibt den Wunsch nach Vereinigung, und wenn die nicht mehr gelingt, den nach Bestrafung. Ein Stalker hat mal zu mir gesagt: Sie hat durch die Trennung mein Leben zerstört. Deshalb habe ich das Recht, ihr Leben zu zerstören.«

Viele Sicherheitsexperten halten deshalb auch Ex-Partner für die gefährlichste Gruppe von Stalkern. Zum einen spielt das Thema »Ehrverlust« und »Rache« eine große Rolle, zum anderen aber sind die Hemmschwellen für Gewaltanwendung oft auch erheblich niedriger. Wenn man den Partner bereits während der Ehe geschlagen hat, besteht für den Stalker kein Grund, dies nicht auch nach Beendigung der Beziehung zu tun. Im Gegenteil. Er holt sich nur, was ihm seiner Ansicht nach zusteht. Oft hat die Gewaltanwendung schon in der Beziehung »funktioniert«. Der Partner benahm sich nicht so, wie es der Stalker wünschte, der schlug zu, und schon »kuschte« der andere. Opfer, bei denen es schon in der Beziehung immer wieder zu Gewaltanwendung kam, sollten deswegen nach einer Trennung besonders vorsichtig sein und jeden Kontakt zu ihrem Ex-Partner meiden. Die Statistik belegt: Das Risiko für von Ex-Partnern verfolgte Frauen, ermordet zu werden, ist 25-mal höher als für Menschen in »normalen Situationen«. Schwere Gewalttätigkeit hängt überdurchschnittlich häufig mit ehemaliger sexueller Nähe zwischen Stalker und Opfer zusammen, oder kurz: Ehemals enge Beziehungen sind in punkto Gewalttätigkeit riskanter.

Ehemalige Partner haben im Vergleich zu anderen Stalkern auch einen strategischen Vorteil. Sie wissen alles über ihr Opfer, sie kennen seine Lebensgewohnheiten, seine Freunde, seine Verwandten, seinen Arbeitsplatz, alles. Sie wissen, wann und wo sie ihr Opfer finden können. Für dieses ist es deshalb sehr schwer, sich unerwünschten Kontaktaufnahmen zu entziehen.

Extrem kompliziert wird die Situation, wenn das Opfer mit dem Stalker ein gemeinsames Kind hat. Meist ist sogar das Stalkingopfer selbst bereit, »zum Wohle des Kindes« den Kontakt aufrecht zu erhalten und sich mit dem Stalker zu treffen. Im Regelfall wird der auch darauf bestehen, das gemeinsame Kind zu sehen, und das notfalls auch einklagen. Stalker sind auch Väter und Mütter und haben Interesse am Umgang mir ihrem Kind, viele Stalker suchen aber dessen Nähe auch deswegen, weil sie dadurch Zugang zum Ex-Partner erhalten. Die Opfer können nur selten auf die Unterstützung der Gerichte hoffen, weil die dortigen Familienrichter nach dem üblichen Muster entscheiden – und das sieht ein ausgedehntes Besuchsrecht des getrennt lebenden Elternteils vor – und sich nicht in die Stalkingthematik einarbeiten.

Beate N., deren Fall in diesem Buch ausführlich geschildert wird, wurde vom Gericht beispielsweise ein Bußgeld angedroht, falls sie dem Kindesvater den Kontakt mit seinem Sohn verweigern würde. Dies, obwohl bekannt war, dass der Vater mehrfach gedroht hatte, das Kind umzubringen. Eine Wahrsagerin hatte ihm nämlich geweissagt, dass sein Sohn wiedergeboren worden sei, um ihn zu töten, und dem wollte er zuvorkommen. Das Gericht blieb auch davon unbeeindruckt, dass der Vater bereits während der Schwangerschaft versucht hatte, das ungeborene Kind zu töten, indem er der schwangeren Frau auf den Bauch sprang und sie mit einem spitzen Gegenstand vergewaltigte. Das Kind hat seit dem erzwungenen Umgang mit dem Vater Sprachstörungen und eine ganze Reihe weiterer psychischer Probleme. Einen extremen Fall dieser Art schildert die schwedische Autorin Liza Marklund in ihrem Buch »Mia – ein Leben im Versteck«, das sie zusammen mit einem Stalkingopfer verfasst hat. In dieser, auf einer wahren Begebenheit basierenden Geschichte versucht ein verlassener Mann, der bereits während der Beziehung seine Partnerin mehrfach geschlagen hat, seine Ex-Frau und sein Kind zu töten. Der Fall eskaliert so, dass die Frau zusammen mit den Kindern und ihrem neuen Ehemann untertauchen und eine neue Identität annehmen musste. Auch hier war das Kind Mittel zum Zweck, denn lange Zeit konnte sich der Täter Zutritt zur Wohnung des Opfers verschaffen, indem er das gemeinsame Kind als Vorwand für ein Treffen vorschob. Simone F., die seit der Trennung von ihrem Mann gestalkt wird, schreibt: »Ich bin allein erziehende Mutter von zwei Kindern und berufstätig. Lebe in ständiger Angst um meine Kinder, wenn ich in der Arbeit bin. Von nächtlichem Telefonterror bis Verfolgung habe ich alles in meinem täglichen Ablauf. Meine Kinder sind verängstigt und in ihrer natürlichen Bewegungsfreiheit eingeschränkt. Sie dürfen selbst im eigenen Garten nicht alleine Rad fahren oder Ball spielen. Ein normales Leben ist für mich nicht mehr möglich!!! ... Ich will die lachenden Kinderaugen zurück und die Angst darin vertreiben. Ich will, dass meine Kinder sich nicht beim Spielen ständig umdrehen, aus Angst beobachtet zu werden. Meine Frage ist WANN!!!?? Wann dürfen meine Kinder und ich wieder normal leben??«

Selbst wenn der stalkende Partner sein Kind aufrichtig liebt, ist der Kontakt höchst problematisch. Denn meist benutzen die Stalker die gemeinsame Zeit mit ihrem Kind dazu, es auszuhorchen und Informationen über ihren Ex-Partner zu sammeln. Da dies auch das Stalkingopfer weiß, kann dies zu einem gespannten Verhältnis zum eigenen Kind führen. Weil es befürchten muss, dass der Ex-Partner von den eigenen Plänen erfährt, enthält es diese auch dem Kind vor. Psychologen diagnostizieren dann häufig ein »Loyalitätsproblem«. Da das Kind sowohl den Vater als auch die Mutter liebt, den Konflikt zwischen beiden aber deutlich spürt, weiß es nicht, auf wessen Seite es sich schlagen soll. Es ist hin- und hergerissen und entwickelt oft Schuldgefühle. Denn in seiner kindlichen Sicht »betrügt« es ja immer einen Elternteil, indem es mit dem anderen zusammentrifft. Erzählt es beispielsweise dem stalkenden Vater, dass die Mutter einen neuen Partner hat, ist die Mama unzufrieden. Antwortet das Kind dem Papa nicht, ist der böse. Solche Probleme haben selbst Kinder bei anderen nicht einvernehmlichen Trennungen ohne Stalking. Wird einer der Ex-Partner zum Stalker, entsteht für das Kind eine fast unerträgliche Situation. Markus J., der als gestalkter Partner nicht mit seinen Kindern zusammenlebt, schreibt zu dieser Thematik in einem Internetforum: »Eines meiner Kinder hat bereits massive psychische Probleme und befindet sich in stationärer Behandlung. Die Therapeuten und Ärzte scheinen das Problem erkannt zu haben. Mein Kind hat ein Loyalitätsproblem. Das ist das Resultat, wenn Kinder so benutzt werden. Aber so richtig etwas dagegen unternehmen können sie auch nichts. Mir wurde geraten, mich auch mehr von den Kindern zu entfernen, um meiner Ex jede Angriffsfläche zu nehmen.«

Ob der Ratschlag, der »Klügere gibt nach«, in diesem Fall wirklich angemessen ist, darf diskutiert werden, denn immerhin würde Markus J. seine Kinder in diesem Fall einer psychisch kranken Person schutzlos ausliefern.

Die »Antistalking-Regeln« (siehe dazu S. 90) sind natürlich nur eingeschränkt umsetzbar, wenn Stalker und Opfer gemeinsame Kinder haben. Wie soll es denn die Wohnung wechseln, wenn der Stalker vom Gericht die Erlaubnis erhält, regelmäßig sein Kind zu sehen? Wie soll es das Gespräch mit dem Stalker meiden, wenn es Angelegenheiten des Kindes zu besprechen gibt? Dazu nochmals Markus J. im Internet: »Das Problem ist allerdings, dass ich mit meiner Ex zwei Kinder habe, und sie versteht es perfekt, diese als Spielball einzusetzen. Wie soll ich denn in dieser Situation das viel beschriebene Ignorieren umsetzen? Ich kann sie nun mal wegen der Kinder nicht völlig ignorieren, und ich bin immer wieder gezwungen, Kontakt mit ihr zu haben.«

Auch wenn es unmöglich ist, den Kontakt mit dem stalkenden Ex-Partner völlig zu meiden, sollte man die Anzahl der Treffen so gering wie möglich halten. Viele Angelegenheiten lassen sich mit Hilfe dritter Personen regeln, sei es ein Freund, ein Kinderpsychologe oder ein Anwalt. Ist der persönliche Kontakt unvermeidlich, sollte man immer eine Begleitperson mit zu den Treffen nehmen. Wichtig: Führen Sie nur sachbezogene Gespräche über die Angelegenheiten des Kindes und lassen Sie sich keinesfalls eine Diskussion über die Beziehung aufdrängen. Besteht der stalkende Partner darauf, sollte die Begleitperson das Gespräch umgehend unterbrechen und im Zweifelsfall beenden. Dabei immer ruhig, aber bestimmt bleiben. Keinesfalls sollte das Opfer selbst reagieren und sich in ein Streitgespräch verwickeln lassen.

STALKING INNERHALB DER BEZIEHUNG

Stalking kann auch innerhalb einer Beziehung stattfinden. Hier werden vor allem Menschen im Eifersuchtswahn zu Stalkern. Sie leben in der wahnhaften Überzeugung, von ihrem Partner betrogen zu werden, und interpretieren jede noch so unschuldige Bemerkung oder Geste als Anzeichen für Untreue. Sie beobachten und überwachen ihren Partner und versuchen die absolute Kontrolle über dessen Leben zu gelangen. Das kann so weit gehen, dass der Wahnkranke versucht, sämtliche sozialen und familiären Kontakte des Opfers zu unterbinden. Die Vorgehensweise des Stalkers im Eifersuchtswahn unterscheidet sich in keiner Weise von der in anderen Konstellationen. Obwohl er in einer Beziehung mit dem Opfer lebt, verfolgt und bedroht er es und setzt es unter Druck. Für das Opfer ist die Situation besonders unerträglich, da der Stalker in den eigenen vier Wänden lebt und es daher keinen Rückzugsraum hat. Er durchschnüffelt den Schreibtisch des Partners, durchsucht seine Wäsche, liest Briefe und E-Mails und hört bei jedem Telefongespräch – so er es überhaupt zulässt – mit. Telefonrechnungen werden kontrolliert und die Taschen durchsucht. Und: Überall wird er Anzeichen für Untreue finden. Seine Schlussfolgerungen und Überführungen sind völlig abstrus, trotzdem sammelt er zwanghaft Beweise. Er ist sicher, betrogen zu werden, und lässt sich von dieser Ansicht auch durch offensichtliche Gegenbeweise nicht abbringen. Klärende Gespräche sind völlig nutzlos, denn ein Zeichen von Eifersuchtswahn ist, dass sich der Kranke von seiner Fehleinschätzung nicht distanzieren kann. Eine Frau berichtet beispielsweise, dass sie mehrere Gespräche mit dem örtlichen Wasserversorger führen musste. Der Ehemann stellte dies anhand der Telefonabrechnung fest und beschuldigte sie daraufhin der Untreue. Als er sich auch durch ihre Gegenargumente nicht davon abbringen ließ, rief die Ehefrau in seinem Beisein die besagte Nummer an und ... es meldete sich ein Mitarbeiter des örtlichen Wasserversorgers. Trotzdem war der Ehemann nicht beruhigt, im Gegenteil, er unterstellte ihr nun eine Affäre mit dem Sachbearbeiter am anderen Ende

Eifersucht oder Eifersuchtswahn?

Eifersucht wird in unserer Gesellschaft als normal angesehen – vorausgesetzt, sie hält sich in Grenzen. Wann aber sind diese Grenzen überschritten? Die folgenden Verhaltensweisen sind Hinweise auf Eifersuchtswahn:

- Die persönlichen Sachen des Partners werden durchsucht
- Die Privatsphäre des Partners wird nicht respektiert
- Der Partner wird kaum mehr allein gelassen bzw. wenn er etwas allein unternimmt, spioniert ihm der andere hinterher
- Der Partner wird ständig und meist in aggressivem Ton nach seinem Aufenthaltsort und seinen Aktivitäten ausgefragt
- Dem Partner wird hinterhertelefoniert
- Dem Partner wird Untreue unterstellt, auch eindeutige Gegenbeweise werden nicht zur Kenntnis genommen

der Leitung. Dass seine Frau die Nummer weder vorher noch nachher verwendete – der Störungsfall im Haus war ja behoben –, besänftigte ihn nicht. Ihm war klar, dass sie lediglich die Affäre geheim halten wollte und deswegen nicht anrief. In seiner Denkweise war nunmehr gerade die Tatsache, dass seine Frau nicht mehr bei den Wasserwerken anrief, der Bewies für ihre Liebschaft mit dem Sachbearbeiter.

Die Mehrzahl der Stalker im Eifersuchtswahn sind Männer – oft auch Alkoholiker –, und häufig kommt es zur Anwendung körperlicher Gewalt. Dem Opfer kann man hier nur einen einzigen Ratschlag geben: Sollte sich der Partner einer Therapie verweigern, bleibt nur die radikale und sehr deutlich vollzogene Trennung. Vermutlich wird sich das Stalking dann zunächst außerhalb der Beziehung fortsetzen, aber, so paradox es klingen mag, für das Opfer stellt dies schon einen Gewinn an Freiheit dar. Denn immerhin wird es nun durch eine Wohnungstür vor seinem Verfolger geschützt.

Auch die objektiven Lebensumstände des Stalkers verändern sich durch das Stalking negativ. Er verbietet nicht nur dem Partner soziale Kontakte, er zieht sich selbst ebenfalls zurück und stellt die Überwachung des anderen in den Mittelpunkt seines Seins. Die Eifersucht wird zum zentralen Thema; dies kann so weit gehen, dass der Stalker nicht mehr in der Lage ist, einer geregelten Arbeit nachzugehen, und es schließlich sogar zum Verlust der Arbeitsstelle kommen kann.

GEMEINSAME FREUNDE

Auch die Beziehung zu Freunden wird belastet, wenn der ehemalige oder gegenwärtige Partner zum Stalker wird. Stalker wirken nach außen oft freundlich und zuvorkommend und sind keine blutrünstigen Messerstecher. Gemeinsame Freunde und Bekannte können deswegen die Tragweite des Stalkings nicht nachvollziehen und halten weiterhin Kontakt zum Stalker. Für das Opfer bedeutet das aber, dass es seinerseits den Kontakt zu den entsprechenden Personen abbrechen oder minimieren muss. Es kann ja nicht eine Einladung zum Geburtstag annehmen, wenn es damit rechnen muss, auf der Feier den eigenen Stalker zu treffen.

Wird man vom (Ex-)Partner gestalkt, ist es noch wichtiger, als es in anderen Stalkingkonstellationen ohnehin schon ist, dass das Opfer offen über die Situation spricht und Freunde und Bekannte deutlich auf die Problematik hinweist. Einige Freunde werden mit der Situation vermutlich überfordert sein, sich aus den Streitigkeiten heraushalten wollen und darum ihrerseits den Kontakt einschränken. Das ist zwar bedauerlich, doch Klarheit darüber, wem es in der Stalkingsituation vertrauen kann, ist für das Opfer ungemein wichtig. Mit Freunden kann man sich nur offen unterhalten, wenn man sicher sein kann, dass nichts des Besprochenen weitergetragen wird.

STALKING UNTER JUGENDLICHEN

Stalking unter Jugendlichen nimmt zu und »schuld« daran ist u.a. die moderne Technik. Mit SMS und E-Mail sind Rachefeldzüge einfach und ohne Risiko zu organisieren. Es erfordert keinen Mut, einen Klassenkameraden anonym zu stalken, ihm seine Wut ins Gesicht zu sagen dagegen schon. Inzwischen sind einige Stalkingfälle unter Jugendlichen schon vor den Gerichten gelandet, und wie bei Erwachsenen wurden auch hier Kontaktverbote ausgesprochen.

Sven ist 15 und in die Klassenschönheit Mareike verliebt. Die aber hat keine Augen für den kleinen schüchternen Mitschüler und hat ihn böse abblitzen lassen. Dafür soll sie jetzt büßen. In der Vor-Handy-Zeit wäre Sven viel zu schüchtern gewesen, den

Konflikt mit der beliebten Mareike offen auszutragen. Er hätte vermutlich gegrollt und den einen oder anderen dummen Spruch an die Tafel geschrieben, aber zu Stalkinghandlungen wäre es vermutlich nicht gekommen. Dank Mobiltelefon und Internet sinkt die Hemmschwelle, jemanden zu belästigen. So auch bei Sven. Solange das Taschengeld reicht, schickt er Mareike Kurzmitteilungen aufs Handy und droht ihr anonym. Auch andere Mitschüler bekommen »Post« von ihm und können darin dann lesen, mit wem Mareike schon alles »geknutscht und gef...« hat.

Eine anonyme Mailadresse hat sich Sven inzwischen ebenfalls beschafft. In wütenden Mails beschimpft er Mareike und droht ihr, sie auf dem Schulweg zu schlagen. Dass er sich das nie trauen würde, weiß Mareike ja nicht, denn sie ahnt nicht, dass sich hinter der aggressiven Post der Kleinste unter ihren Klassenkameraden versteckt. Entsprechend verunsichert macht sie sich Tag für Tag auf den Schulweg, und an Tagen, an denen ihre Freundin krank ist und sie nicht begleiten kann, geht auch Mareike nicht mehr zur Schule. Dann bekommt auch sie »plötzlich« Magenschmerzen und bleibt lieber zu Hause. Ihre Eltern wundern sich schon darüber, was mit ihrer Tochter los ist. Mit ihren Vermutungen stochern sie aber im Dunklen, denn Mareike sagt nichts. Kein Wunder, hatte doch der ihr unbekannte Stalker in seiner letzten Mail gedroht: »Ein Wort zu deinen Eltern und deine Freunde können dich im Krankenhaus besuchen.« Mareike wird immer nervöser, und bald lassen auch ihre Schulleistungen nach, im Zeugnis finden die Eltern den Hinweis »Versetzung gefährdet«.

Dass die Klassenschönheit gestalkt wird, ist durchaus typisch. Oft werden gerade diejenigen Jugendlichen zu Stalkingopfern, die den Neid der anderen erregen.

Bei Deutschlands bekanntestem Briefkastenonkel für Jugendliche, Dr. Sommer von Bravo, kommen immer mehr Briefe mit Fragen zu Stalking an. In einem davon heißt es: »Meine Freundin hat vor einem Monat mit ihrem Freund Schluss gemacht, weil er immer eifersüchtig war und immer total ausgerastet ist, wenn sie sich mit anderen getroffen hat. Seitdem ruft er sie dauernd an, schreibt ihr bis zu 20 (!) SMSen am Tag. Sie ist mittlerweile total fertig, weil er sie nicht in Ruhe lässt. Er behauptet, dass sie ihn immer noch lieben würde, aber nicht zu ihren Gefühlen stehen könnte! Gestern hat er mir sogar aufgelauert und mir vorgeworfen, dass ich sie dazu gebracht hätte, mit ihm Schluss zu machen! Der ist doch voll Psycho! Könnt ihr mir sagen, was man da machen kann?« Das Stalking unter Jugendlichen folgt ähnlichen Gesetzen wie das unter Erwachsenen, und deswegen gibt das Dr. Sommer-Team der Fragerin einen Ratschlag, der auch bei Erwachsenen Anwendung finden könnte: »Stalker wie der Ex deiner Freundin sind mit gesundem Menschenverstand nicht zu überzeugen. Der Grund: Sie leben in einer Traumwelt und versuchen immer wieder, die Wirklichkeit so hinzubiegen, dass sie ihren Vorstellungen entspricht. Stalker sind meistens von der Richtigkeit ihres Handelns überzeugt und deshalb für Erklärungen oder Argumente kaum zugänglich. Deshalb nützt es auch wenig, wenn deine Freundin ihrem Ex immer wieder sagt, dass sie nichts mehr von ihm wissen will. Und auch du hast kaum eine Chance, ihm klar zu machen, dass du mit dem Aus ihrer Beziehung nichts zu tun hast. Denn er glaubt nur das, was er glauben will.« Gestalkte Jugendliche sollten nie selbst die Konfrontation mit dem Stalker suchen, sondern ihre Eltern und Lehrer auf das Stalking aufmerksam machen. Umgekehrt sollten Eltern genau zuhören, wenn ihre Kinder von entsprechenden Dingen berichten, und das Ganze nicht einfach leichtfertig mit einem »Mann, der ist doch bloß in dich verliebt« abtun. Außerdem sollte man auch auf äußere Zeichen achten und mit seinem Kind das Gespräch suchen, wenn sich sein Verhalten ändert bzw. sich die Schulnoten auffällig verschlechtern.

Ein Gespräch zwischen den Eltern des Opfers und des Täters führt oft zu einer Verbesserung der Situation, vorausgesetzt, beide Elternpaare sind sich in ihrem Vorgehen einig. Das kann in diesem Fall nur heißen, dass der jugendliche Täter zur Rede gestellt wird und ihm Konsequenzen für sein Verhalten angedroht werden. Stalkende Jugendliche zeigen in ihrem Stalkingverhalten zwar ebenfalls erstaunliche Ausdauer, anders als Erwachsene sind sie aber durch »Zwangsmaßnahmen« noch eher zu beeindrucken. Wichtig aber auch hier: Die sensible und genaue Unterscheidung, ob es sich »nur« um Liebeskummer oder um Stalking handelt.

FÜNF TYPEN VON STALKERN

Stalker ist nicht gleich Stalker: Die Wissenschaft unterscheidet fünf unterschiedliche Typen von Stalkern, die sich in ihrer Motivation und ihrem Verhalten deutlich unterscheiden. Dies zu wissen ist für die Opfer wichtig, denn aus dem Verhalten der Täter lassen sich auch Prognosen auf deren zukünftiges Vorgehen stellen – und dementsprechend Gegenmaßnahmen planen.

Jens Hoffmann, Mitarbeiter der Arbeitsgruppe Stalking an der TU Darmstadt, weist darauf hin, »dass die Täter vorher nach außen hin kaum auffallen. Meist sind sie sehr angepasst. Umso wichtiger ist es, die Warnsignale zu kennen und zu erkennen.«

Die folgende Einteilung in unterschiedliche Gruppen stellt eine Vereinfachung dar. Ebenso wie jedes Opfer, ist auch jeder Täter ein Individuum, das sich nicht in eine Schablone pressen lässt. Es gibt also durchaus Stalker, die Kennzeichen aus mehreren Gruppen aufweisen. Ebenso kann ein Stalker im Laufe der Zeit sein Verhalten ändern – und damit sozusagen die Gruppe wechseln.

Die Zurückgewiesenen

Zu dieser Gruppe gehören mehr als die Hälfte aller Stalker. Meist sind es die Ex-Partner, die eine Trennung nicht verarbeitet haben und mit einer sonderbaren Mischung aus Rachegefühlen und dem Wunsch auf Wiederannäherung reagieren (siehe dazu auch S. 67ff). Ebenfalls zu dieser Gruppe zählen aber auch nahe Freunde, Geschäftspartner oder Bekannte des Opfers, die zu ihm eine engere Beziehung aufbauen wollen, aber mit ihrem Werben nicht erfolgreich sind. Für viele dieser Stalker wird das Stalking zum Ersatz für die Beziehung. Dadurch dass sie ihr Opfer bedrohen und ihm nachstellen, schaffen sie Nähe und kreieren Aufmerksamkeit. Sie werden ein wichtiger Teil seines Lebens, etwas, das sie vorher nicht bzw. nicht mehr waren.

Die zurückgewiesenen Stalker sehen sich meist als Opfer und halten ihre Aktionen für gerechtfertigt. Ihre Rachefeldzüge führen sie ja »nur«, weil sie gekränkt und verlassen wurden. Meist hat das Opfer die Beziehung beendet und den Stalker in seiner kranken Sichtweise dadurch in seiner Ehre verletzt. Typisch ist die Drohung des Stalkers von Beate N., der ihr in nächtlichen Anrufen »Strafe« androhte, weil sie, dadurch dass sie aus der Beziehung geflohen war, seine Ehre als Mann verletzt habe. Es wird aber nicht nur aus Rache gestalkt, durch ihre Strafaktionen glauben viele Stalker aus dieser Gruppe das Opfer zur »Vernunft« bringen und zur Fortsetzung der Beziehung zwingen zu können.

Von einem besonders brutalen Fall berichtete der Spiegel im Frühjahr 2004. Die 32 Jahre alte Kathrin R. wurde, nachdem sie sich von ihrem Freund getrennt hatte, von diesem ständig verfolgt und bedroht. Unter anderem erhielt sie eine SMS von ihm, in der er schrieb: »Wenn du nicht zurückkommst, bringe ich dich um.« Mehrmals versuchte der Ex-Partner in ihre Wohnung einzudringen und erwartete sie mit einem Messer bewaffnet vor der Haustür. Die Frau erstattete innerhalb von vier Monaten acht Strafanzeigen, doch nichts geschah. Nur wenige Tage nachdem sie sich das letzte Mal bei der Polizei gemeldet hatte, war Kathrin R. tot. Ihr Stalker hatte sie mit 27 Messerstichen niedergemetzelt. Dieser Fall ist extrem, weil er mit der Ermordung des Opfers endet. Typisch ist er, weil bei »zurückgewiesenen

Stalkern« eine hohe Gewaltbereitschaft vorliegt. Beleidigungen, Beschimpfungen, aber auch körperliche Angriffe sind hier besonders häufig. Diese müssen sich nicht ausschließlich auf das Opfer beschränken. Jeder, der sich zwischen den Stalker und sein Opfer stellt, ist gefährdet. In Fällen, in denen der verfolgte Partner nach einer Trennung eine neue Beziehung eingeht, besteht die Gefahr, dass nicht nur der Ex-Partner, sondern auch dessen neuer Partner vom Stalker bedroht wird.

Meist enden die Stalkingfälle in dieser Gruppe dann, wenn der Stalker einen neuen Partner gefunden hat. Der aber sollte schon vorab gewarnt sein, denn gerade in der Gruppe der »zurückgewiesenen Stalker« ist die Rückfallquote hoch. Und es kann durchaus sein, dass nach einer neuerlich gescheiterten Beziehung der dann aktuelle Ex-Partner gestalkt wird. Was auch droht, ist, dass der Stalker nach dem Ende seiner neuen Beziehung das Stalking seiner früheren Partnerin wieder aufnimmt. So war es auch bei Eva S., deren Geschichte im zweiten Teil des Buches erzählt wird. Sie berichtet: »Als er eine neue Freundin hatte, hörte er mit seinen Bedrohungen auf. Ich fühlte mich wie im Paradies. Doch der paradiesische Zustand währte nicht lange. Bald bemerkte ›die Neue‹, mit wem sie sich eingelassen hatte, und beendete die Beziehung.« Sofort nahm er die Verfolgung seiner Ex-Frau wieder auf. Das Ganze nahm sogar noch an Intensität zu.

Zurückgewiesene Stalker

- sind oft die Ex-Partner
- wollen ihr Opfer zurückgewinnen bzw. strafen
- geben dem Opfer die Schuld an der Situation und glauben, dass sie das Recht haben, es zu strafen
- sehen Stalking als Beziehungsersatz
- haben eine hohe Gewaltbereitschaft

Obwohl die zurückgewiesenen Stalker ohnehin schon die größte Gruppe ausmachen, ist hier die Dunkelziffer sehr groß. Viele der Betroffenen sehen sich selbst nicht als Stalkingopfer, sondern als Leidtragende in einem Beziehungsdrama. Außerdem wird der Stalker vielfach in Schutz genommen, denn meist ist der jemand, mit dem man einmal eine Beziehung hatte, oder er bzw. sie ist sogar der Vater bzw. die Mutter der gemeinsamen Kinder. Da aber wie erwähnt in dieser Gruppe die Gewaltbereitschaft besonders groß ist, kann die Zurückhaltung von Opferseite fatale Wirkung haben.

Verhaltenshinweis für die Opfer: Die Trennung deutlich und klar vollziehen. Eingefahrene Gewohnheiten ändern, um dem Ex-Partner das Stalken zu erschweren. Da die Gefahr körperlicher Gewalt von Seiten des Stalkers sehr groß ist, Sicherungsmaßnahmen treffen.

Die Beziehungssuchenden

Der beziehungssuchende Stalker will eine Partnerschaft mit seinem Opfer aufbauen und glaubt häufig, dass ihn mit diesem eine besondere Art der Beziehung verbindet. Viel von ihnen zeigen Symptome von Liebeswahn bzw. Erotomanie. Das Opfer mag noch so abweisend reagieren, der Stalker ist überzeugt, dass er von ihm auch geliebt wird. Dabei wird die – schon beim normalen Verliebtsein mitunter zu beobachtende – unrealistische, fast traumhafte Verklärung von Partner und Situation ins Unermessliche übertrieben. Der Stalker ignoriert das negative Feedback des Opfers bzw. interpretiert dessen ablehnende Reaktion um. Im Falle von Rainer K. sah seine Stalkerin alle Zurückweisungen lediglich als Prüfung. »Er liebt mich so sehr, und deswegen will er mich testen, ob ich ihn ebenso liebe.« Jede Ablehnung war für die Täterin also nur eine Bestätigung für die Richtigkeit ihrer Annahme und ein zusätzlicher Ansporn, weiter durchzuhalten. Auch der Hauptdarsteller in Ian McEwans Roman »Liebeswahn«, ein Buch, das sich mit dem Phänomen Stalking auseinander setzt, reagiert ähnlich. Nachdem ihm sein Opfer lang und breit erklärt hatte, dass es nichts für ihn empfinde, antwortet er: »Ich kenne deine wahren Gefühle. Und falls das eine Art Prüfung sein soll, so ist sie vollkommen überflüssig. Ich würde dich nie im Stich lassen.« – »Du liebst mich, aber du weißt es nicht«, erfuhr der Universitätsprofessor Christian Meunier, der von einer Studentin jahrelang belästigt wurde und dessen Stalkingfall ausführlich im Stern dokumentiert war.

Der Psychologe und Stalkingforscher Hans-Georg Voß dazu: »Die Personen sind wahnhaft überzeugt, von einer Person geliebt zu werden. Sie sind davon auch nicht abzubringen. Wenn die andere Person erklärt, da sei nichts dran, so sind auch das immer nur Zeichen, dass es stimmt.«

Häufig interpretieren beziehungssuchende Stalker Reaktionen ihres Opfers als geheime Zeichen für sich. Ein roter Pullover mag da als verstecktes Liebesbekenntnis interpretiert werden oder eine zufällige Berührung eines am Straßenrand geparkten Autos als der angebliche Wunsch des Opfers, zusammen mit dem Stalker zu verreisen. Ebenso oft werden sexuelle Bedeutungen in neutrale Antworten hineininterpretiert. Typisch für die Gruppe der beziehungssuchenden Stalker ist die Idealisierung des Opfers. In einem Fall schwärmte beispielsweise eine Stalkerin vor ihrer Freundin, wie verständnisvoll und einfühlsam ihr Opfer doch sei und dass sie von niemandem so gut verstanden werde – der verfolgte Mann hatte allerdings noch nie ein einziges Wort mit ihr gewechselt.

Was der beziehungssuchende Stalker in der Realität nicht erreichen kann, lebt er in seiner wahnhaften Fantasie aus. Häufig wähnt er sich in einer Beziehung mit seinem Opfer. Ein von einer Stalkerin verfolgter Mann berichtet beispielsweise, dass er eines Tages einen Anruf von der Mutter seiner Verfolgerin bekam, die ihn nach dem Verbleib ihrer Tochter fragte. Als er antwortete, dass er das wohl kaum wissen könne, und ihr den Stalkingzusammenhang erklärte, fiel die Mutter aus allen Wolken. Jahrelang hatte ihr ihre Tochter erzählt, dass sie in einer glücklichen Beziehung mit einem wunderbaren Mann lebe und diesen bald heiraten werde. In der Tat hatte die Stalkerin jedes Mal, wenn sie vor der Wohnung ihres Opfers auftauchte, zunächst das Namensschild an der Türklingel ausgetauscht und seinen durch ihren Namen ersetzt.

Als dieselbe Frau zu einem späteren Zeitpunkt beim Einbruch in die Wohnung des Opfers festgenommen wurde, gab sie der Polizei gegenüber an: »Ich darf hier wohnen, ich bin mit ihm (dem Opfer) verheiratet.«

Beziehungssuchende Stalker führen oft einen isolierten Lebensstil und blicken häufig auf eine ganze Reihe von gescheiterten Beziehungen zurück. Mitunter entwickelt sich diese Isolation aber erst im Laufe des Stalkings, denn um ihrem Opfer ständig nahe sein zu können, vernachlässigen sie alle anderen Beziehungen. In einem Fall brach eine Stalkerin sogar den Kontakt zu ihrer Familie ab, weil diese sie davon überzeugen wollte, mit dem Stalking aufzuhören. Die Konsequenz war kein Denkprozess bei der Täterin, sondern Aggression gegenüber den eigenen Verwandten, die in ihren Augen ihrem Glück im Wege standen. Die gute Nachricht für die Betroffenen: Beziehungssuchende Stalker wenden nur sehr selten körperliche Gewalt an. Die schlechte: Stalker dieser Kategorie sind völlig fixiert auf ihr Opfer und deswegen in ihren Nachstellungen ausgesprochen ausdauernd. Eine Stalkingdauer von mehreren Jahren und sogar Jahrzehnten ist nichts Ungewöhnliches. Sie beharren auf ihren Annäherungen und Kontaktsuchen, ungeachtet negativer Resonanz.

Beziehungssuchende Stalker

- sind häufig Fremde
- wollen eine Beziehung zum Opfer aufbauen bzw. wähnen sich oft schon in einer Beziehung mit ihm
- ignorieren negatives Feedback und wandeln es in Verstärkung um
- idealisieren das Opfer
- führen häufig eine isolierten Lebensstil

Verhaltenshinweis für die Opfer: Jede Art von Beachtung wird vom Stalker als positiv empfunden, deshalb hilft nur konsequente

Nichtbeachtung – kein Zornesausbruch, keine Schubsen, kein Wort an den Stalker, keine auch noch so kleine Regung.

Die Inkompetenten

Inkompetente Stalker sind nicht zu sozialem Zusammenleben fähig, können Gefühle anderer nicht nachvollziehen und leben völlig ichbezogen. Sie sind nicht in der Lage, in der Partnerwerbung gesellschaftlich akzeptierte Formen anzuwenden, und sind deswegen in der Regel Einzelgänger, die noch nie in ihrem Leben in einer Beziehung gelebt haben.

Stalker dieses Typus suchen wie die »beziehungssuchenden Stalker« einen Partner. Während die einen dabei aber völlig auf den Partner bzw. das Opfer fixiert sind, ist dieses für inkompetente Stalker lediglich ein Mittel zum Zweck. Sie sind narzisstisch veranlagt, neigen zur Selbstüberschätzung und verstehen nicht, dass ihre Opfer ihnen mit Ablehnung begegnen. Oft, aber bei weitem nicht immer, handelt es sich um sexuelle Begierden, die der Stalker befriedigen will. Um sein Ziel zu erreichen, baut er meist ein hohes Drohpotential auf, die Gefahr, dass er körperliche Gewalt anwendet, ist aber sehr gering. Da es ihm bei seinen Nachstellungen nicht um einen bestimmten Menschen geht, sind seine Opfer beliebig auswechselbar – das heißt, wenn er nicht zum Ziel kommt, verliert er schnell das Interesse und wendet sich einem anderen Opfer zu. Stalker aus dieser Gruppe sind nahezu ausschließlich männlich und unterdurchschnittlich intelligent. Sie bilden damit eine Ausnahme, denn in der Re-

Inkompetente Stalker

- sind ichbezogen und nicht zu sozialem Zusammenleben fähig
- sind nicht in der Lage, Beziehungen auf gesellschaftlich akzeptierte Weise anzubahnen, und leben deswegen häufig isoliert
- sind intellektuell oft limitiert
- sind nicht auf das Opfer fixiert, sondern sehen es als Mittel zum Zweck

gel zeichnen sich Stalker durch ein über dem allgemeinen Durchschnitt liegendes Intelligenzniveau aus.

Verhaltenshinweis für die Opfer: Da Stalker aus dieser Gruppe schnell das Interesse an ihrem Opfer verlieren, kann es sich lohnen, für kurze Zeit den Wohnort zu verlassen; in den Urlaub zu fahren oder bei guten Freunden Unterschlupf zu suchen. Kehrt man nach zwei oder drei Wochen zurück, ist der Stalker häufig verschwunden.

Die Rachsüchtigen

Der rachsüchtige Stalker sieht sich selbst in der Opferrolle. Der andere hat ihm vermeintlich oder auch wirklich Unrecht angetan und verdient nun Strafe. Diese Täter wollen durch ihr Stalking Ohnmacht in Macht wandeln. Das Opfer soll Angst und Verzweiflung spüren. Ein typisches Beispiel für einen rachsüchtigen Stalker wäre jemand, der sich in einem Gerichtsprozess ungerecht behandelt fühlt und nun den Richter bedroht oder aber nach der Kündigung seinen ehemaligen Chef verfolgt. Auch viele Nachbarschaftsstreitigkeiten fallen in diese Rubrik. Rachsüchtige Stalker drohen ihren Opfern häufig und teilweise in extremer Form, entgegen der Erwartung kommt es aber relativ selten zur Anwendung physischer Gewalt. Die Dauer des Stalkings ist meist zeitlich begrenzt.

> **Rachsüchtige Stalker**
>
> - sehen sich in der Opferrolle
> - glauben, dass das Opfer Strafe verdient hat
> - fühlen sich ohnmächtig und wollen durch das Stalking ein Stärkegefühl erzeugen
> - drohen dem Opfer häufig, wenden aber nur selten Gewalt an

Verhaltenshinweis für die Opfer: Keine Gegenreaktion auf die verbalen Angriffe des Täters. Die Aktionen rachsüchtiger Stalker sind zwar für das Opfer belastend, in der Regel aber ungefährlich. Wenn der Angegriffene keine Reaktion zeigt, hören die Belästigungen meist nach kurzer Zeit wieder auf.

Die wahnhaften Jäger

Dieser, zahlenmäßig kleinsten Gruppe von Stalkern gehören fast ausschließlich Männer an. Ihnen dient das Stalking nicht als Selbstzweck, sondern zum Vorbereiten einer Straftat. Da sie deswegen unerkannt bleiben wollen, gehen sie im Gegensatz zu allen anderen Stalkern so vor, dass ihr Opfer nichts bzw. möglichst wenig von der Verfolgung bemerkt. Meist haben Täter und Opfer keinerlei Beziehung zueinander. Dem Stalker geht es meist auch gar nicht um eine bestimmte Person, allenfalls löst diese Schlüsselreize bei ihm aus und wird deswegen als Opfer ausgesucht. Die Motivation der »wahnhaften Jäger« liegt in der Kontrolle/Dominanz. Das Opfer wird als »Jagdobjekt« angesehen, und das Ziel ist es, »Beute« zu machen. Stalker dieser Gruppe drohen ihrem Opfer nur selten, sondern werden sofort gewalttätig – Vergewaltigungen und Körperverletzungen, ja sogar Morde kommen in dieser Gruppe häufig vor. Meist handelt es sich um psychopathische Persönlichkeiten, und häufig liegt auch eine paranoide Störung vor. Deswegen ist auch der Anteil der Wiederholungstäter in dieser Gruppe extrem hoch.

> **Stalker aus der Gruppe der wahnhaften Jäger**
>
> - bereiten durch ihr Stalking eine andere Straftat vor
> - versuchen, vom Opfer unerkannt zu bleiben
> - sind häufig psychopathische Persönlichkeiten
> - sind äußerst gewaltbereit

Verhaltenshinweis für die Opfer: Falls das Opfer die Verfolgung bemerkt, umgehend die Polizei einschalten. Verstärkung aller Sicherheitsmaßnahmen.

	Motivation	Gefahr der Gewaltausübung	Länge des Stalkings	Drohungen	Gefahr der Wiederholung
Die Zurückgewiesenen	Rache, Wiederherstellung einer Beziehung	Groß. Körperverletzung bis hin zu Vergewaltigung und Mord sind möglich	Hängt von der persönlichen Situation des Stalkers ab, teilweise sehr lang	Heftige Drohungen	Hoch
Die Beziehungssuchenden	Aufbau einer Beziehung zu einer vom Schicksal »vorbestimmten« Person	Gering, in der Regel allenfalls Schubser	Sehr lang, oft mehrere Jahre	Drohungen vermischt mit Liebesschwüren	Gering
Die Inkompetenten	Befriedigung (meist) sexueller Begierde	Gering	Meist kurz	Heftige aber meist nicht ernstzunehmende Drohungen	Hoch
Die Rachsüchtigen	Rache	Gering	Relativ kurz	Heftige Drohungen	Mittel
Die wahnhaften Jäger	Vorbereitung einer Straftat	Sehr groß, ernsthafte Gefahr für Leib und Leben	Kurz	Will unerkannt bleiben, baut daher auch keine Drohkulisse auf	Hoch

4. SELBSTHILFE GEGEN STALKER

Der Stalker will die ungeteilte Aufmerksamkeit seines Opfers. Sie ihm zu gewähren bedeutet, sich ihm zu ergeben. Das Wichtigste für jedes Stalkingopfer ist deswegen, nicht auf den Stalker fixiert zu sein und sich auch innerhalb des Stalkings Freiräume für ein entspanntes und genussreiches Leben zu schaffen. Das ist im Einzelfall leichter gesagt als getan. Den richtigen Weg schlägt man aber ein, wenn man nicht länger versucht, den Täter zu verändern, sondern seine eigenen Verhaltensweisen an die neuen Umstände anzupassen. Das mag ungerecht erscheinen, denn warum soll man sich von einem »Verrückten« sein Leben diktieren lassen? Es ist aber der einzige Weg, Ruhezonen im Stalkingkampffeld zu schaffen. Tatsache ist, der Stalker wird sein Verhalten nicht ändern, also muss es das Opfer tun. Wenn es weiß, dass es vom Stalker an bestimmten Orten abgefangen wird, sollte es diese Orte konsequent meiden. Der Stammkneipe ade sagen und das, dann wieder gemütliche Feierabendbier in einem anderen Lokal einnehmen. Die Joggingrunde nicht mehr wie üblich um den kleinen Badesee machen, sondern lieber durch den Stadtpark. Auch wenn es da weniger schön sein sollte – laufen ohne ein Gespenst im Nacken ist allemal die bessere Lösung. Verkriechen Sie sich nicht in der eigenen Wohnung. Was spricht dagegen, dass man wie früher heiße Partys feiert oder sich mit Freunden zum Kartenspielen trifft? Wenn der Stalker vor der Tür steht, dann treffen Sie sich eben anderswo.

Arbeiten Sie an Ihrem Selbstbewusstsein. Viele Gestalkte beginnen durch die Hilflosigkeit, die sie als Stalkingopfer erfahren, an ihren eigenen Fähigkeiten zu zweifeln und werden energie- und antriebslos. Das Selbstbewusstsein fördern heißt aber, Aufgaben zu übernehmen und sich zu engagieren. Machen Sie einen Russischkurs, lernen Sie Salsatanzen oder treten Sie einer Selbsthilfegruppe gegen Stalking bei. Stalking hat Ihr Leben verändert – ob das ausschließlich zum Negativen sein muss, bestimmten aber auch Sie selbst! (siehe dazu auch S. 122ff) Erlernen Sie Techniken, mit denen Sie Ruhe finden können. Wenn es zu Ihrem Typ passt, meditieren Sie oder machen Sie Yoga. Ein Betroffener erzählte mir beispielsweise, dass er in der Stresssituation Jonglieren lernte. »Das erfordert totale Konzentration und lenkt deswegen vom Stalkingstress ab. Ich wurde immer relaxt und entspannt.« Wunderbar! Jedes Mittel ist recht, finden Sie heraus, was für Sie das Richtige ist.

Mancher Stalkingfall nimmt so extreme Ausmaße an, dass das Opfer ohne fremde Hilfe nicht mehr zurechtkommt. Gestehen Sie sich das ein und suchen Sie die professionelle Hilfe eines Psychotherapeuten. Last but not least: Hüten Sie sich vor den »falschen Freunden« – Alkohol und Drogen. Abhängig machende Medikamente, scheinen kurzfristig Hilfe zu versprechen, langfristig werden aber dadurch die Probleme nur noch größer.

SCHLAF GUT – TROTZ STALKER

Viele Stalkingopfer schlafen schlecht. Das ist kein Wunder, denn in einer Bedrohungssituation steht man ständig unter Hochdruck. Deswegen sollte man vor dem Zubettgehen eine entspannende Atmosphäre schaffen. Die Klingel abstellen und den Telefonstecker ziehen. Die letzten Gedanken des Tages gehören nicht dem Stalker, versuchen Sie an etwas Angenehmes und Positives zu denken. Schließen Sie den Tag langsam und entspannt ab – bei Kerzenschein oder einer Tasse Einschlaftee.

Wer auf ein Schlafmittel zurückgreifen will, sollte es zunächst mit natürlichen Medikamenten versuchen. Baldrian beispielsweise wirkt beruhigend, löst innere Spannungen und ruft einen Zustand der Ausgeglichenheit hervor. Er sorgt zwar nicht dafür, dass Sie sofort einschlafen können. Dafür nimmt er Ihnen aber den Einschlafstress. Sie werden ruhiger und gelassener und verlieren das Gefühl, unbedingt einschlafen zu müssen.

Wer seine Schlaflosigkeit mit synthetischen Schlafmitteln bekämpft, sollte sich dabei an folgende Regeln halten, andernfalls droht Suchtgefahr:

- nur in Ausnahmesituationen verwenden
- nur in kleinen Dosen verwenden
- nur über einen beschränkten Zeitraum benutzen
- nur unter ärztlicher Aufsicht einnehmen

TIPPS GEGEN STALKER

Die schlechte Nachricht vorweg: Ratschläge, wie man Stalking sicher beenden kann, gibt es nicht. Machen Sie sich klar, dass es nicht darum geht, den Stalker von dem Unrecht seines Tuns zu überzeugen – das würde auf der »anderen Seite« eine Einsicht voraussetzen, die in der Regel nicht vorliegt.

Ein Versöhnungsgespräch zwischen Opfer und Täter, das bei manchen kleineren Straftaten durchaus angebracht sein mag, ist bei Stalking unangemessen, ineffektiv, ja sogar kontraproduktiv. Wenn man aber den Täter nicht verändern kann, muss man sein eigenes Verhalten so modifizieren, dass das Stalking erträglich wird bzw., langfristig gesehen, aufhört.

Die folgenden Tipps sind nicht für jeden Fall passend. Jedes Opfer ist anders und jeder Stalker ist es auch. Deswegen können die Vorschläge auch nur als Anregung dienen, die jeder auf seine Situation anwenden muss.

1. Machen Sie sich Ihre Situation klar

Jeder Kampf gegen den Stalker muss beim Opfer beginnen. Eigentlich ist es jedem klar, wenn er gestalkt wird. Viele wollen es sich aber nicht eingestehen. Deswegen im Zweifelsfall: Überprüfen Sie, ob die gängigen Stalkingmerkmale auf Ihren Fall zutreffen. Und falls ja: Nehmen Sie die Opferrolle an, denn erst dann können Sie auch wieder aus ihr heraustreten und selbstbestimmt agieren.

Solange Sie die Augen schließen und sagen »Ich doch nicht«, sind Sie zur Passivität verurteilt, sobald Sie sich eingestehen »Jawohl, ich bin ein Stalkingopfer«, beginnt Ihr Kampf gegen die Fremdbestimmung Ihres Lebens. Machen Sie sich bewusst, durch welche Gefühle Ihr Verhalten zum Stalker geprägt ist. Verhalten Sie sich eindeutig und klar? Geben Sie deutliche Zeichen? Oder machen Sie mit Ihrem Verhalten dem anderen unbewusst Hoffnung? Besonders bei Stalkingfällen zwischen ehemaligen Partnern ist dies sehr häufig der Fall. Das Opfer empfindet wegen der gemeinsamen Vergangenheit Sympathie oder Mitleid für den Täter und verhält sich entsprechend. Genauso wenig wie man einem Alkoholiker hilft, wenn man ihm eine Flasche Schnaps hinstellt, hilft man aber einem Stalker durch freundliches, aber unentschlossenes Auftreten. Überprüfen Sie kritisch Ihr eigenes Verhalten und verändern es entsprechend.

Entwickeln Sie ein inneres Frühwarnsystem – Ihr Gefühl ist Ihr bester Ratgeber. Nehmen Sie es ernst, wenn Sie sich unwohl oder bedrängt fühlen. Interpretieren Sie Grenzüberschreitungen nicht als Liebe, entschuldigen Sie das Verhalten des anderen nicht und versuchen Sie nicht, ihn zu verstehen. Nehmen Sie es pur als das, was es ist: ein Übergriff. Dazu der Psychologe Holger Barkhau: Je früher die Umwelt reagiert und je kürzer die Stalkingdauer, desto größer ist die Chance zur Veränderung.

Tipp: Machen Sie eine Bestandsaufnahme: Wie ist die Situation? Wie verhalte ich mich? Wie verhält sich der Stalker? Welches

Ziel will ich erreichen? Auf welchem Weg will ich es erreichen? Wie muss ich mein Verhalten dazu ändern?

2. Sagen Sie Nein

Machen Sie Ihrem Stalker klar, dass Sie nichts mit ihm zu tun haben wollen. Einmal und deutlich! Sagen Sie nichts, was irgendwie fehlinterpretiert werden könnte. Also lieber klar: »Ich will dich nicht mehr sehen«, als »Ich will dich JETZT nicht mehr sehen«. Das mag für Sie kein großer Unterschied sein, der Stalker wird die zweite Aussage aber so interpretieren: »Nun gut, heute will er/sie mich nicht mehr sehen, aber vielleicht morgen oder übermorgen.«

3. Sagen Sie nur einmal Nein

Sobald es klar ist, dass Sie gestalkt werden, und nachdem Sie Ihrem Stalker gesagt haben, dass er sich von Ihnen fern halten soll, nehmen Sie keinen weiteren Kontakt zu ihm auf und reagieren Sie auf keinen seiner Kontaktversuche.

Stalker brauchen Beachtung, und selbst wenn sie beschimpft und beleidigt werden, werden sie beachtet. Deshalb: Auch wenn Ihr Zorn noch so verständlich ist, gönnen Sie Ihrem Stalker keinen Wutausbruch! Wenn Sie dem Stalker gegenübertreten müssen, weil er Sie etwa in der Kneipe aufgespürt hat oder Sie auf der Straße abpasst, würdigen Sie ihn, soweit möglich, keines Blickes und richten Sie kein – auch kein böses – Wort an ihn. Geben Sie ihm nie, was er sucht – Ihre Aufmerksamkeit!

Vermeiden Sie jede Diskussion mit Ihrem Verfolger. Stalker lauern ihrem Opfer oft auf und bitten: »Wir müssen reden.« Wenn Sie darauf eingehen, schaffen Sie einen Präzedenzfall, der den Stalker zu weiteren Aktionen animiert. Der Stalker braucht einen Gesprächspartner, Sie als Opfer sind aber definitiv nicht der richtige. Jedes Gespräch, und sei es von Ihrer Seite auch noch so kühl und abweisend geführt, wird den Stalker bestätigen. Ganz wichtig: Bleiben Sie konsequent. Wenn Sie 25-mal sofort auflegen, wenn Ihr Stalker Sie nachts am Telefon belästigt, beim 26. Mal aber entnervt ins Telefon schreien, wird er daraus lernen: »Ich brauche nur ausdauernd genug sein, und dann beachtet mich der andere doch.«

4. Minimieren Sie den persönlichen Kontakt

Wenn man mit seinem Stalker ein gemeinsames Kind hat, kann man in der Regel den Kontakt nicht völlig abbrechen, denn es wird immer wieder Diskussions- und Gesprächsbedarf geben. Besonders weil Stalker oft ihre Kinder benutzen, um sich Zutritt zum Ex-Partner zu erzwingen. Häufig wird dann unter dem Vorwand Einlass in die Wohnung gefordert, dass dort ja auch das eigene Kind lebe. Gibt es gerichtlich festgelegte Besuchsregeln, bestehen Sie auf deren genauer Einhaltung. Versuchen Sie, wo immer möglich, Probleme mit Hilfe Dritter zu lösen – Freunde, Verwandte oder dem Anwalt. Vermeiden Sie es, Ihrem Stalker persönlich gegenübertreten zu müssen, ist dies unvermeidlich, treten Sie immer zusammen mit einer Begleitperson auf.

5. Sagen Sie es Ihren Freunden, Bekannten und den Nachbarn

Keine falsche Scham. Die Rollen sind eindeutig festgelegt. Sie sind das Opfer, der Stalker ist der Täter! Sie haben also keinen Grund, das Stalkingvergehen geheim zu halten. Je mehr Leute in Ihrem Umfeld von Ihrem Stalker wissen, desto sicherer sind Sie. Denn nur Menschen, die Ihr Problem kennen, können Ihnen auch helfen. Das Gefühl, nicht allein gegen den Stalker zu stehen, gibt Sicherheit und Stärke. Zu wissen, dass man einfach seine Freunde anrufen kann, die im Notfall auch vorbeikommen, wenn der Stalker vor der Tür steht, nimmt viel vom Nervendruck. Wichtig: Scheuen Sie sich nicht, angebotene Hilfe auch einzufordern.

Stalker sind nicht per se böse Menschen, denen man schon von weitem ihre Gemeinheit ansieht. Im Gegenteil, oft sind sie intelligent und – zu anderen – freundlich. Wenn Sie Ihre Freunde nicht einweihen, kann es durchaus passieren, dass der »freundliche« Stalker von Freunden, die Hilfe leisten wollen, Informationen erhält, die er gegen Sie verwenden kann. In einem Fall gab der beste Freund eines Gestalkten bereitwillig dessen Adresse und Telefonnummer heraus, weil dieser angeblich zu einem Klassentreffen eingeladen werden sollte. Hätte er gewusst, dass sein Freund Stalkingopfer ist, hätte er sicher anders reagiert. In einem anderen Fall versäumte es das Opfer, seine Nachbarn einzuweihen. Die Folge: Als er nach Hause kam, kam ihm seine Stalkerin freudestrahlend aus der Nachbarwohnung entgegen. Weil er nicht da gewesen sei, habe sie seine nette Freundin bei sich warten lassen, erklärte ihm die Nachbarin.

Ebenfalls wichtig: Stalkingopfer brauchen Menschen, mit denen sie über ihr Problem sprechen können ... und ausheulen können sie sich bei der Freundin oder dem Freund nur, wenn die auch Bescheid wissen.

6. Seien Sie schneller als Ihr Stalker

Mancher Stalker hat seinem Opfer schon den Strom abstellen lassen, die Wohnung gekündigt oder das Konto sperren lassen. Theoretisch ist das alles nicht möglich, aber welcher Vermieter trägt ein Kündigungsschreiben zum Graphologen, und selbst die meisten Banken prüfen nur sehr oberflächlich die Richtigkeit einer Unterschrift. Deswegen lohnt sich ein Rundschreiben an alle wichtigen Stellen, in dem Sie Ihre Situation kurz darlegen und um Rücksprache bitten, bevor eine Kündigung oder Ähnliches durchgeführt wird. Informieren Sie auch Ihren Postzusteller und bitten Sie ihn, Ihre Briefe nach Möglichkeit persönlich abzugeben und keinesfalls der »freundlichen Dame« oder dem »freundlichen Herren« im Hausflur in die Hand zu drücken.

7. Seien Sie wachsam ... aber nicht zu sehr

Paranoia ist nicht gefragt. Nicht jeder Mensch, der ein paar Minuten hinter Ihnen herläuft, ist ein vom Stalker beauftragter Privatdedektiv, und auch für das offene Kellerfenster mag es eine andere Erklärung geben als einen Einbruch. Trotzdem: Machen Sie sich bewusst, dass Sie in einer Situation leben, in der Sie aufmerksamer sein müssen als der Durchschnittsbürger. Einfache Dinge reichen oft schon aus, um sich vor Gefahren zu schützen. Ein Blick durch den Spion, bevor Sie die Wohnung verlassen, und einer in den Rückspiegel, wenn Sie mit dem Auto losfahren, sind Kleinigkeiten, die Ihre Sicherheit erhöhen. Seien Sie sensibel für Anzeichen, die auf die Anwesenheit Ihres Stalkers hindeuten.

8. Bitten Sie Ihre Mitmenschen um Hilfe

Wenn Sie in der Öffentlichkeit belästigt und bedroht werden, legen Sie jede Scheu ab und bitten Sie Ihre Mitmenschen offensiv um Hilfe. Sagen Sie klar, was vorgeht und wie Ihnen geholfen werden soll. Etwa in der Art: »Mein Ex-Mann will mich schlagen, rufen Sie bitte schnell die Polizei.« Machen Sie auf sich aufmerksam, werden Sie notfalls auch laut: Je mehr Menschen auf der Straße stehen bleiben, desto sicherer sind Sie. Wichtig dabei: Provozieren Sie den Stalker nicht, und versuchen Sie Ruhe zu bewahren.

9. Bitten Sie Ihren Vermieter, ein Hausverbot gegen den Stalker auszusprechen

Wenn Sie in einer Mietwohnung wohnen und der Stalker steht im Hausflur ... dann darf er das. Aber nur so lange, bis ein Hausverbot gegen ihn ausgesprochen ist. Sie selbst können das nicht tun, denn Ihnen gehört der Treppenaufgang nicht. Machen Sie deswegen Ihrem Vermieter die Situation klar. Besteht ein Hausverbot, kann die Polizei sofort handeln, wenn der Stalker vor der Wohnung steht.

10. Führen Sie ein Stalkingtagebuch

Unangenehm, aber (leider oft) notwendig! Am liebsten möchte man die Bosheiten seines Stalkers schnell vergessen und sich angenehmeren Dingen widmen. Vergessen wäre aber im Hinblick auf eventuelle gerichtliche Auseinandersetzungen das Schlechteste. Wenn Sie gegen Ihren Stalker vorgehen wollen, brauchen Sie Beweismaterial! Schreiben Sie genau auf, was passiert ist und wann, wenn es Zeugen gegeben hat, notieren Sie auch deren Namen.

11. Sammeln Sie Beweise

Schreiben Sie nicht nur auf, sondern sammeln Sie auch alle sonstigen Beweise. Egal ob drohende Faxe, Briefe, E-Mails oder Anrufe. Dokumentieren Sie alles. Wenn Ihr Stalker vor der Haustür steht, fotografieren Sie ihn heimlich. Achten Sie aber immer darauf, sich bei der Beweissicherung nicht selbst zu gefährden. Und: Bewahren Sie das Beweismaterial an einem sicheren Ort auf.

12. Lernen Sie die Gewohnheiten Ihres Stalkers kennen

Auch Stalker sind nur Menschen. Menschen mit Verpflichtungen, die zur Arbeit gehen oder ihr Kind vom Kindergarten abholen müssen. Wenn es Ihnen gelingt, ein bestimmtes Muster im Stalkingverhalten zu erkennen, können Sie sich Freiräume schaffen und der Bedrohungssituation zumindest zeitweise entfliehen. In einem Fall stellte beispielsweise eine gestalkte Frau fest, dass sie nie nach 20 Uhr belästigt wurde. Offenbar hatte der ihr unbekannte Stalker selbst Familie und war abends »anderweitig beschäftigt«. Dadurch konnte sie abends ohne jeden Stress das Haus verlassen und (fast) sicher sein, dass sie unbehelligt bleiben würde. Umgekehrt kamen in einem anderen Fall die beleidigenden und obszönen Telefonanrufe nur nach 17 Uhr und am Wochenende an. Vermutlich griff der Stalker nur in seiner Freizeit zum Telefon. Für das Opfer machte das die abendlichen Anrufe zwar nicht angenehmer, immerhin aber konnte es vor 17 Uhr unbeschwert und ohne Herzklopfen den Hörer abnehmen.

Da unter Stalkern der Prozentsatz der arbeitslosen bzw. »nicht arbeitenden« Menschen verhältnismäßig hoch ist, taugt dieser Ratschlag leider nicht für jeden.

13. Treten Sie einer Selbsthilfegruppe bei

Stalkingopfer können nur selten auf des Verständnis ihrer Umwelt hoffen. Zu extrem und zu unglaublich sind ihre Erfahrungen ... oder umgekehrt scheinbar zu klein und zu unbedeutend. Auch eigentlich verständnisvolle Menschen können die Tragweite von Stalking oft nicht einschätzen. In einer Selbsthilfegruppe treffen Betroffene aufeinander, die alle ähnliche Erfahrungen gemacht haben (siehe dazu S. 128). Einfach erzählen und dabei sicher sein zu können, der andere versteht mich, ist für viele Stalkingopfer eine ganz neue Erfahrung. Das allein ist bereits wertvoll, darüber hinaus ist eine Selbsthilfegruppe die ideale Informationsbörse. Wer kennt einen fähigen Anwalt, auf welcher Internetseite findet man gute Infos? Welche Bücher zum Thema sind empfehlenswert? Oft sind es die kleinen Dinge, die weiterhelfen. Und dann ist man in der Gruppe gegen einen Stalker immer stärker als allein.

14. Schalten Sie (vielleicht) die Polizei ein

Die Frage, ob man die Polizei einschalten sollte, lässt sich nicht einfach mit Ja oder Nein beantworten. Die Antwort wäre einfach, wären alle Polizisten in Stalkingfragen geschult und würden sie die Anzeigen von Stalkingopfern angemessen behandeln. Dies ist aber leider in der Regel nicht der Fall. Ich habe für die Recherchen an diesem Buch mit knapp 20 Stalkingopfern gesprochen, die bei der Polizei Anzeige erstattet hatten, ein einziges war mit dem Vorgehen der Beamten zufrieden und hat durch das Eingreifen der Polizei eine Verbesserung seiner Situation erfahren.

Der oft – und auch von Polizeiseite offiziell – gegebene Rat lautet, man solle jedes Vergehen zur Anzeige bringen, um die Gefährdungssituation zu dokumentieren. In internen Gesprächen berichtete mir ein Polizeibeamter genau das Gegenteil. Wer dafür bekannt ist, dass er häufig Anzeigen wegen Kleinigkeiten wie Hausfriedensbruch erstattet, gilt als Querulant und wird auch dann nicht mehr ernst genommen, wenn er später ein größeres Delikt zur Anzeige bringt. Trotzdem: Verfolgt Sie der Stalker wenn Sie mit dem Auto unterwegs sind, fahren Sie auf direktem Weg zur nächsten Polizeidienststelle. Immer die Polizei einschalten sollte man, wenn das begangene Delikt auch außerhalb des Stalkingverhaltens für eine Strafverfolgung ausreicht. Ansonsten ist es vielleicht besser, einen Anwalt einzuschalten. Hatten Sie das Glück, auf einen Polizisten zu treffen, der sich ernsthaft und verständnisvoll mit Ihrem Problem beschäftigt, lassen Sie sich seinen Namen und die Durchwahltelefonnummer geben und »befördern« Sie ihn zum Beamten Ihres Vertauens. Versuchen Sie von nun an alle Anzeigen bzw. alle Nachfragen über ihn abzuwickeln.

15. Suchen Sie sich einen Fachanwalt

Falls Sie sich für den Rechtsweg entscheiden, suchen Sie sich einen Fachanwalt, der Ihre Anzeigen formuliert und Sie vor Gericht vertritt. In der Regel werden nämlich Anzeigen, die über einen Anwalt gemacht werden, ernster genommen, als wenn man sie auf dem Revier vor einem Beamten macht.

Wichtig: Wählen Sie Ihren Anwalt sorgfältig aus. Auch unter Rechtsanwälten sind nur wenige mit dem Thema Stalking vertraut. Nichts ist anstrengender, als die Person, die man dafür bezahlt, dass sie einem hilft, zunächst einmal von der Tragweite der Problematik überzeugen zu müssen.

Informieren Sie sich deswegen in Internetforen, Selbsthilfegruppen und bei Betroffenen, welcher Anwalt in Ihrer Region mit dem Thema vertraut ist. Einfach zum Anwalt um die Ecke zu gehen ist nicht zu empfehlen und in vielen Fällen Geldverschwendung. Apropos Geld: Jedem muss klar sein, dass der Weg über einen Anwalt nicht umsonst ist. Eine Rechtsschutzversicherung hilft hier im übrigen auch nur weiter, wenn sie vor Beginn der Stalkinghandlungen (meist drei Monate zuvor) abgeschlossen wurde und auch Stalkingfälle abdeckt. Letzteres ist nicht bei jeder Police der Fall.

16. Bleiben Sie vor Gericht hart

Kompromisse sind eine feine Art, mit wenig Streit durchs Leben zu kommen – aber mit einem Stalker geht das nicht! Haben Sie sich einmal entschieden, den gerichtlichen Weg einzuschlagen, dann bleiben Sie hart. Stimmen Sie einer Einstellung des Verfahrens zu, wirkt dies auf Stalker so, als wären die Belästigungen nicht so schlimm und Ihnen sein »Werben« vielleicht sogar angenehm. Denn warum sonst sollten Sie so nachgiebig reagieren? Die meisten Richter wollen einfach die Akten schnell vom Tisch haben und schlagen deswegen regelmäßig einen Vergleich vor. Darin verpflichtet sich beispielsweise der Täter, mit der Belästigung des Opfers aufzuhören, und im Gegenzug wird das Verfahren eingestellt. Verstößt er gegen die Auflage, kann eine Vertragsstrafe gegen ihn verhängt werden. Hört sich erst mal gut an. Erfahrungsgemäß halten sich aber die wenigsten Stalker an ihren Teil der Abmachung.

17. Wenn nötig: Suchen Sie einen Psychotherapeuten und/oder einen Arzt auf

Auf jeden Fall sollten Sie sofort den Hausarzt aufsuchen, wenn Sie vom Stalker tätlich angegriffen und verletzt wurden. Blaue Flecke, Prellungen und Ähnliches sofort aktenkundig machen. Gehen Sie aber nicht nur wegen der Beweissicherung zum Arzt. Holen Sie sich jederzeit Hilfe, wenn Sie sie brauchen. Wenn Sie der Stalker nervlich zermürbt, kann auch der Psychotherapeut die richtige Anlaufstelle sein. Für viele Stalkingopfer stellt der Besuch dort eine mentale Hürde dar, die sie nur schwer überspringen können. Die Vorstellung, dass man als Opfer zum Therapeuten »gehen muss«, während der Täter, der das viel nötiger hätte, das nicht tut, ist schwer zu ertragen. Im Prinzip ist das durchaus richtig, hilft aber niemandem weiter. Machen Sie sich also von dieser Vorstellung frei, und sehen Sie den Psychotherapeuten als Dienstleister, der Ihnen in Ihrer nervlich angespannten Situation helfen kann.

18. Bringen Sie Ihre Wohnung auf den modernsten Sicherheitsstandard

Falls Sie der Stalker auch zu Hause belästigt, schützen Sie Ihr Reich. Sichern Sie Ihre Tür zusätzlich mit einer Sperrvorrichtung, bringen Sie ein Sicherheitsschloss an und installieren Sie eventuell Überwachungskameras im Eingangsbereich Ihrer Wohnung. Achten Sie aber bei allem, was Sie tun, darauf, dass Ihr Ziel ist, den Stalker auszusperren und nicht sich selbst einzusperren.

19. Reagieren Sie richtig auf Telefonterror

Ruft Sie Ihr Stalker an, legen Sie einfach wieder auf. Sollten sich die Anrufe häufen, schaffen Sie sich einen Anrufbeantworter an und lassen die Anrufe möglichst erst über den AB laufen, bevor Sie sie annehmen. Bedenken Sie aber: Für viele Stalker ist es reizvoll, die Stimme des Opfers zu hören, auch wenn sie nur auf dem AB zu hören ist. Besprechen Sie den Anrufbeantworter deshalb nicht selbst, sondern lassen dies jemand anders tun. Erwähnen Sie im Ansagetext auch nie Ihren Namen, sondern nur Ihre Telefonnummer.

Sollte auch das keinen einschneidenden Erfolg bringen, legen Sie sich eine zweite Nummer zu. Behalten Sie aber die alte! Geben Sie die neue Nummer an alle Ihre wichtigen Kontakte weiter, der Stalker darf sich dann auf der alten Nummer austoben. Wenn Sie die Nummer abmelden, bemerkt der Stalker, dass sie die Nummer gewechselt haben, und wird die neue sicher schnell in Erfah-

rung bringen. Schaffen Sie sich ein, zwei oder drei Handys an. Inzwischen sind so günstige Pre-paid Geräte auf dem Markt, dass das keine nennenswerte Investition mehr ist. Verwenden Sie jede Nummer konsequent für unterschiedliche Bereiche Ihres Lebens. Nehmen Sie die eine Nummer für alle Bereiche, die öffentlich sind – wenn Sie eine Bestellung aufgeben, bei einem Preisausschreiben mitmachen, Ihre Telefonnummer im Internet hinterlassen müssen oder auch für die Adressenangabe beim Arzt. Die zweite können Sie beispielsweise an Menschen weitergeben, die Sie neu kennen lernen. Und die dritte ist nur für die engsten Freunde. Sollte Ihr Stalker von einer der Handynummern erfahren, ab in die Kiste mit dem Gerät und günstig ein neues gekauft.
Wenn Ihnen der Stalker unbekannt ist, beantragen Sie eventuell eine (allerdings kostenpflichtige) Fangschaltung, um den Telefonterror nachweisen und zurückverfolgen zu können.

20. Geheime Adresse? Wenn schon, dann aber richtig

Wenn der Stalker Ihre Adresse nicht kennt bzw. wenn Sie gerade umgezogen sind und Ihre Adresse neu ist, achten Sie darauf, dass dies auch so bleibt. Lassen Sie Ihren Eintrag beim Einwohnermeldeamt sperren, verzichten Sie auf einen Eintrag im Telefonbuch und beantragen Sie eine Postfachadresse. Lassen Sie sich Päckchen, sofern dies in Ihrem Wohnort bereits möglich ist, nur noch an so genannte »Packstationen« schicken. Seien Sie mit der Herausgabe Ihrer Straßenadresse generell vorsichtig.

21. Bleiben Sie souverän – Judo und Karate?

In vielen Internetforen und Ratgeberbüchern wird empfohlen, einen Selbstverteidigungskurs zu machen. Machen Sie den Kurs, wenn das Ihr Selbstbewusstsein stärkt und Sie dem Stalker dann souveräner entgegentreten können. Wenn Sie damit die Hoffnung verbinden, Ihren Stalker körperlich in die Flucht schlagen zu können – vergessen Sie es.

22. Kaufen Sie sich (k)einen Hund

Auch ein Tipp, den man immer wieder in Internetforen findet. Ob ein Hund mir Sicherheit gegen einen Stalker bringt, hängt von seiner Erziehung ab. Und die kostet Zeit. Wenn überhaupt, ist ein Hund also eine sehr langfristige Antistalkinginvestition. Außerdem ist ein Hund ein Lebewesen, das man nicht einfach an- und ausschalten kann. Die Überlegung, die jeder potentielle Hundekäufer anstellen muss: Habe ich überhaupt ausreichend Zeit und Platz für das Tier, sollte auch für Stalkingopfer gelten.

23. Ziehen Sie um

Bevor Sie diesen Ratschlag in Erwägung ziehen, sollten Sie alle anderen Möglichkeiten, Ihren Stalker loszuwerden, bereits ohne Erfolg ausprobiert haben. Ein Umzug – zudem wenn er in eine andere Stadt erfolgt – stellt einen so tiefen Eingriff in die persönliche Lebensentscheidung dar, dass dies nur das letzte Mittel sein kann. Bedenken Sie auch: Damit der Umzug überhaupt den erwünschten Effekt haben kann, müssen damit meist noch andere Veränderungen einhergehen. Die Kinder müssen die Schule, man selbst und der Ehepartner eventuell die Arbeitsstelle wechseln. Überlegen Sie, ob Sie an Ihrem neuen Wohnort überhaupt anonym bleiben können. Einem selbstständigen Handwerker wird ein Wohnungswechsel ebenso wenig nutzen wie einem Rechtsanwalt oder einem Zahnarzt. Sie alle müssen für die Öffentlichkeit auffindbar sein, um ihren Beruf überhaupt ausüben zu können.

Problematisch, wenn nicht gar unmöglich, ist es, den Umzug geheim zu halten, wenn das Opfer mit dem Stalker gemeinsame Kinder hat. In diesem Fall stehen sogar die Behörden meist auf Seiten des Stalkers, dem sie ein Besuchsrecht zugestehen und der dadurch keine Schwierigkeiten hat, den neuen Wohnort herauszubringen.

Wenn die körperliche Unversehrtheit gefährdet ist, weil der Stalker glaubhaft mit Gewalt droht bzw. schon gewalttätig wurde, ist trotz aller Einwände ein Ortswechsel manchmal unumgänglich. Wenn Sie den großen Schnitt in Ihrem Leben machen müssen, bereiten Sie ihn optimal vor. Überlassen Sie nichts dem Zufall und stellen Sie sicher, dass der Stalker keine Chance hat, Ihre neue Adresse zu erfahren. Denken Sie dabei auch an das Naheliegende – sorgen Sie dafür, dass niemand Sie oder den Umzugswagen auf dem Weg zum neuen Wohnort verfolgt. Lassen Sie die Post nicht an Ihre neue Adresse, sondern an die von guten Freunden nachsenden. Geben Sie bei keiner offiziellen Stelle, bei der Ihre alte Adresse bekannt war, Ihren neuen Wohnort an. Melden Sie sich vorübergehend offiziell bei Freunden an – falls es doch irgendwo einen Schwachpunkt gibt, landet der Stalker zumindest nicht vor Ihrer Wohnungstür. Verzichten Sie – bis Sie absolut sicher sind, dass er Ihre Spur verloren hat – darauf, an Ihrer neuen Wohnung Ihr Namensschild anzubringen. Je weniger Spuren Sie legen, desto wahrscheinlicher ist Ihr Erfolg. Wenn Sie ohnehin aus anderen Gründen umziehen müssen, nutzen Sie den Umzug als Chance und versuchen Sie auch dann das Ganze so ablaufen zu lassen, dass der Stalker Ihre Spur verliert.

WERDEN SIE NICHT PARANOID

Dieser Ratschlag relativiert alle anderen. Es ist wichtig, dass Sie sich so gut wie möglich vor dem Stalker schützen. Versuchen Sie aber die Bedrohungssituation realistisch einzuschätzen. Jede Vorsichtsmaßnahme ist gleichzeitig Schutz und Einschränkung. Wägen Sie deswegen genau ab, was zur Erhöhung Ihrer Sicherheit notwendig ist und was nicht. Stalker schaffen es häufig, ihre Opfer zu verunsichern und in ihnen ein Gefühl des ständig Verfolgtseins zu schaffen. Meist wird das Opfer aber nicht überall und immer verfolgt, sondern »nur« in bestimmten Lebensbereichen. Schützen Sie diese Lebensbereiche so gut wie möglich, weiten Sie die Vorsichtsmaßnahmen aber nicht auf Bereiche aus, in denen es nicht notwendig ist. Hat Sie der Stalker beispielsweise noch nie vor der Haustür belästigt, brauchen Sie sich auch keine Überwachungskamera anzuschaffen. Hat er Sie noch nie in der Öffentlichkeit belästigt, besteht kein Grund, auf das Ausgehen mit Freunden zu verzichten.

Wichtig: Achten Sie darauf, dass Ihre Verteidigungsmaßnahmen angemessen bleiben und verkriechen Sie sich keinesfalls in Ihrer Wohnung. Der Stalker will Ihre Freiheit einschränken, unterstützen Sie ihn dabei nicht!

IST GEWALT EINE LÖSUNG?

Aus verständlichen Gründen wird das Thema »Gewalt gegen den Stalker« in kaum einer Veröffentlichung angesprochen. Kein Autor will sich der Gefahr aussetzen, er würde zu Gewaltaktionen gegen den Stalker auffordern. Auch Stalkingopfer müssen sich an die Gesetze halten und deshalb vorweg: Gewalt ist kein Lösung.

Geradezu kontraproduktiv wäre es, wenn der Gestalkte selbst gegen den Stalker vorgeht. Beziehungssuchende Stalker bekämen dadurch nur die Beachtung, die sie brauchen, und in der Konsequenz werden sie die Nachstellungen nur noch verstärken. In einem Fall berichtet ein Opfer, dass ihm in seiner Verzweiflung einmal die Hand ausrutschte und er seiner Stalkerin eine Ohrfeige verpasste. Eine Stunde später hatte er die folgende Nachricht auf seinem Anrufbeantworter: »Seit du mich geschlagen hast, liebe ich dich noch mehr.« Bei allen anderen Stalkertypen, die ohnehin zur Gewaltanwendung neigen, besteht dagegen die Gefahr, dass sich der Stalker provoziert fühlt und seine Angriffe noch aggressiver und energischer fortführt.

Als wissenschaftliche Fragestellung interessant ist aber die Frage, wie Stalker auf Gewaltaktionen durch dritte Personen reagieren. Bei der Vorrecherche zu diesem Buch meldete sich ein männliches Stalkingopfer anonym bei mir und erzählte, dass er seinen Stalker – der ihn vorher jahrelang belästigte – durch »professionelle Schläger« bedrohen ließ. Seitdem habe er Ruhe.

CYBERSTALKING

Cyberstalking ist Stalking unter Zuhilfenahme des Internets. Am häufigsten ist das Versenden unerwünschter, belästigender E-Mails. Oft treten Stalker auch unter dem Namen ihres Opfers im Internet auf, verfassen in Chatrooms und in Internetforen Beiträge unter dessen Namen und geben Anzeigen und Bestellungen im Namen der Opfer auf. »Beliebt« bei Cyberstalkern ist das Verbreiten persönlicher Informationen oder intimer und oft auch manipulierter Bilder des Opfers im Internet. Weitere Formen des Cyberstalkings: Belästigung während eines Live-Chats, Hinterlassen obszöner Nachrichten in Gästebüchern oder das Versenden eines Virus an die Adresse des Opfers.

Manchmal übernehmen Stalker auch die Herrschaft über den Computer ihres Opfers. Sie installieren trojanische Pferde, manipulieren Daten, lesen private Mails und Geschäftspost. Eine Frau erhielt auf ihrem Bildschirm die Nachricht: »Ich kriege dich!« Dazu öffnete sich wie von Geisterhand das CD-Laufwerk ihres PCs.

Die zahlreichen Kontaktplattformen im Internet sind beliebte Jagdreviere für Stalker. Es sind zahlreiche Fälle bekannt, in denen sich Stalker unter dem Namen ihrer Opfer bei Kontaktbörsen oder auf Sexseiten anmeldeten. Das Opfer muss sich dann nicht nur gegen den ursprünglichen Stalker wehren, sondern sich zusätzlich noch mit den Nachstellungen Fremder herumschlagen.

Ein besonders heimtückischer Fall dieser Art von Cyberstalking sorgte in den USA für Aufsehen. Ein abgewiesener »Internetbekannter« trat unter dem Namen seines Opfers in verschiedenen Sexforen auf und äußerte dort den Wunsch, vergewaltigt zu werden – und zwar mit korrekter Adress- und Telefonangabe. Wirklich tauchten später Männer mit entsprechenden Absichten vor der Wohnung der Frau auf. Die Polizei konnte rechtzeitig einschreiten, und der Stalker wurde schließlich zu sechs Jahren Gefängnis verurteilt.

Auch beim Weißen Ring melden sich immer mehr Opfer von Cyberstalking. Laut dem Vorstandsvorsitzenden Dr. Wolf Weber nimmt diese Unterform des Stalking seit Ende der 90er Jahre deutlich zu. Sein Eindruck: »Das Problem verschärft sich, weil neue Kommunikationsmöglichkeiten dem Täter seine Attacken ungemein erleichtern.« Cyberstalking ist eine besonders feige Art des Stalking: Das Internet hat die Hemmschwelle für Stalking abgesenkt, denn jetzt kann der Stalker aus sicherer Entfernung – und mit geringer Gefahr, entdeckt zu werden – sein Opfer verfolgen. Das Opfer ist für den Täter immer erreichbar und kann »bequem« vom eigenen Wohnzimmer aus belästigt werden. 60 % aller Attacken im Internet gehen laut einer Studie der TU Darmstadt von Ex-Partnern aus. Für die meisten Stalker ist das Internet aber lediglich eine zusätzliche Möglichkeit, ihr Opfer zu belästigen. Stalker die sich ausschließlich auf das Medium Internet beschränken, sind selten. Auch wenn sie ihr Opfer übers Internet kennen lernen, versuchen sie früher oder später den Kontakt mit ihm aufzunehmen. Deswegen sollten Menschen, die im Internet von Fremden bedroht werden, äußerst vorsichtig vorgehen und alles tun, damit ihre Identität nicht aufgedeckt werden kann. Wer immer in bestimmten Foren belästigt wird, sollte diese für einige Zeit völlig meiden und später dorthin auch nur unter einem anderen »Nickname« zurückkehren.

Als einer der Ersten wurde der Amerikaner James R. Murphy 2004 nach dem US-Bundesgesetz wegen »Cyber Harassment« (Belästigung per Internet) zu fünf Jahren Haft auf Bewährung,

12.000 Dollar Geldstrafe und 500 Stunden gemeinnütziger Arbeit verurteilt. Er hatte 14 Jahre lang seine Ex-Freundin mit obszönen Mails und Telefonanrufen belästigt. Im Gericht zeigte er schließlich, wenn auch ziemlich spät, Einsicht: »Ich hatte eine schlechte Phase. Was ich gemacht habe, war falsch. Damit höre ich jetzt auf und kümmere mich um mein eigenes Leben.«

TIPPS GEGEN STALKER IM NETZ

Geben Sie bei Ausflügen ins Internet so wenig von sich preis wie nur irgend möglich, verwenden Sie in allen Diskussionsforen nie Ihren eigenen Namen, sondern einen Nickname, der allerdings keine Hinweise auf Ihre Identität geben sollte. Im Juni Geborene sollten sich deswegen lieber nicht Junimond nennen, und Katzenfreunde sollten auch nicht als Kater im Netz surfen. x14278 wäre doch zum Beispiel auch ein schöner Name, oder? Wichtig: Nennen Sie nirgends im Netz Ihre Telefonnummer oder Adresse!

Veröffentlichen Sie nach Möglichkeit kein Foto von sich im Internet! Sollte dies aus beruflichen Gründen unumgänglich sein, nennen Sie keinesfalls Ihren Namen in der Fotodatei. Dann kann Ihr Foto zumindest nicht mit Hilfe einer Suchmaschine im Netz gefunden werden.

Manche Stalker nehmen im Netz die Identität ihres Opfers an und richten unter dessen Namen eine Webseite ein – die sie dann mit peinlichen oder obszönen Inhalten bestücken. Ist das bereits geschehen, bleibt nur der langwierige Klageweg – ansonsten sollten Opfer von Cyberstalking überlegen, ob sie nicht präventiv bei einem der vielen Anbieter unter eigenem Namen eine Domain einrichten. Damit besetzen sie ihren Namen, nutzen müssen sie die Domain ja nicht.

Dasselbe gilt auch für E-Mail-Adressen. Oft verwenden Stalker den Namen Ihres Opfers in E-Mail-Adressen, um damit Post mit beleidigendem Inhalt zu verschicken oder Bestellungen aufzugeben. Wer kann denn auch ahnen, dass unter lieschenmueller@yahoo.de nicht Lieschen Müller ihre Post verschickt, sondern ihr Stalker. Um dem vorzubeugen sollte man bei allen kostenlosen Anbietern seinen Namen in Lang- und Kurzform reservieren lassen. Wiederum gilt, benutzen muss man die Adresse ja nicht.

Wer schon Opfer eines Cyberstalkers ist, sollte immer wieder mal seinen Namen »googlen«. Vielleicht wird er dann feststellen müssen, dass sein Stalker im Netz unter seinem Namen unterwegs war bzw. in einigen Foren Nachrichten über ihn hinterlassen hat. Das herauszufinden bringt zwar das Blut in Wallung und sorgt sicher für die ein oder andere schlaflose Nacht. Aber: Immerhin ist man so eventuell auf den nächsten Schritt seines Stalkers vorbereitet. Denn wenn der in einem Internetforum beispielsweise die eigene Handynummer hinterlassen hat, weiß man, dass man sich schnellstens eine neue Nummer besorgen sollte. Natürlich kann man vom Betreiber einer Internetseite verlangen, dass nicht autorisierte Informationen über die eigene Person gelöscht werden, doch das verspricht nur kurzzeitigen Erfolg. Denn was heute im Forum A gelöscht wurde, kann morgen im Forum B schon wieder im Netz stehen.

Kontaktbörsen im Internet sind eine gute Möglichkeit fremde – und manchmal sogar interessante – Menschen kennen zu lernen. Aber auch eine gefährliche, denn man weiß eben nicht, wer sich auf der Gegenseite verbirgt. Da niemand gezwungen ist, unter seinem Namen aufzutreten, könnte der andere auch der eigene Stalker sein. Auf jeden Fall sollte man kostenpflichtige Kontaktbörsen nutzen. Der Grund ist ein praktischer. Die meisten Betreiber ziehen die Mitgliedsbeiträge per Lastschrift bzw. über eine Kreditkarte ein. Ein Stalker, der sich in einem solchen Forum anmeldet, kann also nicht auf völlige Anonymität setzen. Auch wenn Sie scheinbar nette Leute kennen lernen, bleiben Sie vorsichtig. Testen Sie Ihren Flirtpartner ein wenig aus:

Möchte er verdächtig viele Informationen von Ihnen bekommen? Widerspricht er sich in seinen Mails? Kommt er in Schwierigkeiten, wenn man ihn nach Details fragt? Auch wenn alles unverdächtig scheint, geben Sie nie als Erster Ihre Adresse und Telefonnummer heraus. Drehen Sie lieber den Spieß um und lassen sich die Nummer Ihres neuen Kontakts geben und rufen dort selbst an. Achten Sie dabei darauf, daß Ihre eigene Nummer unterdrückt wird.

Erst wenn Sie sich überzeugt haben, dass nicht Ihr Stalker hinter dem Angerufenen steckt, sollten Sie Ihre Nummer weitergeben. Früher oder später kommt der Augenblick, bei dem man seinem Internetschwarm von Angesicht zu Angesicht begegnet. Am besten wählen Sie fürs erste Date einen öffentlichen Ort, ein viel besuchtes Restaurant oder eine Kneipe. Wenn alles geklappt hat, bleibt für romantische Spaziergänge noch Zeit genug. Unterrichten Sie eine Vertrauensperson von Ihrem Treffen und vereinbaren Sie einen Zeitpunkt, zu dem Sie spätestens zurückrufen.

Gegen E-Mail-Terror lässt sich nur wenig unternehmen. Das Sperren einer Absenderadresse ist in jedem Mailprogramm problemlos möglich, aber auch nutzlos. Denn nichts ist einfacher, als sich bei irgendeinem Anbieter eine neue Adresse zu besorgen, und wenn Sie heute stalker@gmx.de sperren lassen, erhalten Sie morgen die Mails vom selben Absender eben unter stalker1a@gmx.de – ein entnervendes Spiel, das Sie ewig spielen, aber nie gewinnen können. Wichtiger noch: Dadurch, dass Sie seine Adresse sperren, weiß der Stalker, dass seine Mails nach wie vor beachtet und gelesen werden und dass er mit seinen Angriffen zu Ihnen durchdringt. Besser ist es, den Stalker den Mailbriefkasten füllen zu lassen und selbst auf eine andere Adresse auszuweichen, die man nur an Freunde, Bekannte und Geschäftskontakte weitergibt. Eine zweite Mailadresse reserviert man sich für öffentliche Kontakte im Netz. Wird Sie vom Stalker entdeckt, kann man sie unbemerkt »einschlafen« lassen.

GEFAHRENQUELLE HOMEPAGE

Die eigene Homepage im Netz ist eine schöne Sache und gibt jedermann die Möglichkeit, seine Ansichten der Welt mitzuteilen. Andererseits suggerieren die Details aus ihrem Leben, die die Betreiber dort oft preisgeben, eine Nähe, die nicht existiert. Dadurch ziehen sie kranke Menschen an, die im Netz veröffentlichte persönliche Informationen als reale Nähe missverstehen.

Die Betreiberin einer Homepage wurde von einem ihrer Leser gestalkt und teilte dies den anderen Besuchern der Seite mit. Daraufhin bekam sie die folgende Antwort:

»Liebe Lydia, auf deiner Homepage erlaubst du jedem, egal ob er dich kennt oder nicht, einen tiefen Blick in deine Seele. Bis zu den tiefsten, wichtigsten Stellen, deinen Ängsten, Leidenschaften und Idealen. Das sind Einblicke, die normalerweise nur guten, wenn nicht besten Freunden vorbehalten sind. Indem du deine Geheimnisse mit der ganzen Welt teilst, erlaubst du den Menschen, dich als ihren besten Freund zu sehen. Dein Leben ist ein Teil von ihrem – aber ihres nicht von deinem. Das produziert Missverständnisse, und dafür trägst auch du Verantwortung. Wenn ich sage, du hast das Stalking ›herausgefordert‹, dann spiele ich auf das Design deines Weblogs an. Die rote Farbe, der Stil deiner Texte, das Bild, in dem du unter der Bettdecke hervorschaust, all das suggeriert eine Intimität, die nicht existiert. Du spielst auf deinem Weblog ganz gezielt mit dem Gefühl von Nähe, mit der schon erwähnten Intimität. Wenn jemand, der vielleicht einsam ist, oder aus anderen Gründen nicht so gut zwischen Realität und Internet trennen kann, dadurch durcheinander kommt, dann hast du das mitverursacht. Ich will dir aber nicht die Schuld geben für solche Verhaltensweisen – ich wollte dich nur auf deine Verantwortung hinweisen.«

Der Schreiber hat durchaus Recht und zumindest Menschen, die bereits unangenehme Erfahrungen mit Stalking gemacht haben, sollten sich ernsthaft überlegen, ob sie mittels einer Homepage an die Öffentlichkeit gehen wollen.

5. STALKING UND DIE FOLGEN

STALKING MACHT KRANK

Am 28.4.2005 schrieb Die Welt: »Seit Oktober 2003 arbeitet Christian Meunier nicht mehr an der FU, seine Wohnung in Berlin hat er längst gekündigt, und von seiner Ehefrau lebt er getrennt. Seit anderthalb Jahren ist er krank geschrieben. Er leidet an Schlafstörungen, Angstzuständen, Konzentrationsschwäche, fühlt sich ständig verfolgt. Ärzte attestierten ein psychisches Belastungssyndrom.«

Christian Meunier war Unidozent und wurde jahrelang von einer Studentin verfolgt. Daran ist seine Gesundheit, ja sogar sein ganzes Leben zerbrochen.

»Kirsten J. hat auf Grund ihrer Angst 20 Kilo abgenommen, nachts schläft sie nur noch mit Hilfe von Tabletten.« Kirsten J. hat ihren Ehemann verlassen, seitdem rächt er sich an ihr durch nahezu tägliche Stalkingattacken.

Beate N., deren Geschichte in diesem Buch ausführlich zur Sprache kommt, wird ebenfalls vom Ex-Mann gestalkt. In den letzten Jahren hatte sie zwei Hörstürze und drei Bandscheibenvorfälle. Hat Tinitus, Magenschmerzen und ständige Alpträume und ist in Behandlung bei einem Traumatherapeuten.

Die genannten Fälle sind keine Ausnahmen, sondern die Regel. Stalking macht den Körper und die Seele des Opfers kaputt. Besonders Menschen, die dazu neigen, Kummer in sich hineinzufressen und sich nicht aktiv zur Wehr zu setzen, leiden unter dem ihnen angetanen Unrecht.

Eine aktuelle Studie des Zentralinstituts für Seelische Gesundheit in Mannheim ergab, dass, 56 % aller Stalkingopfer über vermehrte innere Unruhe klagen, 41 % über Schlafstörungen und 35 % über Magenbeschwerden. Ein Viertel der Opfer hat auf Grund gesundheitlicher Probleme schon einen Arzt oder Therapeuten aufgesucht, fast jeder fünfte Befragte musste sich wegen Auswirkungen von Stalking schon krank schreiben lassen.[13] Eine etwas ältere Studie der Technischen Universität Darmstadt kam zu ähnlichen, aber noch erschreckenderen Ergebnissen. 82 % der Befragten klagten über innere Unruhe, 72 % über Nervosität und Schreckhaftigkeit, ebenso viele verspürten Angst, bei 69 % hat sich ein erhöhtes Misstrauen gegenüber anderen Menschen entwickelt, ebenfalls 69 % leiden unter Schlaflosigkeit, eine erhöhte Reizbarkeit stellen 68 % der Stalkingopfer bei sich fest, zu Depressionen neigen 49 %, Magenprobleme haben 45 %, häufige Kopfschmerzen 37 % und Panikattacken 33 % der Befragten.[14]

In dieser Studie stellte man zudem fest, dass Stalkingopfer bei der Ausübung ihres Berufes stark eingeschränkt und häufig krank sind – im Durchschnitt 63 Tage/Jahr. Die hohe Zahl lässt sich dadurch erklären, dass manche der Opfer gesundheitlich so stark angeschlagen sind, dass sie kaum noch arbeitsfähig sind. Allein der Schaden der dadurch der Volkswirtschaft entsteht, sollte dem Gesetzgeber Motivation genug sein, für einen besseren Schutz von Stalkingopfern einzutreten.

Bedingt durch ein gesteigertes Misstrauen gegenüber anderen kann es zudem im sozialen Bereich zu Rückzug und Isolation kommen. Marie, die sich in einen verheirateten Mann verliebt hatte, wird jetzt von dessen Ex-Frau gestalkt. Sie erzählt im Internet über die Auswirkungen, die das Stalking auf ihr Leben hatte: »Mein Leben hat sich in den letzten drei Jahren verändert, ich habe mich verändert. Ich gehe kaum noch vor die Tür, nur in meiner Wohnung und an meinem Arbeitsplatz fühle ich mich sicher. Wenn es sich doch nicht vermeiden lässt, dann nehme ich den kürzesten Weg, um ganz schnell wieder in meine Wohnung zu kommen. Manchmal verlasse ich tagelang nicht das Haus. Oder warte, bis es dunkel ist, dann fühle ich mich sicherer, ich habe das Gefühl, ich kann mich in der Dunkelheit verstecken, wenn sie irgendwo ist, dass sie mich nicht sofort sieht und ich Zeit habe zu entkommen. Im Hellen fühle ich mich wie ausgeliefert. Ich vertraue kaum jemandem. Zu vielen Freunden habe ich kaum noch Kontakt. Ich trinke abends, um einschlafen zu können. Ich habe Angst vor Menschen. Bin ich selber schuld, weil ich mich in ihn verliebt habe? Ich weiß noch nicht, wie es weitergeht, ich weiß es nicht ...«

STALKING ERHÖHT DIE SUIZIDGEFAHR

Je länger das Stalking anhält, desto gravierender ist der Einschnitt in die persönliche Lebenssituation. Für manchen wird die Lage dann so unerträglich, dass er mit dem Gedanken spielt, sich das Leben zu nehmen. Fast jedes vierte Stalkingopfer hat schon darüber nachgedacht, und angeblich soll sogar jede sechste vollendete Selbsttötung auf Stalking zurückzuführen sein.[15] »Angeblich« deshalb, weil die Thematik noch nicht sehr eingehend erforscht ist und es noch keine verlässlichen Zahlen gibt. Alle Untersuchungen stimmen aber in der generellen Aussage überein, dass sich durch Stalking das Risiko der Selbsttötung signifikant erhöht.

STALKING VERÄNDERT DIE WAHRNEHMUNG

Viele Stalkingopfer haben das Problem, dass ihnen (zunächst) nicht geglaubt wird. Wenn sie ihre Leidensgeschichten erzählen, ernten sie oft nur ein Kopfschütteln und spöttische oder vorwurfsvolle Bemerkungen. Oder sie hören: »Na, so schlimm, wie du tust, kann es ja wohl nicht sein.« Zu unwahrscheinlich hören sich vielfach ihre Geschichten an. Wer glaubt schon, wenn einer erzählt, dass bei ihm eingebrochen aber nichts gestohlen wird? Und das nicht ein-, sondern zehnmal. Wer einbricht, will normalerweise auch etwas stehlen und wenn nichts fehlt, dann kommen Zweifel an der Geschichte auf. Zumindest wenn man von Stalking noch nichts gehört hat und nicht weiß, dass solche Einbrüche ganz typisch für Stalker sind. Wenn man in seinem Freundeskreis erzählt, man wird von einer unbekannten Frau verfolgt, gilt man anfänglich als Angeber, später dann wahrscheinlich als Träumer, und schließlich wird getuschelt: »Der X., der hat Verfolgungswahn.«

Verfolgungswahn ist der Hammer, mit dem gerne auf Stalkingopfer eingeschlagen wird. »Das bildest du dir doch nur ein«, heißt es dann häufig, und manches Opfer beginnt vielleicht selbst an sich zu zweifeln. Vielfach verändert sich die Art, wie das Opfer seine Umwelt wahrnimmt, im Laufe des Stalkings. Es wird misstrauisch, vorsichtiger und sieht Gefahren, wo vielleicht gar keine sind. Ein zufällig vor dem Haus stehender Mann wäre früher nie aufgefallen, jetzt, da das Opfer weiß, dass es verfolgt wird, stellt es vielleicht einen Zusammenhang zwischen dem Mann und seinem Stalker her. »Der spioniert mich sicher im Auftrag von X. aus«, mag dann die Vermutung sein. Eine Vermutung, die durchaus richtig sein kann, wenn er jeden Tag vor dem Haus steht, die aber vermutlich nicht zutrifft, wenn er nur ein einziges Mal auftaucht. Vorsicht ist eine wichtige Waffe des Opfers gegen einen Stalker. Wird diese Vorsicht aber zur Paranoia, dann hat der Stalker gesiegt. Denn ohne irgendetwas tun zu müssen, kann er sein Opfer in Angst und Schrecken versetzen.

Betroffene sollten sich selber deswegen die Situation kritisch vor Augen führen und sich immer die Frage stellen: Liegt eine reale Bedrohungs- und Belästigungssituation vor oder nicht? Ein Stalkingopfer muss ohnehin genügend reale Bedrohungen erdulden, deswegen sollte es lernen, Stress dort von sich fern zu halten, wo er nicht nötig ist.

Noch einmal: Es geht nicht darum, die Aussagen des Opfers anzuzweifeln, es geht darum, dass das Opfer sich selbst vor irrealen Verfolgungsgefühlen schützt.

FALSCHES-OPFER-SYNDROM UND VERFOLGUNGSWAHN

Es gibt auch seltene Fällen, in denen ein vermeintliches Opfer den Stalkingfall nur erfindet. Über das so genannte Falsche-Opfer-Syndrom gibt es erst wenige wissenschaftliche Untersuchungen, und man geht bislang davon aus, dass es auf etwa 2 % aller Stalkingfälle zutrifft.[16] Warum aber machen sich Menschen selbst zum Opfer? Eine Theorie geht davon aus, dass die betroffene Person in einer Situation Zuneigung erfahren hat, in der sie in einer Opferrolle war. Um dieses positive Gefühl immer wieder herzustellen, wird die Opfersituation immer wieder gesucht. Ähnlich wie beim Münchhausensyndrom, bei dem Patienten eine Krankheit simulieren, um Aufmerksamkeit und Zuwendung zu erhalten, ist auch hier der Wunsch des Opfers nach Beachtung die Grundlage für sein Verhalten.

Einige vermeintliche Stalkingopfer leiden tatsächlich unter Verfolgungswahn. Sie fühlen sich von Einzelpersonen oder ganzen Organisationen verfolgt. Aus einer allgemein misstrauischen und ängstlichen Grundhaltung heraus deuten sie banale Äußerungen in ihrer Umgebung oder zufällige Ereignisse als Bedrohung. Ob jemand tatsächlich Stalkingopfer ist oder unter Verfolgungswahn leidet, lässt sich aber sehr schnell herausfinden.

Öfter als vermeintliche Stalkingopfer leiden aber Stalker unter Verfolgungswahn. Sie reagieren dann in vermeintlicher Gegenwehr auf die eingebildete Verfolgung bzw. Bedrohungssituation. Die Attentäterin, die Oskar Lafontaine ein Messer in den Hals rammte, lebte beispielsweise in dem Glauben, dass in unterirdischen Menschentötungsfabriken mit Wissen der Politiker arme

Menschen – und damit auch sie – umgebracht und zu Wurst verarbeitet werden. Um das zu verhindern, musste sie einen Politiker töten.

Der Wiesbadener Kurier berichtete im April 2005 von einem Fall, in dem eine Studentin ihren Professor stalkte. In diesem Fall war die Motivation aber nicht vermeintliche Liebe oder Rache, sondern Verfolgungswahn der Stalkerin. Sie selbst fühlte sich nämlich von ihrem Professor verfolgt und ging deswegen mit Beleidigungen, Verleumdungen, Hetzschriften und sogar Anzeigen gegen ihn vor. Der Wiesbadener Kurier schrieb dazu: »Vor kurzem hat Margit K. die Bevölkerung über ›diesen Herrn Schmitz aufgeklärt‹, wie sie es nennt. Sie habe ihn unter anderem wegen versuchten Mordes und Untreue angezeigt. Margit K. hat eine Art Fahndungsblatt verteilt: mit Foto, mit vollem Namen, allen Berufsbezeichnungen. ... K. steht zu dem, was sie verbreitet. Sie hat ihren Namen angegeben, auch ihre Telefonnummer. Sie habe für alles ›Beweise‹ gesammelt ... Die Staatsanwaltschaft spricht von einem ›Pamphlet‹. Ein Psychologe nennt das Werk ›ein Krankheitsbild‹. Sie wolle Schmitz ›die bürgerliche Maske vom Gesicht reißen‹, sagt Margit K.: Er sei ihr Kunde gewesen, auf dem Straßenstrich. Er habe sich junge Fixerinnen wie sie ausgesucht, weil er sich an deren Todesangst geweidet habe. Das habe ihn sexuell erregt. Sie seien sehr vertraut gewesen, weshalb Schmitz ihr auch anvertraut habe, dass er sich schon oft vorgestellt habe, sie umzubringen: Durch Abtrennen des Kopfes in einer Spüle, durch eine Überdosis Heroin, durch Erschießen oder dergleichen. ... ›Ich und eine Stalkerin? Unverschämt ist das, das lasse ich mir nicht gefallen. Ich bin doch das Opfer!‹«

WENN STALKING BEZIEHUNGEN ZERSTÖRT

Stalking ist nicht nur für das Opfer eine extreme Belastung, sondern auch für den jeweiligen Partner. Selbst wenn er selbst nicht gestalkt wird, verändert sich auch sein Leben. Die Störungen durch Telefonanrufe, Türklingeln und Ähnliches nimmt auch er wahr und wird dadurch ebenfalls belästigt. Wenn der Stalker vor der Türe steht, wird nicht nur das Leben des Opfers, sondern auch das des Partners beeinträchtigt. Schlimmer ist es aber oft, wenn der Stalker nicht so offensichtlich auftritt – denn dann kommen in der Beziehung mitunter Zweifel auf. Das Opfer bleibt mit seinen Ängsten allein, sein Partner ist oftmals nur genervt: »Du bildest dir das doch alles nur ein«, »Ach komm, so schlimm ist es doch gar nicht, wenn dir der Typ schöne Augen macht«, »Na, weil du auch immer mit allen Frauen flirtest, das hast du jetzt davon«. Typische Sätze, die Stalkingopfer von ihren Partnern zu hören bekommen. In einer Situation der Schwäche, in der er eigentlich Unterstützung bräuchte, gerät der Gestalkte plötzlich in eine Situation, in der ihm Misstrauen entgegenschlägt. Ian McEwan beschreibt in seinem Roman »Liebeswahn« sehr anschaulich, wie eine Beziehung zerfällt, weil die Partnerin ihrem gestalkten Partner nicht glaubt und dessen Stalkingerlebnisse anzweifelt.

Auch das Verhalten des Opfers verändert sich im Laufe des Stalkings. Es wird nervöser, aggressiver oder übellauniger. Es wird empfindlicher gegenüber Äußerungen des Partners, und es kommt häufiger zum Streit. Nicht alle Beziehungen halten diese extreme Belastung aus, und nicht selten scheitern Partnerschaften als Folge des Stalkings. Am ehesten haben Beziehungen die Chance, das Stalking zu überstehen, wenn die Partner in der Lage sind, die Verfolgung als gemeinsames Problem zu sehen, und zusammen Abwehrstrategien und Auswege suchen. Ein solches Verhalten verlangt vom nicht gestalkten Partner allerdings eine große Opferbereitschaft, führt aber in der Regel dazu, dass die Partnerschaft durch »gemeinsam überwundene Schwierigkeiten« noch intensiver wird.

FOLGEN VON STALKING AUF DIE KINDER DER OPFER

Kinder sind die unschuldigen Opfer des Stalkings und zugleich häufig die am wenigsten beachteten. Kinder eines Stalkingopfers leben in einer ähnlichen Bedrohungssituation wie das Opfer selbst. Oft empfinden sie die Situation sogar noch beängstigender, da sie sie in der Regel nicht einschätzen können. Sie erfahren die aktuelle Bedrohungssituation, also das Klingeln an der Tür, das Klopfen am Fenster oder die nächtlichen Anrufe, bemerken aber zugleich auch die verängstigte Reaktion ihrer Mutter bzw. ihres Vaters. Viele Kinder von Stalkingopfern entwickeln psychische Störungen – vom Einnässen bis zu völliger Apathie, von Hyperaktivität und Nervosität bis zu Sprachstörungen. Schwierig genug, wenn das Kind nicht vom Stalker ist. Noch mehr leiden Kinder aber darunter, wenn ein Elternteil nach der Trennung zum Stalker wird (siehe dazu S. 67ff). Eine Anna N. schreibt im Internet: »Meine neunjährige Tochter kommt jedes Mal nach den Besuchswochenenden verstört nach Hause, ist ganz still, zieht sich zurück, ist unterschwellig aggressiv ... ich werde wohl therapeutische Hilfe benötigen, weil er die Kinder allesamt instrumentalisiert, ausfragt und manipuliert und gegen mich aufhetzt. Das belastet die Kinder, sie fühlen sich hin und her gerissen, haben einen richtigen Loyalitätskonflikt.«

Eine andere Geschichte mit ähnlichem Ausgang: »Seit ich mich im vergangenen Jahr von meinem Mann getrennt habe und der dann begann, unsere Familie zu stalken, leidet meine sechsjährige Tochter unter Schlafstörungen. Jedes Mal wenn ich am Abend ihr Zimmer verlassen möchte, beginnt sie fürchterlich zu schreien und klammert sich an mir fest. Manchmal steigert sie sich so in den Schreikrampf hinein, dass sie erbrechen muss. Anfangs habe ich ihr gut zugeredet, dann geschimpft und gedroht. Alles vergebens. Eine Zeit lang habe ich mich zusammen mit ihr ins Bett gelegt, um zu warten, bis sie eingeschlafen ist. Doch das funktionierte auch nicht. Sie hat sich krampfhaft wachgehalten, um keinesfalls den Augenblick zu verpassen, in dem ich mich aus dem Bett schleichen wollte. Auch wenn sie mal kurz eingenickt war, wachte sie bei der kleinsten Bewegung von mir wieder auf und begann zu schreien.« Das Mädchen in diesem Beispiel hat die Scheidung ihrer Eltern und das anschließende Stalking seelisch nicht verkraftet. Nachdem es schon den Vater verloren hat, klammert es sich nun ganz extrem an die Mutter. Da sie im Schlaf die Kontrolle über sie verlieren würde, weigert sie sich zu schlafen. Ihre Verlustängste sind größer als ihre Müdigkeit. Das Problem kann sich wieder legen, wenn die Stalkinghandlungen abnehmen oder aufhören, sich der Alltag wieder einstellt und das Kind seine nötige Sicherheit zurückgewinnt. Ist das nicht der Fall, ist therapeutische Hilfe vermutlich der einzige Ausweg. Allerdings genügt es dann nicht, das Kind zu therapieren, parallel muss weiterhin an der Entspannung der Stalkingsituation gearbeitet werden.

Ein weiteres Problem ist, dass viele Gestalkte ihr Kind berechtigterweise vor dem Stalker schützen möchten und es dadurch zunehmend von seinem sozialen Umfeld isolieren. Dadurch wird es aber von wichtigen Sozialkontakten abgeschnitten und allmählich zum Außenseiter. Selbst wenn dies schwer umzusetzen ist, sollten Stalkingopfer darauf achten, dass sie ihrem Kind ein weitgehend normales Leben bieten. Auch der folgende scheinbare Widerspruch muss gelöst werden: Obwohl viel Zeit und Energie zur »Stalkingabwehr« verwendet werden muss, braucht das Kind in der Stresssituation besondere Aufmerksamkeit. Also keinesfalls das Kind abblocken oder gar die Stalkingsituation als »pädagogisches Mittel« einsetzen. Ein Satz wie der folgende setzt das Kind unnötig unter Druck und stellt es auf eine Stufe mit dem Stalker: »Du weißt doch, dass immer ein böser Mann an der Tür klingelt, da musst du jetzt ganz ruhig und lieb sein, damit die Mama sich nicht auch noch wegen dir aufregen muss.« Ebenso falsch wie zu wenig Aufmerksamkeit wäre zu große Nachgiebigkeit. Viele Stalkingopfer mit Kindern versuchen damit aber ihr schlechtes Gewissen zu beruhigen. Sie denken: »Das arme Kind hat es schwer genug, da kann ich nicht so hart sein und ihm alles verbieten.« Mit besonderer Nachsicht wollen sie dem Kind über die schwere Zeit hinweghelfen. Dies aber ist ein Fehler. Kinder brauchen Grenzen zur Orientierung, und gerade in schwierigen Lebenslagen ist dies besonders wichtig. Deswegen: Auch in Stalkingsituationen gilt: Seien Sie klar und konsequent in Ihrem Verhalten. Ihr Kind verkraftet auch einmal ein klares »Nein«.

Falsch wäre es auch, Kinder als »Abfallkorb« für die eigenen Sorgen zu benutzen und ihnen etwas vorzujammern. Etwa in der Art: »Der Papa macht jetzt gerade eine schwere Zeit durch, weil er von einer bösen Frau verfolgt wird.« Kinder können für die Probleme der Erwachsenen keine Lösung anbieten und sind deswegen durch deren Leid überfordert. Oft entwickeln sie sogar selbst Schuldgefühle, weil sie dem Papa oder der Mama nicht helfen können.

Tipp: Soweit möglich, sollte man auch in der Stalkingsituation eine möglichst normale Lebensumwelt für seine Kinder beibehalten. Das Stalking sollte nicht verschwiegen und Fragen der Kinder dazu sollten beantwortet werden. Es darf aber nicht zum einzigen Thema in Familiengesprächen werden.

NEGATIVE UND POSITIVE AUSWIRKUNGEN VON STALKING

VON GESA DOHRMANN

Alle wissenschaftlichen Studien befassten sich bisher nur mit den negativen Auswirkungen von Stalking, ob Stalking nicht auch positive Auswirkungen auf die Persönlichkeitsentwicklung der Betroffenen haben kann, untersucht die Psychologiestudentin Gesa Dohrmann in ihrer Diplomarbeit.

Negative Auswirkungen von Stalking

Stalkingopfer leiden unter vielfältigen und teils massiven Folgen, die mehrere Bereiche umfassen können:

a) psychische Probleme
b) gesundheitliche Probleme
c) soziale Probleme
d) berufliche Probleme
e) finanzielle Probleme

Psychische Probleme

Auf der psychischen Ebene dominieren Gefühle der Angst und Ohnmacht. Selbst wenn keine Furcht vor körperlichen Angriffen besteht, reicht die Ungewissheit über die Dauer der Belästigung aus, um sich psychischem Stress ausgeliefert zu fühlen. Vor allem die Ratlosigkeit auf Grund fehlender (rechtlicher) Handhabe gegen den Stalker erklärt das häufig vorkommende Fluchtverhalten der Opfer. Dauert eine überfordernde Lebenslage über längere Zeit an, so können sich die Belastungssymptome bis zu posttraumatischen Belastungsstörungen steigern.

Gesundheitliche Probleme

Die häufigsten Symptome sind gesteigerte Wachsamkeit gegenüber Umweltereignissen und erhöhte Ängstlichkeit. Dies hat auch

Auswirkungen auf die körperliche Gesundheit. Beispiele sind Kopfschmerzen, Appetitstörungen und »körperliche Überdrehtheit«.

Soziale Probleme

Die psychischen Belastungen wirken sich auf das soziale Funktionieren aus. Versuche, dem Täter zu entkommen, und permanentes Gedankenkreisen um das Thema bestimmen die gesamte Lebensführung im Alltag. Laut einer Studie von Voß und Hoffmann verändert sich in 90 % der Fälle das Verhalten anderen Menschen gegenüber, in 70 % ergeben sich private Veränderungen und in 56 % findet ein Wandel im Freizeitverhalten statt. Die Gründe für abbrechende Freundschaften sind vielschichtig. Das dominierende Gesprächsthema Stalking kann das Gegenüber überfordern, so dass sich viele vom Stalkingopfer distanzieren. Umgekehrt mögen sich manche Stalkingopfer von Freunden abgrenzen, wenn sie anstelle von Verständnis Unverständnis, Skepsis oder Schuldzuschreibungen empfangen.

Berufliche Probleme

Anhaltende psychische Labilität und gesundheitliche Beeinträchtigungen senken auch die Arbeitsleistung, so dass in schweren Fällen Arbeitsplatzverlust droht.

Finanzielle Probleme

Durch den Verlust des Arbeitsplatzes ergeben sich häufig auch finanzielle Probleme. Aber auch ansonsten verursacht Stalking für das Opfer in der Regel Kosten teilweise beträchtlichen Umfangs, sei es dadurch, dass die Wohnung auf den neuesten Sicherheitsstandard gebracht werden muss bzw. Kosten für eine Fangschaltung am Telefon oder den Anwalt entstehen.

Wie wird Stalking bewältigt?

Betrachtet man Studien über Auswirkungen von Stalking, fällt auf, dass nicht alle Betroffenen unter gravierenden Beeinträchtigungen leiden. Was aber unterscheidet diese Personen von anderen Stalkees, dic an ihrer Situation verzweifeln und resignieren?

Was kann ein Stalkingopfer machen, um die Negativspirale zu durchbrechen, bei der sich die Verluste in allen Bereichen gegenseitig verschlimmern? Ist das überhaupt möglich, wenn man nicht in der Lage ist, direkt auf das Verhalten des Stalkers einzuwirken?

Laut dem kalifornischen Psychologieprofessors Richard S. Lazarus hängt es von der Einschätzung der Situation und den persönlichen Eigenschaften und Einstellungen ab, ob eine Situation als Herausforderung oder Überforderung empfunden wird. Glaubt ein Stalkee z.B. durch persönliche Schutzmaßnahmen und strafrechtliches Anzeigen indirekt auf das Stalkingausmaß und die Stalkingdauer einwirken zu können, wird er völlig andere Umgangsweisen wählen als jemand, der sich hilflos fühlt. Eine solche Person wird mit Rückzug oder Flucht reagieren.

Anstrengungen, die Situation zu verändern, können mit zwei Absichten geschehen: Zum einen wird eine positive Veränderung des Problems und zum anderen eine Verbesserung der emotionalen Befindlichkeit angestrebt. Das Stalkingopfer kann also zunächst das Problem direkt angehen. Darunter fallen u.a. die Suche nach Informationen, Hilfegesuche bei der Polizei oder die Beantragung einer einstweiligen Verfügung.

Wenn die Lage jedoch als unkontrollierbar empfunden wird, können selbstorientierte Bewältigungsmechanismen die Auswirkungen der Stresssituation steuern. Damit sind Veränderungen von Gedanken, Zielen, Erwartungen, Normen und zugehörigen Wahrnehmungsprozessen und damit letztlich auch von Emotionen gemeint. Nur dann ist es einem Stalkingopfer möglich, die Energie aufzubringen, nicht zu resignieren und aktiv zu bleiben.

Ist ein Stalkingopfer beispielsweise zum Umzug gezwungen, wird sein Verlustempfinden reduziert, wenn der subjektive Wert der eigenen Wohnung zugunsten der Freiheit sinkt. Das heißt, das Opfer schätzt den Gewinn der Freiheit vor dem Stalker höher ein als den Verlust der Wohnung und beurteilt die Situation daher in der Summe positiv. Durch einen Umzug kann die Stalkingsituation vom Opfer beendet werden, wohingegen das Beibehalten von bisherigen Zielen (»Ich gebe wegen des Typen doch nicht meine Wohnung auf!«) die Handlungsoptionen einschränkt. Defensives Verhalten wie sozialer Rückzug, Festhalten an Prioritäten oder beständiges Grübeln verbaut die Chance, positiv auf die Stalkingverhältnisse einzuwirken, und erhöht das Risiko, körperlich oder psychisch krank zu werden.

Bewältigung von Stalking als Prozess

Wichtig ist, den Umgang mit Stalking als Prozess anzusehen. Möglicherweise wird die Belästigung zu Anfang als »harmlose Unannehmlichkeit« und zu späterem Zeitpunkt aber als Überforderung empfunden. Umgekehrt kann man im Verlauf der Nachstellungen zur Überzeugung gelangen, dass es auch ein Leben nach dem Stalking geben wird. So sind anstelle von Verlustspiralen durchaus auch Gewinnspiralen möglich.

Laut Lazarus lassen sich die vorerst unbewussten Einschätzungsprozesse von Situationen nicht willentlich steuern. Worauf Menschen jedoch Einfluss nehmen können, sind die Neubewertungsprozesse zu einem späteren Zeitpunkt, durch die das Stressausmaß neu eingeschätzt wird. Eine solche Neueinschätzung kommt sowohl durch veränderte Umstände (der Stalker wendet neue, verschärfte oder ungefährlichere Methoden an), als auch durch veränderte Ressourcen (z.B. verringern sich oder intensivieren sich Freundschaften) zustande und ergibt sich zweitens durch geänderte Gedankenmuster bzw. modifizierte Wahrnehmungen von Ressourcen (wenn z.B. der Nachbar seine Hilfe anbietet, der bislang nicht als Unterstützung in Betracht kam). Neue Sichtweisen erweitern Handlungsoptionen (z.B. »Alles in meinem Leben hat einen Sinn, darum werde ich weiter kämpfen und mich mit anderen Betroffenen zusammenschließen!«), die wiederum Ressourcen aufzubauen vermögen (z.B. soziale Unterstützung).

Die individuell variierenden Bewertungen einer Belastungssituation könnten eine Antwort auf die oben gestellte Frage sein, weshalb nicht jedes Stalkingopfer lang anhaltende negative Auswirkungen erfährt.

Kognitive Verhaltenstherapien arbeiten mit dem Durchbrechen von Gedankenmustern, was positiven Einfluss auf die Gefühle hat. So endet der Standpunkt »Ich bin Opfer des Stalkers und werde da nie eigenmächtig rauskommen« in Depression und Furcht. Hoffnung hingegen bewirkt eine veränderte Sichtweise wie »Ich bin zwar von Stalking betroffen, aber ich werde diese Zeit durchstehen«.

Letztendlich bewertet jedes Stalkingopfer nicht nur die Bedeutung der Stalkingsituation, sondern auch deren Folgen bzw. die subjektive Wichtigkeit der Folgen für sich selbst. Menschen unterscheiden sich auch hier in ihrer Wahrnehmung. Für den einen stellen beispielsweise Eigentumsverletzungen durch den Stalker ein Desaster dar, weil ihm z.B. der Gegenstand wichtig ist oder er nicht die Zeit und das Geld hat, den Schaden zu reparieren. Für den anderen ist der Vorfall zwar ärgerlich, aber verkraftbar. Zusätzlich nehmen Menschen selektiv wahr, das heißt sie achten auf bestimmte Dinge und blenden andere aus.

Es besteht also durchaus die Möglichkeit, durch Umbewertungen und aktives problem- und selbstorientiertes Handeln aus einer Stalkingerfahrung positive Rückschlüsse für die eigene Entwicklung zu ziehen. Der Psychologe H. N. Wright bestätigt: »Wir können nicht beeinflussen, was mit uns geschieht, aber wir können entscheiden, welche Folgen das Geschehen für uns hat.«

6. HILFE FÜR DIE OPFER

Nur relativ wenige Opfer suchen einen Psychotherapeuten auf. Sie wollen sich nicht durch einen irren Fremden oder früheren Bekannten, der jetzt durchdreht, zum »seelisch Gestörten« machen lassen. Das Gefühl, dass der Stalker, der eigentlich »Verrückte«, keine Behandlung erfährt, man selbst aber zum »Seelenklempner« gehen soll, hält viele davon ab, sich in eine Therapie zu begeben. Zudem ist das Vertrauen von Stalkingopfern in »offizielle« Stellen in der Regel erschüttert. Bevor sie einen Therapeuten aufsuchen, haben sie meist schon erfolglos bei Polizei und Justizbehörden um Unterstützung nachgesucht. Dort wurde oft das Anliegen nicht ernst genommen, und oft hat sich die Meinung festgesetzt, dass man Hilfe von außen nicht erwarten kann. Um die Therapie auf einen erfolgreichen Weg zu bringen, muss als erste Maßnahme wieder Vertauen hergestellt werden.

Mitunter verheilt die durch das Stalking entstandene Wunde nur langsam. Manches Opfer ist auch Jahre nach Beendigung des akuten Stalkingfalls nicht fähig, neue Beziehungen einzugehen, Freundschaften oder Kontakte zu pflegen, die Wohnung zu verlassen oder seinem Beruf nachzugehen. Oft sind die Opfer so erleichtert, wenn sie endlich in Ruhe gelassen werden, dass sie sich weigern, sich weiter mit der Problematik auseinander zu setzen. »Es ist doch vorbei, da müssten doch auch meine Probleme aufhören«, stellt sich das Opfer dann selbst die Frage und verkennt, dass der Seele so schwere Schäden zugefügt wurden, die nur mit professioneller Hilfe geheilt werden können.

Eine spezielle Therapieform für Stalkingopfer gibt es bisher nicht. Sie werden ebenso behandelt wie Patienten mit anderen stressbezogenen Erkrankungen. Ziel der Behandlung ist es u.a., das Selbstvertrauen des Opfers wieder aufzubauen und mögliche, das Verhalten des Täters bestärkende Mechanismen aufzudecken.

WER KANN HELFEN?

Es wurde in diesem Buch schon mehrfach erwähnt, wie wichtig es ist, dass Stalkingopfer bereit sind, Hilfe anzunehmen. Leider ist es gar nicht so einfach, Organisationen zu finden, die sich mit dem Thema Stalking befassen. Inzwischen entwickeln sich immer mehr Stalking-Selbsthilfegruppen, und auch die traditionellen »Hilfsdienste« wie der Weiße Ring, die Telefonseelsorge und andere nicht kirchliche Sorgentelefone setzen sich allmählich mit Stalking auseinander. Defizite gibt es aber nach wie vor, und manchmal bleibt den Opfern dann nur, ihre Erfahrungen in einem Betroffenenforum im Internet auszutauschen.

SELBSTHILFEGRUPPEN

In Selbsthilfegruppen sind Menschen organisiert, die sich gegenseitig bei der Lösung ihrer Probleme unterstützen. Insofern sind sie keine Dienstleistungs-Erbringer, deren Leistungen beliebig abrufbar sind. Ihr Erfolg ist abhängig von dem, was die Teilnehmer an Engagement und individuellen Fähigkeiten einbringen. Das heißt, zunächst ist das Interesse nach innen gerichtet – und Hilfesuchende sind zur Mitarbeit eingeladen. Trotzdem bieten die meisten Selbsthilfegruppen für Stalkingopfer auch Beratungen für Außenstehende an.

Besonders in Großstädten gibt es inzwischen schon einige Selbsthilfegruppen. Hier sind ausschließlich Laien tätig, die aber durch ihren eigenen Fall meist ein – schmerzhaft erworbenes

– enormes Fachwissen haben und hilfreiche Hinweise geben können. Für viele Opfer sind die Notruftelefonnummern der Selbsthilfegruppen auch deswegen als erste Anlaufstelle ideal, weil hier die »Schwellenangst« wegfällt. Man kann sich sicher sein, dass der Gesprächspartner die eigenen Sorgen und Nöte versteht, da er Ähnliches selbst erfahren hat.

Nachteil vieler Selbsthilfegruppen: Da oft nur wenige Mitglieder das Notfalltelefon besetzen, kann telefonische Hilfe manchmal nur an wenigen Tagen der Woche angeboten werden.

INTERVIEW MIT URSULA S., GRÜNDERIN EINER SELBSTHILFEGRUPPE

Ursula S. ist selbst Stalkingopfer, in einer Situation, in der andere an ihrem Schicksal verzweifeln, wurde sie aktiv. Um anderen – aber auch sich selbst – zu helfen, gründete sie in Berlin eine Selbsthilfegruppe.

Was war für Sie die Motivation, eine Antistalkinggruppe zu gründen?

Für mich war der Auslöser mein eigener Stalkingfall, mein eigenes schmerzhaftes Erleben. Als Stalkingopfer ist man in einer relativ ohnmächtigen Situation, es geschehen Dinge mit einem, die völlig unverständlich sind und sehr wehtun. Dagegen versucht man sich mit den üblichen Mitteln zu wehren. Bald aber spürt man, dass da Grenzen sind – die Handlungen des Stalkers bewegen sich am Rande des Verbrechens, sind aber nur in der Gesamtheit der Aktionen strafrechtlich zu fassen. Weder Polizei noch Staatsanwaltschaft können zunächst wirklich etwas tun, und so pilgert man von Beratungsstelle zu Beratungsstelle, man beliest sich in Fachbüchern, diskutiert im Internet, und trotzdem macht der Stalker weiter, demütigt, belästigt, verleumdet, droht und spioniert. Man gerät in einen Teufelskreis von Emotionen, Wut, Angst, Hoffnungslosigkeit, Isolation. Da die Belästigungen des Stalkers sehr häufig eine hohe Intensität aufweisen und eine Menge Kraft in der Bearbeitung und Abwehr kosten, kommt es zu psychischen Folgen wie Schlafstörungen, Depressionen, Schwankungen in der Leistungsfähigkeit und zu allgemeinen Überlastungssymptomen.

Und irgendwann kam dann die Idee, geboren aus einem Gefühl der Isolation – da muss es doch noch andere Betroffene geben, wie gehen sie mit Stalking um, wie bewältigen sie ihren Alltag trotz Stalking? Dann begann die Suche nach den anderen – die Idee einer Selbsthilfegruppe war geboren.

Hat sich dadurch Ihre persönliche Situation verändert?
Ja, auf jeden Fall. Dadurch dass man von anderen Stalkingfällen erfährt, bekommt man ein Gefühl für das Phänomen Stalking, versteht besser, was sich da abspielt – und kann eine Struktur in seine Gedanken bringen. Seitdem ich etwas tue, für andere, für die Gruppe, habe ich das Gefühl, dass ich besser mit Stalking umgehen und die Belästigungen anders ertragen kann, weil ich in der Gruppe mit Menschen darüber sprechen kann, die verstehen, was ich dort erzähle. Das Unverständnis der Außenwelt, das ungläubige Lächeln und Sprüche wie »Na, so schlimm wird's ja schon nicht sein« oder »Werden wir nicht alle ein bisschen gestalkt?« oder »Sie sind aber mit den Nerven runter«, machen aus dem Gestalkten einen zusätzlich Stigmatisierten, verletzen ihn nochmals und isolieren ihn noch weiter. Seitdem die Gruppe wächst und wir konkrete Ziele vor Augen haben, ist das Gefühl da, durch eigene Aktivität auf die Zeit »after Stalking« hinarbeiten zu können und nicht auf andere warten zu müssen, damit sie etwas tun. Ich bekomme mehr Luft und gewinne wieder Handlungsfreiheit für mein Leben – die Ohnmacht wird abgebaut.

Warum ist eine solche Gruppe nötig?
Wenn sie mit ihrem Problem allein gelassen werden, stoßen viele Stalkingopfer schnell an Grenzen. Durch Gedankenaustausch, menschliche Anteilnahme und Solidarität, durch die Arbeit an gemeinsamen Vorhaben erhalten alle Gruppenmitglieder Anregungen für Selbsthilfe und können entweder besser mit ihrem Fall leben oder ihn im günstigsten Falle auch schneller abschließen. Darüber hinaus ersetzt oder komplettiert die Gruppe auch ein Stück Öffentlichkeit. Freunden, Nachbarn oder Bekannten kann und will man nicht alles über seinen Stalkingfall erzählen – in der Gruppe kann man das schon.

Welche Ziele verfolgt Ihre Gruppe?
Das großes Ziel ist es natürlich, dass jeder Betroffene seinen Fall schnellstens abschließen und wieder in sein normales Leben zurückkehren kann. Wir laden Juristen, Mediziner, Psychologen und Polizeibeamte ein, die Tipps geben können, wie man mit seinem eigenen Stalkingfall besser umgehen kann. Für die Zukunft wollen wir auch verstärkt mit den Medien zusammenarbeiten. Denn je mehr Stalking in der Öffentlichkeit zum Thema wird, desto besser ist das für die Opfer. Wir unterstützen die Gesetzesinitiative, dass Stalking als Straftat eingestuft und die Täter mit aller Konsequenz verfolgt werden. Last but not least – wir alle benötigen auch Zuspruch in dunklen Stunden – wenn der Stalker wieder aus heiterem Himmel eine niederträchtige Aktion durchgeführt hat. Auch für Trost und Beistand in unseren eigenen Reihen wollen wir da sein.

Was kann die Gruppe leisten – was nicht?
Vornweg – wir alle sind Laien. Wir stecken alle in ganz unterschiedlichen Stalkingfällen, manche von uns werden schon mehrere Jahre belästigt und verfolgt. Damit haben wir alle das gleiche Ziel – unseren Stalkingfall abschließen. Wir sind aber keine Poli-

zisten, Psychotherapeuten oder Sozialarbeiter. Wir können unsere Gedanken, Erfahrungen austauschen und Aktionen bündeln, wir können gemeinsame Energien entfalten und uns in ein Antistalking-Netzwerk einbringen, wir können viel dafür tun, dass jeder von uns mehr über Stalking erfährt und so seinen eigenen Fall lösen und abschließen kann. Wir können aber nicht eine private »Eingreiftruppe« bilden und jetzt jeden Stalker der Reihe nach angreifen und mit seinen Mitteln zurückschlagen. Das geht wirklich nicht! Aber wir können Öffentlichkeit mobilisieren und eine kleine Lobby für Gestalkte schaffen.

SELBSTHILFEGRUPPEN IM INTERNET

Inzwischen sind auch im Internet einige Selbsthilfegruppen bzw. Diskussionsforen zum Thema Stalking entstanden (Adressen im Anhang auf S. 287). Vorteil: Die schnelle Erreichbarkeit und der anonyme Austausch von Informationen. Nachteil: In Antistalking-Foren im Internet können natürlich auch Stalker aktiv sein, selbst posten oder zumindest die Postings der anderen Mitglieder mitlesen. Dessen sollte man sich bewusst sein, wenn man dort mit seinen Problemen an die Öffentlichkeit tritt. Auf jeden Fall sollte man alle Regeln gegen Cyberstalking beachten (siehe dazu S. 107ff) und seine Identität soweit wie möglich geheim halten. Klar ist aber auch: Wer seinen Fall im Internet detailgetreu schildert, muss damit rechnen, dass die Geschichte auch vom eigenen Stalker gelesen wird. Dies muss aber kein Grund sein, nicht trotzdem an die Öffentlichkeit zu gehen – im eigenen Interesse sollte das Opfer aber in Postings keine Informationen weitergeben, die dem Täter nicht ohnehin bekannt sind. Problematisch für den erstmaligen Nutzer ist auch, dass er die Qualität des Forums und damit die der gegebenen Ratschläge nur sehr schwer überprüfen kann. Fazit: Internetforen zum Thema Stalking können eine wichtige

Informationsquelle sein, wer selbst postet, sollte aber eine gewisse Vorsicht walten lassen.

TELEFONSEELSORGE

Die Telefonseelsorge ist ein kostenloses Beratungsangebot der evangelischen und katholischen Kirche für jeden in Not. Hier erhalten Stalkingopfer keine konkrete Hilfe, und sie haben mitunter auch ein Gegenüber am Hörer, der von Stalking noch nie etwas gehört hat, aber in akuten Krisen findet man hier immer jemanden, der einem zuhört und bei dem man sich seinen Schmerz von der Seele reden kann – und das Ganze anonym und vertraulich.

WEISSER RING

Der Weiße Ring hilft Verbrechensopfern und ihren Angehörigen. Es ist also keine Institution, die sich speziell mit dem Thema Stalking auseinander setzt. In den meisten großen Städten hat der Weiße Ring Außenstellen, deren Anschrift bzw. Telefonnummer man unter der bundeseinheitlichen Servicetelefonnummer 01803/34 34 34 erfragen kann. Alle Außenstellenmitarbeiter des Weißen Rings sind ehrenamtlich tätig. Für Stalkingopfer kann dies unter Umständen problematisch sein, denn nicht immer ist den Mitarbeitern die Stalkingproblematik bekannt. Im Zuge der Recherchen zu diesem Buch habe ich von Opfern sowohl begeisterte Äußerungen über die Hilfsbereitschaft und Kompetenz der Weißen Ring Mitarbeiter gehört, als auch Klagen über deren »völlige Unfähigkeit«. Sollte keine Selbsthilfegruppe am Ort sein, lohnt sich ein Anruf beim Weißen Ring aber allemal. Besonders dann, wenn man dessen hervorragende Infrastruktur in Anspruch nehmen möchte. Denn neben der persönlichen Betreuung nach einer Straftat wird auch Hilfestellung im Umgang mit Behörden angeboten. Außerdem können sich Opfer Beratungsschecks ausstellen lassen, mit denen man eine kostenlose anwaltliche oder psychotraumatologische Erstberatung in Anspruch nehmen kann. Auch die Begleitung zu Gerichtsterminen ist möglich.

FRAUENHÄUSER

Frauenhäuser sind Zufluchtsorte für Frauen in akuten Notsituationen, die umgehend aus ihrem heimatlichen Wohnumfeld vor ihren schlagenden oder stalkenden Männern fliehen müssen. In fast jeder Stadt gibt es Frauenhäuser, deren Telefonnummern man aus dem örtlichen Telefonbuch entnehmen kann. Die Adressen sind dagegen aus nahe liegenden Gründen geheim, und die Opfer erfahren diese entweder am Telefon bzw. werden an einem vorab vereinbarten Treffpunkt von einer Mitarbeiterin des Frauenhauses abgeholt. Die Unterbringung geschieht schnell und unkompliziert und erfordert keine vorbereitenden Formalitäten. Frauenhäuser bieten neben Schutz und Unterkunft auch kostenlose Beratung und Hilfe bei Behördengängen an. Die meisten Mitarbeiterinnen von Frauenhäusern sind schon mehrfach mit Stalkingproblematik konfrontiert worden und können die Opfer zumindest an die richtigen Ansprechpartner weiterleiten.

SOZIALPSYCHIATRISCHER DIENST

Der sozialpsychiatrische Dienst ist zuständig für Beratung und Betreuung von psychisch kranken Menschen und deren Angehörigen. Er ist also eher für die Täter als die Opfer zuständig und kann denen deswegen nur indirekt helfen. Wird man von einem Stalker mit offenbarer psychischer Störung bedroht, kann man aber durchaus den sozialpsychiatrischen Dienst einschalten. Dessen Mitarbeiter können dann den Stalker aufsuchen und ihm eventuell eine Therapie anbieten, in schweren Fällen ist sogar eine Zwangseinweisung in eine psychiatrische Einrichtung möglich – diese muss aber spätestens nach einem Tag von einem Arzt bestätigt werden. Andernfalls wird der Stalker wieder auf freien Fuß gesetzt.

WIE KÖNNEN FREUNDE HELFEN?

Immer wieder kommt in diesem Buch ein Problem von Stalkingopfern zur Sprache: Sie werden oft nicht ernst genommen. Man glaubt ihnen ihre Geschichte nicht bzw. zieht sie ins Lächerliche oder tröstet: »So schlimm ist es doch gar nicht.« Nicht viel besser ist es, wenn der Gestalkte zu hören bekommt: »Du bist eben so toll, dir kann keine Frau widerstehen« oder »Klar, dass dein Ex von einer Klassefrau wie dir nicht loskommt.« Schlimm genug, wenn Polizeibeamte, Arbeitskollegen oder die Nachbarn so reagieren. Zur Katastrophe wird es, wenn die eigenen Freunde das Problem nicht ernst nehmen. Denn deren Solidarität ist in einer Ausnahmesituation natürlich besonders wichtig. Das Opfer braucht einen Gesprächspartner, dem es sich rückhaltlos und ohne Angst anvertrauen kann.

Selbst falls sie sonst nichts tun können, durch verständnisvolles Zuhören können Freunde den Gestalkten oft mehr helfen, als sie vermuten. Die Gespräche sollten sich aber nicht immer nur um Stalking drehen. Die meisten Opfer laufen Gefahr, sich so auf das Thema Stalking zu fixieren, dass ihre Gedanken ausschließlich um diese Thematik kreisen. Ablenkung tut aber gut und zeigt den Betroffenen vor allem, dass es ein Leben außerhalb des Stalkings gibt, für das es sich lohnt zu kämpfen. Oft werden Stalkingopfer initiativlos und neigen dazu, sich in ihrer Wohnung zu verkriechen. Gute Freunde dürfen hier ruhig einmal ein Machtwort sprechen und »nachdrücklich« zu einem Kino- oder Theaterbesuch einladen.

Wenn sie Hilfe anbieten, sollten sie auch in der Lage sein, diese im Ernstfall zu gewähren. »Sobald der Typ vor deiner Tür steht, ruf mich an und ich steh auf der Matte«, sollte man nur versprechen, wenn man das auch umsetzen kann. Das Gefühl, einsam dem Stalker gegenüberzustehen, hat das Opfer ohnehin, ein nicht erfülltes Hilfeversprechen würde das nur verstärken.

Das Stalking verändert die meisten Menschen – macht sie oft ängstlicher, nervöser, depressiver. Freunde sollten diesen Prozess aufmerksam beobachten, um in eventuellen Krisensituationen einschreiten zu können. Nicht jedes Stalkingopfer neigt zu Niedergeschlagenheit und Selbstmordgedanken – einige aber doch, und dann ist es gut, wenn man Freunde hat. Zur Veränderung gehört auch, dass mancher Stalkee empfindlicher und sensibler wird – auch Freunden gegenüber. Man nützt Stalkingopfern sicherlich nicht, wenn man sie mit Samthandschuhen anfasst und ihnen auf Grund ihrer Situation Sonderrechte einräumt. Die Problematik des anderen im Hinterkopf zu haben, bevor man auf eine Äußerung überreagiert, kann aber nicht schaden.

Das können Freunde tun

- die Stalkingproblematik ernst nehmen
- zuhören
- sich über Stalking informieren
- Hilfe anbieten, aber nicht aufdrängen
- Hilfsangebote, die gemacht wurden, auch umsetzen
- für Ablenkung sorgen
- Sensibilität für Veränderungen im Verhalten des Opfers entwickeln
- nicht jedes Wort auf die Goldwaage legen und die besondere Situation des Stalkingopfers bedenken

Trotzdem: Nicht jede Freundschaft hält der Stalkingsituation stand. Vielfach führt die Angst, selbst in den Stalkingfall involviert und Opfer des Stalkers zu werden, zum Rückzug aus der Freundschaft. Häufiger sind aber das Unverständnis für die Situation des Gestalkten und daraus resultierende Streitigkeiten der Grund für scheiternde Freundschaften.

Die besondere Situation, wenn der Ex-Partner zum Stalker wird und sich die gemeinsamen Freunde zwischen Opfer und Täter entscheiden müssen, wurde bereits an anderer Stelle des Buches erörtert (siehe dazu S. 74f).

7. STALKING UND JUSTIZ

DIE ROLLE DER POLIZEI

Die Polizei spielt für Stalkingopfer eine wichtige, gegenwärtig aber noch sehr zwiespältige Rolle. Sie sollte der erste vertrauensvolle Ansprechpartner für Verbrechensopfer sein, im Falle von Stalking kann sie diesen Anspruch aber nur selten erfüllen. Nur wenige Polizisten sind mit der Problematik wirklich vertraut, die Mehrzahl der Beamten reagiert wenig verständnisvoll, wenn Stalkingopfer um Hilfe nachsuchen.

»Ich wäre auch froh, wenn eine Frau vor meiner Tür stehen würde und hereingelassen werden wollte«, musste sich beispielsweise ein männliches Stalkingopfer sagen lassen, als es eine Anzeige wegen Hausfriedensbruchs machen wollte. »Ach, wenn Sie schon mal was mit dem hatten, müssen Sie sich doch nicht wundern«, bekam eine Frau zur Antwort, die von ihrem ehemaligen Geliebten verfolgt und belästigt wurde. Wenig später wurde ihr im gleichen Gespräch dann noch der Rat gegeben: »Nehmen Sie es doch einfach als Kompliment, wenn er nicht loskommt von Ihnen.«

Manche Polizisten zeigen deutlich mehr Mitgefühl und Verständnis, müssen dann aber eingestehen: »In Ihrem Fall können wir nichts machen, es ist nicht verboten, jemanden anzurufen und ihm zu sagen, dass man ihn liebt.« Ein Polizist, der das sagt hat Recht. Der Stalker darf sein Opfer sogar hundert Mal und das mitten in der Nacht und gegen dessen ausdrücklichen Willen anrufen. Ein Opfer, das sich panisch bei der Polizei meldete, weil der Stalker vor der Tür stand und Klingelterror ausübte, erzählt, dass der Anruf zwar sehr freundlich angenommen wurde, der Beamte am Telefon aber schließlich sagte: »Wissen Sie, wir haben so wenig Personal, dass wir nicht überall hinfahren können, wo eine unerwünschte Person vor der Tür steht. Beruhigen Sie sich erst mal wieder, und wenn er wirklich versucht, die Tür aufzubrechen, dann können Sie ja noch einmal anrufen.« Eine Betroffene bringt das Dilemma in einem Internetforum auf den Punkt: »Auch ich habe genau dieselben Erfahrungen bei der Polizei gemacht. Die sagen einfach: Da gibt es nichts, was wir tun können, Sie leben ja noch. Das Schlimmste an der ganzen Sache ist, dass einem nicht nur das Leben zerstört wird, sondern man auch noch gesagt bekommt, es wäre ja nichts, und somit, dass es quasi ok ist, was die andere Person macht.« Zitate wie diese ließen sich endlos aneinander reihen. Bei der Recherche zu diesem Buch wurden mir unzählige solcher Geschichten erzählt, von zirka 20 befragten Personen war eine einzige zufrieden mit der Behandlung, die sie durch die Polizei erfuhr. Diese Tendenz kommt auch in einer Studie der Technischen Universität Darmstadt zum Ausdruck, nach der 80 % der von Stalking Betroffenen angeben, dass sie sich von der Polizei nicht ausreichend unterstützt sehen.

Immer wieder fallen drei Grundprobleme auf. Zunächst eine erschreckende Unwissenheit auf Seiten der Polizei. Die Mehrzahl der Beamten hat noch nie etwas von Stalking gehört und ordnet das Phänomen entweder als »übertriebenen Liebeskummer« bzw. »zu heftiges Liebeswerben« oder als Partnerschaftsstreitigkeit ein. Im ersten Fall wird das Problem nicht ernst genommen, im zweiten Fall hält sich die Polizei lieber heraus.

Auch gut ausgebildete und engagierte Polizisten haben aber nur beschränkte Möglichkeiten zu helfen. Die gegenwärtigen Gesetze lassen ein wirkungsvolles Einschreiten nur in den seltensten Fällen zu, und wenn die Polizei schließlich doch etwas tut und den Täter festnimmt, wird der von den Justizbehörden meist sofort wieder auf freien Fuß gesetzt. Verfahren wegen Hausfriedensbruchs – das Vergehen, mit dem man einen Stalker am ehesten belangen kann – werden in der Regel ohne Prüfung des Sachverhaltes eingestellt.

Erschwerend kommt hinzu, dass die Ausstattung der deutschen Polizeibehörden erschreckend schlecht ist. Vermutlich war es keine Ausrede, als der Polizist im oben genannten Beispiel die Anruferin »vertröstete« und ihr sagte, sie solle sich wieder melden, wenn der Stalker versuche, in die Wohnung einzudringen. Vermutlich hatte er zu diesem Zeitpunkt wirklich keine Streifenwagenbesatzung zur Verfügung, die sich um einen Fall von »so geringer Wichtigkeit« kümmern konnte.

Das zögerliche Verhalten der Polizei wirkt oft verstärkend auf den Stalker. Wenn zwar Konsequenzen angedroht werden, aber nie erfolgen, weckt dies beim Täter ein Gefühl der Unverwundbarkeit, und man fordert ihn damit geradezu zu neuen Aktionen heraus.

In einem Interview mit der Wochenzeitung Die Zeit im Juli 2003 brachte dies der auf Stalkingfragen spezialisierte Anwalt Dr. Volkmar von Pechstaedt ganz ähnlich zum Ausdruck. »Die Unterstützung durch Polizei und Justiz hält sich mangels ausreichender gesetzlicher Grundlagen in Grenzen. Schlimmstenfalls ist das Opfer auf sich allein gestellt. Ich kenne Fälle, in denen sich Polizisten weigerten, Strafanzeigen zu Protokoll zu nehmen. Zitat: ›Sie haben Liebesbriefe gekriegt? Ich jedenfalls würde mich über mehr Aufmerksamkeit freuen!‹ Wenige Polizeibeamte sind im Hinblick auf Stalkingfälle geschult. Viele erkennen das Phänomen nicht, sondern greifen zu spät ein, meist erst, nachdem sich eine schwerere Straftat ereignet hat. So wandte sich deutlich mehr als ein Drittel der Betroffenen an die Polizei, um eine Anzeige zu erstatten. Das Resultat war oftmals ernüchternd, denn die Opfer gaben in 69 % der Fälle an, dass sie Schwierigkeiten hatten, der Polizei den Ernst ihrer Situation zu vermitteln. Manche Beamte sagten, sie könnten schlichtweg nichts tun, dem Opfer müsse erst ein Messer im Rücken stecken. Andere bagatellisierten das Problem oder taten es als Privatsache ab.« Interessant ist, dass eine Untersuchung von Jens Hoffmann, Psychologe an der TU Darmstadt, zu einem ganz anderen Ergebnis gekommen ist. Allerdings untersuchte er das Phänomen »Stalking bei Stars«. 23 % der gestalkten Berühmtheiten wandten sich hilfesuchend an die Polizei. In der Hälfte dieser Fälle konnte durch den Einsatz der Polizei das aufdringliche Verhalten der Fans langfristig unterbunden werden. Weiter heißt es: »Allgemein wurde der Einsatz der Polizei positiv bewertet. Beispielsweise lobte eine Prominente, dass die Beamten ihr bei einer schweren Bedrohung anboten, Kontakt zu einer psychosozialen Betreuungsstelle herzustellen, und sie außerdem nach der Festsetzung eines als gefährlich einzustufenden Stalkers regelmäßig über das weitere Schicksal ihres früheren Verfolgers informierten und ihr so ein Gefühl der subjektiven Sicherheit ermöglichten.« Hier wird ein nahezu idealtypisches Verhalten beschrieben, und man möchte ironisch anmerken: »Na also, es geht doch.« Die traurige Frage bleibt: Warum nicht bei jedem Stalkingopfer?

DAS BREMER MODELL

Ende der 90er Jahre ereigneten sich in Bremen innerhalb kürzester Zeit einige gravierende Stalkingfälle, die nach deren eigener Einschätzung weder von der Polizei noch der Justiz zufriedenstellend gelöst wurden. Im Gegensatz zu anderen Bundesländern wurden die Defizite aber nicht einfach zur Kenntnis genommen, sondern die dortigen Behörden setzten sich kritisch mit der Situation auseinander. Im Januar 2001 wurde dann ein spezielles »Stalkingprojekt« ins Leben gerufen. Die Polizei ernannte in jeder der fünf Polizeiinspektionen der Hansestadt einen Stalkingbeauftragten. Außerdem wurden alle Polizeibeamten über Stalking informiert und im Umgang mit Opfern geschult. Ein Opfer, das sich der Polizei in Bremen anvertraut, kann deswegen auf einen etwas sensibleren Umgang hoffen, als dies andernorts der Fall wäre. Auch wenn es zu keiner Anzeige kommt bzw. sich aus dem Geschehen noch kein Straftatbestand ergibt, wird der Vorgang zu Protokoll genommen. Die Akte wird dann an den Stalkingbeauftragten weitergegeben, der eine Gefahreneinschätzung vornimmt. Er entscheidet, ob weitere polizeiliche Maßnahmen oder zusätzliche Ermittlungen erforderlich sind und ob andere Stellen eingeschaltet bzw. informiert werden müssen. Er teilt dem Opfer seine Entscheidung mit und – wichtig – nennt ihm im Polizeiapparat einen festen Ansprechpartner, der für seinen Fall zuständig ist. Dieser hält dann weiter engen Kontakt mit dem Opfer und informiert es über die eingeleiteten Polizeimaßnahmen. Wichtig ist auch, dass die Anzeigen und Nachfragen der Opfer in einer Akte zusammengefasst werden; das heißt, anders als in anderen Bundesländern wird nicht jeder Vorgang einzeln bewertet, sondern die Beamten können sich ein Gesamtbild der Situation machen. Die Experten der Bremer Polizei vermitteln, falls notwendig, auch Kontakte zu Therapeuten, Psychiatern und der Justiz. Dazu wurde eine Broschüre mit Ratschlägen für »Stalking-Betroffene« entwickelt, die im Bedarfsfall an die Opfer ausgehändigt wird. Durch das Maßnahmenpaket sollen diese das Gefühl bekommen, dass ihr Anliegen ernst genommen wird, und dadurch ermutigt werden, häufiger die Hilfe der Polizei zu suchen.

Vergleicht man diese »Rundumversorgung« mit dem Verhalten von Polizeibeamten in anderen Bundesländern, muss man vor den Bremer Bemühungen den Hut ziehen. Ein Berliner Stalkingopfer berichtet beispielsweise von einem Fall, in dem sich der bearbeitende Polizeibeamte sogar weigerte, ihm seinen Namen zu nennen, stattdessen auf die entsprechende Nachfrage wortlos eine Karte mit seiner »Personennummer« hinschob und brummte: »Wenn was ist, das ist meine Nummer. Ich bin nicht verpflichtet, Ihnen meinen Namen zu nennen.« Bedenkt man in welcher Ausnahmesituation die Opfer auf dem Revier auftauchen, ist das sicherlich keine vertrauensbildende Maßnahme.

In einer Radiosendung des NDR äußerte sich Paul Lapsien, einer von fünf Stalking-Beauftragten in Bremen, zum Erfolg seiner Arbeit: »Mein Erfahrungswert ... ist, dass in etwa 80 % der angezeigten Fälle – die ich bearbeitet habe, wo ich dem Täter entgegengetreten bin, wo der Täter öffentlich gemacht worden ist – dieses Stalken aufgehört hat. ›Öffentlichgemachtwerden‹ heißt, dass er weiß, die Polizei ist dran, die Polizei spricht ihn auf dieses Problem an, die Polizei lädt ihn vor, zu einer Vernehmung. Also, er weiß, dass es nicht nur ein Problem Täter-Opfer ist, sondern andere über dieses Problem Bescheid wissen. Und es ist jetzt ... eine staatliche Institution, die Polizei, eingeschaltet, und das schreckt doch zu 80 % ab.«

DER BREMER STALKINGFALL – EIN DRAMA MIT TÖDLICHEM AUSGANG

Bundesweit durch die Presse ging der Bremer Stalkingfall vom März 2005, als eine Frau, nachdem sie schon fast ein Jahr von ihrem getrennt lebenden Mann bedroht worden war, von diesem ermordet wurde. Ein Mord mit Ansage gewissermaßen. Trotz der bekanntlich guten Arbeit der Bremer Polizei konnte ein Mord nicht verhindert werden, da die Zusammenarbeit von Polizeibehörden über Ländergrenzen hinweg nicht funktionierte und zudem die gegenwärtige Gesetzeslage ein entschlossenes Eingreifen unmöglich machte.

Damals hatte ein 40-jähriger Mann seine ein Jahr jüngere Ehefrau mit 16 Messerstichen brutal getötet. Er wurde auf der Flucht gefasst, als er auf dem Weg zu den beiden gemeinsamen Kindern war. Die Tatwaffe hatte er da immer noch bei sich. Der Mann hatte es nie verkraftet, dass sich seine Frau von ihm getrennt hatte, und sie seitdem massiv belästigt und bedroht. Er wandte dabei das übliche Stalker-Repertoire an: Er terrorisierte sie nachts mit Telefonanrufen, zerstach mehrfach die Reifen an ihrem Fahrrad, lauerte ihr vor dem Haus auf, machte sie bei Freunden und Verwandten schlecht und drohte ihr immer und immer wieder. Die Frau hatte große Angst um ihr Leben oder das ihrer kleinen Kinder. Deswegen hatte sie mehr als zehnmal die Polizei um Hilfe gerufen und beim Familiengericht einen Beschluss erwirkt, nach dem ihr Mann sich mehr als 50 Meter von ihr entfernt halten musste. Eine Vorgabe, die der Stalker von Anfang an missachtete. Die Übergabe der Kinder zu Besuchen beim Vater erfolgte nur noch durch Bekannte. Vor der Tat hatte der Mann mehrmals versucht, über einen Mittelsmann eine Waffe zu bekommen. Der war zum Schein darauf eingegangen, hatte den Vorfall aber sofort der Polizei gemeldet. Im zuständigen Kommissariat blieb die Meldung aber vier Tage unbearbeitet liegen. Danach geschah auch nichts weiter, als dass man die Adresse des Zeugen überprüfte.

Die Problematik in diesem Fall lag an der mangelnden Vernetzung der Polizeidienststellen untereinander. Während der Gerichtsbeschluss gegen den Stalker in Niedersachsen gefällt worden war, fand der Mord in Bremen statt. Die dortigen Behörden wussten also nichts von der Vorgeschichte und nahmen deswegen die Morddrohung auf die leichte Schulter. »Hätten wir diese Erkenntnisse gehabt, hätten wir die Lage ganz anders beurteilt und auch andere Maßnahmen ergriffen«, sagte damals der Leiter der Abteilung für Gewaltdelikte, Wilhelm Weber. Polizeipräsident Eckhard Mordhorst musste jedoch zugeben, dass, selbst wenn man alles gewusst hätte, »die Möglichkeiten der Bremer Polizei zum Eingreifen im vorgegebenen juristischen Rahmen gering gewesen« wären. Mit »polizeilichen Maßnahmen« hätte man gegen den Stalker nicht vorgehen können – denn er hatte ja, zumindest nach Ansicht des deutschen Gesetzgebers, bis zur Tat selbst nichts getan. In Bremen hätte man aber auf präventive Maßnahmen im Antistalking-Programm zurückgreifen können. Denn dort ist die Polizei bundesweit führend was die Beschäftigung mit dem Phänomen Stalking angeht (siehe dazu S. 141ff). »Insofern trifft uns dieser Fall besonders hart«, so der Polizeipräsident, der damals als Konsequenz aus dem Fall die Einrichtung einer Stalking-Datei anordnete.

Der Fall zeigt, wie wichtig es ist, dass endlich ein Gesetz gegen Stalking erlassen wird, und wie dringend die Abstimmung der Polizeikräfte aus unterschiedlichen Bundesländern verbessert werden muss. Das Opfer könnte vermutlich noch leben, wenn Stalking in unser Gesellschaft ernster genommen würde.

Der Stalker gestand die Tat übrigens sofort und wirkte dabei nach Aussagen der Polizei »gefasst«. Auf die Frage, ob er Reue zeige, kam die Antwort: »Nicht wirklich.«[17]

GISELA FRIEDRICHSEN, DEUTSCHLANDS BEKANNTESTE GERICHTSREPORTERIN, ZUM BREMER STALKINGMORD

Gisela Friedrichsen ist Deutschlands bekannteste Gerichtsreporterin. Seit 1989 schreibt sie für den Spiegel. Sie war dabei als der schwerkranke Maler Jörg Immendorf wegen Kokainbesitzes zu einer Bewährungsstrafe verurteilt wurde, als gegen Erich Honecker verhandelt wurde und gegen den Metzler-Mörder Magnus Gäfgen das Urteil fiel. Sie hat aber auch viele Gerichtsprozesse verfolgt, die es nicht auf die Titelseiten der Zeitungen schafften, sich dabei oft durch sachkundige Kritik an Richtern und Anwälten, aber auch am deutschen Rechtswesen als Ganzem, hervorgetan.

Ihre besten Gerichtsreportagen wurden im Jahre 2004 in dem Buch »Ich bin doch kein Mörder« veröffentlicht. Auch den Prozess um den Bremer Stalkingmord hat sie journalistisch begeleitet. Für dieses Buch gibt sie ihre Eindrücke zum Prozess und ihre Ansichten zum Thema Stalking wieder.

Frau Friedrichsen, der Justiz war bekannt, dass sich der spätere Mörder eine Waffe beschaffen wollte, nachgegangen wurde der Sache nicht. Schlamperei im Einzelfall oder eine generelle Unterschätzung der Stalkingproblematik durch die Behörden?
Die Information bezüglich der Waffe, die ein verantwortungsbewusster türkischer Bürger an die Polizei weitergegeben hatte, wurde von einem Beamten in Form eines Vermerks niedergelegt und umgehend an die Mordkommission weitergeleitet. Warum dieser Vermerk dort nicht beachtet wurde, ist wohl nur auf Schlamperei zurückzuführen. Gerade die Bremer Behörden sind ja sehr stolz darauf, dass sie sich angeblich der Stalkingproblematik schon seit 2001 in vielfältiger Weise widmen.

Der Stalker im Bremer Mordfall hatte, obwohl er bereits mit Gewalt gedroht hatte, vom Familiengericht das Besuchsrecht für seine Kinder erhalten. Wie ist dies zu erklären?
Der Familienrichter war nach meinen Informationen darum bemüht, Frieden unter den Parteien zu stiften. Er wollte offenbar die Situation nicht noch dadurch verschärfen, dass er dem Vater das Besuchsrecht verweigerte. Im Übrigen liegt wohl auch ein Fehler der damaligen Anwältin vor, die die Mutter vor dem Familiengericht vertrat: Sie ließ sich mit der Gegenseite auf einen Vergleich ein, was angesichts der bedrohlichen Situation nicht hätte geschehen dürfen.

Sie haben ein Buch mit dem Titel »Ich bin doch kein Mörder« geschrieben. Eine solche Charakterisierung würde auch auf den Mörder von Bremen passen. Ist fehlendes Unrechtsbewusstsein generell ein Kennzeichen für Stalker bzw. stalkende Gewalttäter?
Der Titel meines Buches passt haargenau auf den Bremer Täter. Ich denke schon, dass es gerade Stalkern an Unrechtsbewusstsein

mangelt bzw. wohl auch an Einsicht, was ihre Aktionen für die Opfer bedeuten. Es handelt sich häufig um sehr ichbezogene oder mit eigenen Problemen überlastete Personen, die die Folgen ihres Tuns gar nicht realisieren.

Gibt es Ihrer Ansicht nach einen Unterschied zwischen »normalen« Gewalttätern und solchen mit einem Stalkinghintergrund?
Generell könnte man die Frage auf folgenden Punkt bringen: »Normale« Gewalttäter agieren häufig aus der Situation heraus – Stalker planen ihre Aktionen meist lange Zeit vorher, sie kundschaften Örtlichkeiten aus, sie beobachten, sie liegen auf der Lauer etc. Ob es Statistiken gibt, denen exakte Daten dazu zu entnehmen sind, weiß ich im Augenblick nicht.

Sehen Sie aus Ihrer langjährigen Erfahrung als Gerichtsreporterin eine Veränderung in der Wahrnehmung der Stalkingproblematik durch die Justiz?
In den letzten Jahren wird sicher die Stalkingproblematik von der Justiz stärker wahrgenommen. Früher stand man eher auf dem Standpunkt, dass solange keine Straftat geschehen ist, auch nicht eingegriffen werden könne. Mittlerweile gibt es ein Gewaltschutzgesetz, das sich aber gerade in Stalkingfällen als unzulänglich erweist. Im Bundesrat wurde unlängst ein Gesetzentwurf der rot/grünen-Regierung von der CDU aus denselben Gründen zu Fall gebracht. Eine von Hessen geleitete Arbeitsgruppe hat dagegen einen Formulierungsvorschlag für ein Gesetz vorgelegt, das Stalkingopfer möglicherweise ein wenig besser schützt. Ob man damit potentielle Stalker abschrecken kann, sei dahingestellt. Ich halte schnelle Interventionsmöglichkeiten, ähnlich der Ordnungshaft, für mindestens ebenso notwendig. Bisher verstreicht zwischen Tat und möglicher bzw. geplanter Sanktion viel zu viel Zeit. Was hilft es dem Opfer im Augenblick, wenn der Täter ein Jahr später vor Gericht gestellt wird?

GEWALTSCHUTZGESETZ

Stalkingopfer haben in Deutschland einen schlechten Stand. Anders als in den USA ist Stalking hierzulande noch kein Straftatbestand, und deswegen müssen sich die Opfer auf Polizeiämtern oft mit dem Bescheid vertrösten lassen, dass man, »solange nichts passiert ist«, nichts machen könne. »Nichts passiert« ist laut Gesetz beispielsweise auch dann, wenn das Opfer rund um die Uhr verfolgt wird – »auf der Straße hinter jemandem herzugehen ist nicht verboten«; selbst wenn das sieben Tage in der Woche und rund um die Uhr geschieht. Ständig vor dem Haus eines anderen zu lagern ist erlaubt, und wenn man dem Verfolgten beim Verlassen des Grundstückes mit auf den Weg gibt, »er solle bloß vorsichtig sein«. Kein Problem. Erstens kann man sich überall aufhalten, wo man will, und der Hinweis, vorsichtig zu sein, kann ja durchaus nett gemeint sein.

Falls der letzte Absatz etwas polemisch klingt, die Zitate stammen nicht vom Autor, sondern von deutschen Ermittlungsbehörden.

Die Problematik bei der Strafverfolgung von Stalkern liegt gegenwärtig noch darin, dass jeder Vorfall einzeln gesehen und bestraft wird. So betrachtet, ist es natürlich eine Petitesse, wenn jemand einem anderen auf der Straße hinterhergeht. Dass dies aber nur einer in einer Reihe von Dutzenden, meist sogar Hunderten von Vorfällen ist, würdigt die Justiz nicht.

Bislang kann man gegen Stalker nur dann strafrechtlich vorgehen, wenn sie Straftaten begehen, die auch ohne Stalking vom Gesetz sanktioniert sind.

Auf zivilrechtlichem Weg haben Stalkingopfer seit dem 1.1.2002 durch das Gewaltschutzgesetz eine – wenn auch extrem schwache – Handhabe. Danach besteht die Möglichkeit, dass ein Zivilgericht in Fällen der »unzumutbaren Belästigung« dem Täter gerichtlich untersagt, sich dem Opfer zu nähern. Bei Zuwiderhandlungen drohen Geld- oder (theoretisch) Freiheitsstrafen bis zu einem Jahr. Deswegen ist eine einstweilige Verfügung nach dem Gewaltschutzgesetz schon vorab unsinnig, wenn klar ist, dass ein für den Fall der Zuwiderhandlung festgesetztes Ordnungsgeld auf Grund des geringen Einkommens des Täters nicht durchsetzbar sein wird.

Die Intention des Gesetzgebers bei der Verabschiedung dieses Gesetzes war es, Opfer häuslicher Gewalt zu schützen. An Stalkingopfer wurde bei der Ausformulierung des Gesetzestextes nur in zweiter Linie gedacht. Wohl auch deswegen hat das Gewaltschutzgesetz, bezogen auf Stalking, eine ganze Reihe entscheidender Schwachpunkte. Jedes Stalkingopfer braucht schnelle Hilfe und sofortigen Schutz. Nur so kann die Gewaltspirale frühzeitig durchbrochen werden. Dies kritisierte auch die bayerische Justizministerin Beate Merk, die das Gesetz als nicht ausreichend bezeichnete, denn »dabei müssen Opfer den Weg über Zivilgerichte nehmen«. Zumal das Opfer, in einer Situation, in der es psychisch ohnehin sehr angeschlagen ist, selbst aktiv werden muss. Es muss beim Amtsgericht ein Näherungs- und Kontaktverbot beantragen bzw. den Fall über einen Anwalt klären lassen.

Ein erstes Näherungsverbot lässt sich in der Regel schnell erwirken, dazu reicht meist eine eidesstattliche Erklärung des Opfers. Erhebt der Täter aber Einspruch, müssen Beweise erbracht werden. Im Zivilrecht obliegt die Beweispflicht dem Antragsteller, also dem Opfer. Es ist also keineswegs so, dass die Polizei ermittelt. Auch den eventuellen finanziellen Aufwand der Beweiserbringung – wenn beispielsweise eine Fangschaltung eingerichtet werden muss, um einen anonymen Stalker zu ermitteln – trägt allein das Opfer. Der Gesetzgeber nimmt zudem in Kauf, dass sich das Opfer zur Beiweismittelbeschaffung selbst gefährden muss. Nicht jeder Stalker wird einfach lächelnd in die Kamera winken, wenn man ihn dabei fotografiert, wie er vor der Wohnungstür steht.

Selbst wenn der Stalker dazu verurteilt wird, sich von seinem Opfer fern zu halten, löst dies nicht das Problem. Stalker ignorieren in der Regel den Beschluss des Gerichtes und lassen sich dabei auch nicht von den geringen Geldstrafen abschrecken. Amerikanische Studien haben gezeigt, dass 2/3 aller Stalker, denen auferlegt wurde, sich vom Opfer fern zu halten, gegen diesen Beschluss verstoßen haben. Und das, obwohl sie in den USA mit erheblich schärferen Strafen bei Mißachtung des Näherungsverbotes rechnen müssen, als bei uns.

Oft nimmt nach dem Prozess die Stalkingfrequenz sogar noch zu. Denn wenn Falschparken teurer ist, als einen Menschen zu verfolgen und dessen Leben zu zerstören, erhalten Stalker die Bestätigung: »So schlimm ist das gar nicht, was ich mache.« Außerdem haben sie es wieder einmal geschafft, dass sie im Leben ihres Opfers eine zentrale Rolle spielen.

Der amerikanische Autor Linden Gross, der schon einiges zum Thema Stalking veröffentlicht hat, vertritt die Ansicht, dass ein Gerichtsbeschluss dieser Art »ein Stück Papier ist, das die Kugel nicht stoppen kann, sondern sie sogar herausfordert«. Und weiter: »Die Wahrscheinlichkeit, dass die Gewalt weitergehen wird, ist groß.« Zu dem Ergebnis, dass Unterlassungsverfügungen oder polizeiliche Platzverweise oft zu einer weiteren Gewalteskalation führen, sind auch wissenschaftliche Untersuchungen in Deutschland gekommen.

Ein weiteres Manko des Gewaltschutzgesetzes ist, dass die Sanktionen gegen den Stalker in der Regel zeitlich begrenzt werden. Selbst Stalker, die sich an ihre Auflagen halten, haben also nach drei, sechs oder zwölf Monaten wieder freie Hand. Dann kann die Kontaktaufnahme zwar erneut verboten werden, dafür muss man aber neuerliche Beweise vorbringen. Jeder halbwegs intelligente Stalker wird es seinem Opfer sehr schwer machen, diese Beweise zu sammeln.

In einem Interview mit dem NDR zeigte sich der auf Stalkingfälle spezialisierte Rechtsanwalt Dr. Volkmar von Pechstaedt ernüchtert: »In Bezug auf die Richter muss ich leider feststellen ..., dass viele Richter sehr borniert auftreten, indem sie selbstherrlich Entscheidungen treffen, ohne Rücksicht auf die Lage der Opfer, zum Beispiel gerichtliche Anordnungen gegen einen Stalker willkürlich beschränken. Es werden Verfügungen zeitlich begrenzt, z.B. auf drei Monate. Was ich für völlig unsinnig halte, denn man muss doch davon ausgehen, wenn ein Stalkingopfer heutzutage nichts mit dem Täter zu tun haben will, dass sich das auch in drei Monaten nicht geändert hat. Viele Richter sehen sich gar nicht genötigt, überhaupt zugunsten der Opfer etwas zu entscheiden. Sie weisen die Anträge mit den haarsträubendsten Begründungen zurück.«

Und noch ein Problem gibt es: Um überhaupt vom Gewaltschutzgesetz abgedeckt zu sein, muss eine Dringlichkeit vorliegen. Die Belästigungen dürfen bei Beantragung nicht länger als zwei oder drei Monate zurückliegen. Ein Stalkingopfer, das schon seit Jahren belästigt wird und endlich gegen seinen Stalker vorgehen will, muss dann vor Gericht darlegen, warum der Fall plötzlich dringlich geworden ist. Selbst wenn das gelingt, dürfen länger zurückliegende Taten des Stalkers nicht vor Gericht vorgetragen werden. Der Stalkinganwalt von Pechstaedt dazu auf seiner Homepage: »Man kann durchaus davon sprechen, dass der Staat beim Schutz seiner Bürger versagt hat. Die starre deutsche Bürokratie und das überaus träge Gesetzgebungsverfahren hierzulande lassen aber auch nichts anderes erwarten. Die bedenkliche Folge ist, dass das Vertrauen der Bürger in den Rechtsstaat verloren geht.«

DAS GEWALTSCHUTZGESETZ IN DER PRAXIS

Wer sich trotz aller Einwände eine Anordnung nach dem Gewaltschutzgesetz erzwingen will, kann beim zuständigen Amtsgericht einen entsprechenden Antrag stellen. Wenn man innerhalb von sechs Monaten vor Antragstellung mit dem Stalker in einem gemeinsamen Haushalt gelebt hat, ist das Familiengericht zuständig. Besser ist es aber, sich von einem Fachanwalt beraten und vertreten zu lassen. Außerdem sollte man, hat man sich einmal dafür entschieden, den juristischen Weg konsequent zu Ende verfolgen. Nimmt das Opfer seinen Antrag zurück oder stimmt einem Vergleich zu, wirkt dies auf den Stalker so, als wären seine Taten gar nicht so schlimm bzw. dem Opfer vielleicht sogar angenehm. Denn warum sollte es sonst nachgiebig reagieren?

Im Folgenden die für Stalkingfälle relevanten Paragraphen GewSchG § 1 und 4 im Wortlaut:

GewSchG §1

1) Hat eine Person vorsätzlich den Körper, die Gesundheit oder die Freiheit einer anderen Person widerrechtlich verletzt, hat das Gericht auf Antrag der verletzten Person die zur Abwendung weiterer Verletzungen erforderlichen Maßnahmen zu treffen. Die Anordnungen sollen befristet werden; die Frist kann verlängert werden. Das Gericht kann insbesondere anordnen, dass der Täter es unterlässt,

1. die Wohnung der verletzten Person zu betreten,
2. sich in einem bestimmten Umkreis der Wohnung der verletzten Person aufzuhalten,
3. zu bestimmende andere Orte aufzusuchen, an denen sich die verletzte Person regelmäßig aufhält,
4. Verbindung zur verletzten Person, auch unter Verwendung von Fernkommunikationsmitteln, aufzunehmen,
5. Zusammentreffen mit der verletzten Person herbeizuführen, soweit dies nicht zur Wahrnehmung berechtigter Interessen erforderlich ist.

(2) Absatz 1 gilt entsprechend, wenn

1. eine Person einer anderen mit einer Verletzung des Lebens, des Körpers, der Gesundheit oder der Freiheit widerrechtlich gedroht hat oder

2. eine Person widerrechtlich und vorsätzlich
a) in die Wohnung einer anderen Person oder deren befriedetes Besitztum eindringt oder
b) eine andere Person dadurch unzumutbar belästigt, dass sie ihr gegen den ausdrücklich erklärten Willen wiederholt nachstellt oder sie unter Verwendung von Fernkommunikationsmitteln verfolgt. Im Falle des Satzes 1 Nr. 2 Buchstabe b liegt eine unzumutbare Belästigung nicht vor, wenn die Handlung der Wahrnehmung berechtigter Interessen dient.

(3) In den Fällen des Absatzes 1 Satz 1 oder des Absatzes 2 kann das Gericht die Maßnahmen nach Absatz 1 auch dann anordnen, wenn eine Person die Tat in einem die freie Willensbestimmung ausschließenden Zustand krankhafter Störung der Geistestätigkeit begangen hat, in den sie sich durch geistige Getränke oder ähnliche Mittel vorübergehend versetzt hat.

GewSchG §4

Wer einer bestimmten vollstreckbaren Anordnung nach § 1 Abs. 1 Satz 1 oder 3, jeweils auch in Verbindung mit Abs. 2 Satz 1, zuwiderhandelt, wird mit Freiheitsstrafe bis zu einem Jahr oder mit Geldstrafe bestraft. Die Strafbarkeit nach anderen Vorschriften bleibt unberührt.

Einen Antrag auf Näherungs- und Kontaktverbot kann man beim zuständigen Amtsgericht stellen. Zur Antragstellung mitnehmen:

- Personalausweis
- falls bereits Anzeigen gestellt wurden: Tagebuchnummern der Anzeigen
- Beweismaterial, evtl. auch Atteste; alles nur in Kopie, Originale behalten (kann man keine Beweise vorlegen, reicht evtl. auch eine eidesstattliche Erklärung aus)
- Anschrift des Beschuldigten, damit das ausgesprochene Näherungsverbot zugestellt werden kann
- falls Antrag auf Prozesskostenhilfe gestellt wird: Gehaltsnachweis

AUCH SO KANN ES GEHEN: EIN POSITIVES ZUSAMMENSPIEL VON JUSTIZ UND POLIZEI

Ein schlechtes Gesetz ist aber besser als keines. Das folgende Beispiel aus Bayreuth zeigt, dass Opfern im Einzelfall durch das Gewaltschutzgesetz durchaus geholfen werden kann – vorausgesetzt, Justiz und Polizei setzen es – wie in diesem Fall – entschlossen um.

Ein 31-jähriger Mann hatte eine 46 Jahre alte Frau in einem Geschäft angesprochen und sie bedrängt, mit ihm eine Intimbeziehung einzugehen. Als die verheiratete Frau dies kategorisch ablehnte, lauerte der Stalker ihr immer wieder auf. Unter anderem drohte er: »Wenn du nicht mit mir redest, mache ich dein Leben kaputt.« Selbst vor Morddrohungen machte der Mann nicht Halt. Das Amtsgericht erließ daraufhin auf Antrag der Frau einen Beschluss nach dem Gewaltschutzgesetz. Dem Stalker wurde verboten, sich dem Opfer weiter als 50 Meter zu nähern oder anderweitig Kontakt mit ihm aufzunehmen.

Auf der Internetseite der Stadt Bayreuth heißt es dazu: »Als dem 31-Jährigen der Beschluss am gestrigen Dienstag zugestellt wurde, hatte dieser nichts anderes zu tun, als sofort gegen die Verfügungen des Richters zu verstoßen. Er suchte sein Opfer erneut auf und drohte damit, die Frau umzubringen, sollte sie die Strafanzeige wegen Bedrohung und den erwirkten Beschluss nicht zurücknehmen lassen. Nachdem sich das Opfer an die Polizei gewandt hat und der Sachverhalt durch den bekannten Verlauf von Stalking und der Vorgeschichte sofort sehr ernst genommen wurde, koordinierte die Polizeieinsatzzentrale Bayreuth eine groß angelegte Fahndung nach dem Täter, in die mehrere Streifenwagen und Diensthundeführer eingebunden waren. Auf Grund der Größe des Fahndungsraums entschied sich die Polizeiführung, auch einen Polizeihubschrauber zur Fahndung einzusetzen. Das Opfer bekam sofort polizeilichen Beistand und Schutz. Im Rahmen dieser sofort eingeleiteten Großfahndung konnte das Fahrzeug des Täters am späten Dienstagnachmittag festgestellt werden. Kurz darauf konnten Zivilkräfte der Polizei den 31-Jährigen in einer Gaststätte widerstandslos festnehmen.«

GELD REGIERT DIE WELT

In einem strafrechtlichen Verfahren fallen für das Opfer in der Regel keine Kosten an. Im Zivilrecht, also bei jedem Prozess nach dem Gewaltschutzgesetz, muss die unterliegende Partei sämtliche Verfahrenskosten und auch das Honorar des gegnerischen Anwalts tragen. Die Höhe der Gerichtsgebühren richtet sich nach dem jeweiligen Streitwert, der in Stalkingfällen meist relativ niedrig angesetzt wird. Doch selbst wenn das Stalkingopfer den Prozess gewinnt, muss es die Gerichts- und die eigenen Anwaltskosten zunächst vorstrecken. Das Opfer trägt dann das Risiko, die vorverauslagten Kosten später vom Täter nicht zurückerstattet zu bekommen. Da ist es auch nur wenig tröstlich, dass »aus einem rechtskräftigen Titel 30 Jahre vollstreckt werden kann«, d.h. das Opfer während all dieser Jahre versuchen kann, an sein Geld zu kommen.

Wenn das Opfer die Kosten für ein Gerichtsverfahren nicht aufbringen kann, kann es Prozesskostenhilfe beantragen. Da sich die Höhe der Prozesskostenhilfe am Streitwert orientiert, ist die allerdings oft sehr gering, dann kann es sein, dass man schon bei der Anwaltssuche auf Schwierigkeiten stößt, denn nicht jeder ist bereit, um der guten Sache willen für relativ wenig Geld zu arbeiten.

Zudem kann außerhalb eines gerichtlichen Verfahrens auch Beratungshilfe beantragt werden. Der Kostenbeitrag des Opfers beschränkt sich in solchen Fällen auf 10 Euro. Den jeweiligen

Antrag auf PKH und Beratungshilfe stellt man beim zuständigen Amtsgericht.

NEUE GESETZESINITIATIVEN

Jahrelang stand die bundesdeutsche Politik dem Phänomen Stalking tatenlos gegenüber. Obwohl mehr als eine halbe Million Menschen jährlich davon betroffen sind, wurde das Problem kaum zur Kenntnis genommen. Wenn sich ein Politiker auf Nachfragen überhaupt zu Stalking äußerte, dann vielfach mit erstaunlicher Unkenntnis.

Die zuständige Bundesjustizministerin Brigitte Zypries im Kabinett Schröder äußerte sich im Frühjahr 2004 wie folgt: »Viele Menschen empfinden bestimmtes Verhalten vielleicht als belästigend, während man demjenigen, der sich so verhält, gar nichts nachweisen kann außer der Tatsache, dass er eben zum selben Moment im selben Kaufhaus ist oder dieselbe Straße entlangläuft. Daraus einen Straftatbestand zu konstruieren ist ausgesprochen schwierig, d. h. also, die subjektive Seite ist ausgesprochen hoch, und das rechtlich abzugreifen, halte ich für sehr schwierig.«[18]

Eine solche Stalking verharmlosende Aussage aus dem Munde der Justizministerin zu hören, scheint bedenklich. Immerhin fordert Zypries auf der Homepage ihres Ministeriums auf: »Ich möchte ... an Justiz und Polizei appellieren, künftig noch sensibler mit dem Stalkingproblem umzugehen.« Es bleibt nur zu hoffen, dass sich die Ministerin in Zukunft an ihren eigenen Appell hält.

Obwohl sie es für »schwierig« hielt, schaffte es die Ministerin ein Jahr später dann doch, einen eigenen Gesetzesentwurf ausarbeiten zu lassen. Inzwischen hatte nämlich der Bundesrat – angeregt durch den hessischen Justizminister Christean Wagner (CDU) – einen eigenen Entwurf eingebracht. Wagner kritisierte damals zu Recht, dass »wertvolle Zeit zum wirkungsvollen Schutz vor Stalking vergeudet« wurde. Im Frühsommer 2005 wurde in Fachkreisen durchaus kenntnisreich über die Vor- und Nachteile der Gesetzesentwürfe diskutiert, durch die politische Krise und den Rücktritt der Regierung Schröder blieben beide Entwürfe zunächst einmal in der Schublade liegen.

Generell ist aber festzuhalten, dass ein Antistalkinggesetz, das das Justizministerium im §241 StGB »Nachstellung« und der Bundesrat im §238 »schwere Belästigung« verwirklichen will, für Stalkingopfer eine enorme Hilfe darstellen würde. Erstmals wäre Stalking als Straftat anerkannt, und die Opfer könnten auf die Hilfe der Justiz bauen. Die Polizei könnte gegen die Täter aktiv werden, und die Beamten vor Ort müssten nicht mehr unverrichteter Dinge abziehen, wenn sie von einem Stalkingopfer zu Hilfe gerufen werden. Endlich könnten Polizisten beispielsweise einen Stalker, der sich vor der Wohnungstür seines Opfers aufbaut und lautstark Einlass fordert, auch in Gewahrsam nehmen. Der Abschreckungseffekt wäre nicht zu unterschätzen, denn bisher haben die Täter außer dem erhobenen Zeigefinger des Streifenbeamten nur wenig zu befürchten. Das Argument der Abschreckung greift besonders für die große Gruppe der Ex-Partner-Stalker. Untersuchungen der TU Darmstadt haben nämlich ergeben, dass in diesen Fällen eine frühzeitige Intervention der Polizei zu einer Abschwächung, Verkürzung oder sogar Beendigung des Stalkings führen kann.

Würde ein Antistalkinggesetz eingeführt, müsste die Initiative zur »Täterabwehr« nicht länger vom Opfer ausgehen, sondern diese Verantwortung würde auf die Strafverfolgungsbehörden verlagert. Bisher müssen die Opfer, wie im vorigen Kapitel erwähnt, selbst die Beweise gegen den Täter beschaffen. Ein neues Gesetz würde es auch leichter machen, psychisch kranke Täter zu einer Therapie zu zwingen. Die aktuelle Problematik: 30–40 % aller Stalker sind Wiederholungstäter und bedürfen dringend psychologischer Hilfe. Sie selbst betrachten sich aber meist als völlig gesund und verweigern sich jeder Therapie. Durch ein Strafverfahren würden dem Gericht Möglichkeiten an die Hand gegeben, Stalker zwangsweise einer psychologischen Behandlung zuzuführen.

Last but not least fallen für einen Strafrechtsprozess keine Kosten an – nur wer im Strafverfahren als Nebenkläger auftreten will und sich anwaltlich vertreten lässt, muss dafür selbst bezahlen.

Es bleibt zu hoffen, dass bald ein Antistalkinggesetz auf den Weg gebracht wird und Deutschland den Opfern endlich den ihnen zustehenden Schutz gewährt. Ein Gesetz allein wird die Situation jedoch nicht grundlegend ändern. Die Kenntnisse von Polizisten, Staatsanwälten und Richtern zum Thema Stalking müssen dringend erweitert werden, und man kann die betroffenen Stellen nur auffordern, ihre Mitarbeiter in Fortbildungsmaßnahmen zu schulen. Ebenso wünschenswert ist eine engere Vernetzung der Polizeidienststellen untereinander und eine Ausweitung der Opferberatung.

DIE ANZEIGE NIMMST DU ZURÜCK!

Viele Straftaten von Stalkern kommen nicht zur Anzeige, weil das Opfer Angst vor weiteren Übergriffen hat. Es versucht jede Konfrontation zu vermeiden, um den Täter nicht weiter zu reizen. Die Motivation, auf juristischem Wege gegen den Stalker vorzugehen, ist auch deswegen gering, weil dieser in der Regel allenfalls eine Geldstrafe zu erwarten hat. Das Opfer weiß also, dass der Stalker nach einer Verurteilung weiterhin präsent bleibt und sich sofort rächen kann. Mitunter zieht das Opfer auch einen bereits gestellten Strafantrag nach Drohungen durch den Täter zurück. In Fällen, in denen der Ex-Partner der Täter ist, wird häufig auch von Angehörigen und Freunden Druck ausgeübt. Plötzlich bekommt das Stalkingopfer dann zu hören: »Du kannst doch den Günther nicht anzeigen, mit dem warst du doch fünf Jahre verheiratet« oder »Was bist denn du für eine, den eigenen Mann anzuzeigen?« Dass Günther zuvor seine Ex-Frau auf offener Straße verprügelt und seit Jahren verfolgt hat, interessiert dann nur am Rande.

Diesem Dilemma könnte man nur entgehen, wenn Stalking zum Offizialdelikt gemacht würde. Das heißt, dass die Staatsanwaltschaft beim Verdacht einer Straftat auch ohne Vorliegen einer Anzeige oder eines Strafantrags von Amts wegen zur Ermittlung verpflichtet ist. Konkret: Die Staatsanwaltschaft ermittelt, unabhängig vom Willen des Gestalkten. Der ist dann vor Nachstellungen des Täters geschützt, denn der weiß, dass unabhängig von der Aussage des Opfers gegen ihn ermittelt wird.

DIE FRAGE DER SCHULDFÄHIGKEIT

Über die Frage, ob und inwieweit Stalker vermindert schuldfähig sind, wird in medizinischen Kreisen heftig diskutiert. Die Mehrheitsmeinung geht dahin, dass die meisten Stalker zwar psychisch gestörte Persönlichkeiten sind, bei denen in der Regel aber keine verminderte Schuldfähigkeit vorliegt.

Dazu Dr. med. E. Habermeyer, Leitender Oberarzt der Klinik für Psychiatrie und Psychotherapie der Universität Rostock: »Es muss davor gewarnt werden, Stalking-Verhaltensweisen generell den Charakter einer Krankheit zuzuweisen, da dies in juristischen Zusammenhängen zur Strafminderung führen kann und damit einen großen Teil der Täter in unzulässiger Weise privilegieren würde. Stalking spiegelt nämlich einen heterogenen Problembereich zwischen Beziehungskonflikt und medikamentös behandlungsbedürftigen wahnhaften Störungen wider. Es muss daher geprüft werden, ob überhaupt eine psychische Störung vorliegt.«

In der gerichtlichen Praxis sieht es aber häufig so aus, dass Stalkern durchaus eine verminderte Schuldfähigkeit zugestanden wird, sie andererseits aber als nicht so schwer psychisch krank gelten, dass eine Zwangstherapie oder gar die Einweisung in eine geschlossene Anstalt möglich wäre. Ein Beispiel dafür ist der bekannte Fall des Stalkers von Jeanette Biedermann, der auf Grund der ihm zugestandenen verminderten Schuldfähigkeit lediglich eine geringe Geldstrafe für die Bedrohung und den Einbruch in die Wohnung der Künstlerin erhielt. (siehe dazu S. 55f)

8. DAS SELBSTBILD VON STALKERN

Stalker sehen sich selbst völlig anders, als sie von ihrer Umwelt gesehen werden. Selbst- und Fremdeinschätzung liegen meilenweit auseinander. Ein Unrechtsbewusstsein geht ihnen ab, und die Verantwortung für ihr Tun tragen in ihren Augen meist andere.

SCHULD SIND IMMER DIE ANDEREN

Oft geht Stalkern jede Selbstkritik ab. Sie reflektieren ihre Taten nicht kritisch und haben deswegen auch kein Unrechtsbewusstsein. Weil ihnen selbst »Unrecht« geschehen ist, fühlen sie sich berechtigt zu stalken. Schuld, dass sie zu Stalkern wurden, ist immer das Opfer, das sich falsch verhalten hat. Für das Leid, das sie anderen durch ihre Taten zufügen, sind sie völlig unsensibel, mitunter glauben sie sogar, durch ihr Stalking dem Opfer Gutes zu tun. »Ich muss für ihn sorgen«, »Ich muss verhindern, dass sie sich ins Unglück stürzt«, »Ich bin für sie geschaffen, nur mit mir wird sie glücklich werden und das muss ich ihr klar machen«. So oder ähnlich lauten typische Aussagen von Stalkern.

Auch bei meinen Recherchen im Internet fand ich bis auf wenige Ausnahmen nur Postings von Stalkern, die ihr Verhalten rechtfertigen und keinerlei Unrechtsbewusstsein hatten.

Ein gewisser Gemini verteidigt beispielsweise seine Stalkingaktivitäten damit, dass er verliebt gewesen sei. Typisch Stalker, gibt er dem Opfer die Schuld am Stalking. Er schreibt: »... weil ich selbst so verliebt war, dass ich meine damals beste Freundin ständig angerufen habe, bei ihr geklingelt habe etc. ... allerdings eher deshalb, weil sie mir NIE die Chance gegeben hat, vernünftig mit ihr zu reden. Später hat sie dann auch einen Rechtsanwalt eingeschaltet etc. ... Kannst du dir eigentlich vorstellen, was man durchmacht, wenn man es ernst meint? Ich lag jeden Tag auf meinem Bett, habe die ganze Zeit geheult und geschrien und nicht begriffen, warum meine ehemals beste Freundin, der ich meine Liebe gestanden hatte, auf einmal auf stures Ignorieren geschaltet hat. Deiner Einstellung nach (der Schreiber nimmt Bezug auf ein früheres Posting) war ich ein Stalker. Für mich ist ein Stalker aber jemand, der wildfremde Menschen belästigt, und nicht jemand, der einen Menschen um Hilfe bittet, dem er seine Geheimnisse und Träume anvertraut hat. Stalker kennen ihre Opfer meist nicht sehr gut. Sie bilden sich das nur ein ... Sie haben – wenn überhaupt – nur eine sehr flüchtige Bekanntschaft mit ihren Opfern gemacht. Ich finde, es ist etwas anderes, wenn man einen Menschen schon ewige Zeiten kennt und ihm viele Dinge anvertraut hat ... dann kann man nicht von Stalking reden.«

Abgesehen davon, dass die Stalkingdefiniton, die Gemini zu seinem eigenen Vorteil verwendet, natürlich falsch ist – über die Hälfte aller Stalker sind Ex-Partner bzw. kannten ihr Opfer näher – leitet er aus der Tatsache einer früheren freundschaftlichen Beziehung einen Anspruch ab. Ganz in der Stalkerlogik folgert er: »Ich habe ihr meine Geheimnisse und Träume anvertraut, also muss sie sich damit auseinander setzen.« Er hat Nähe hergestellt – dass dies der andere aber nicht getan hat, wird ignoriert. Die einseitige Annäherung gibt dem Stalker in seiner Logik das Recht, sie auch vom anderen zu fordern. Seine Wünsche stehen im Mittelpunkt, ob er damit jemand anderen belästigt, spielt für ihn keine Rolle. Gemini beispielsweise »musste« seine Bekannte stalken, weil sie ihm NIE die Chance gegeben hat, mit ihr vernünftig zu reden. Normalerweise wäre der Zurückgewiesene traurig und hätte vielleicht ein bisschen Liebeskummer, niemals würde er aber auf die Idee kommen, dass er durch seine Liebe ein Anrecht erwirbt, sei es auf Gegenliebe oder auf ein »vernünftiges Gespräch«. Niemals sollte er auf die Idee kommen, beides, so es ihm nicht freiwillig gewährt wird, durch Drohungen und Nachstellungen zu erpressen.

Ein gewisser Dieter erzählte in einem Forum, dass er sich in eine berühmte Sängerin verliebt und diese dann auch verfolgt habe. Als Stalker möchte er sich aber nicht bezeichnen lassen, vielmehr wirft er der Sängerin vor, ihm nie deutlich gemacht zu haben, dass sie seine Nachstellungen nicht wünscht. Außerdem: »Frauen, die gezielt durch alle möglichen Tricks der Verführung das Umschwärmtsein provozieren, brauchen sich überhaupt nicht wundern, wenn sie die Geister, die sie rufen, nicht mehr so leicht loswerden.«

Eine Sängerin, die im Minikleid auftritt, darf nach Dieters Definition also von jedermann gestalkt werden, sie hat es sich selbst zuzuschreiben, wenn sie belästigt wird. Wie so oft, auch hier wieder die typische Stalkerrechtfertigung. Schuld sind immer die anderen, das eigene Verhalten wird nicht kritisch hinterfragt.

Der Internetuser Rexton hatte in einem Diskussionsforum in einem langen Posting geschildert, wie er seine Partnerin verfolgt und auch bedroht hat, um dann scheinheilig zu fragen, ob er denn damit ein Stalker sei. Als ihm das dann in einigen Antworten bestätigt wurde, schrieb er: »Soll das vielleicht heißen, dass das ›Opfer‹ alleine entscheiden kann, ob jemand ein Stalker ist. Dann kann ich die tägliche Werbung in meinem Briefkasten auch als Stalking betrachten? Im Prinzip hat das ›Opfer‹ kein Recht, dass es selbst bestimmt, ob es gestalkt wird, sonst könnte ich meinen Nachbar anzeigen, weil mir seine Gartenzwerge nicht gefallen. Wenn das ›Opfer‹ nicht mit mir in Kontakt kommen will, sollte es sich vielleicht überlegen, ob es das nicht in Kauf nehmen muss, wenn es in der Öffentlichkeit auftritt. Es ist, als ob sie mir verbieten würde, eine bestimmte Kneipe zu besuchen, nur weil sie sich dort herumtreibt.« Rexton spricht von seinem Opfer nur in Anführungszeichen und bringt damit schon zum Ausdruck, dass er dessen Leid(en) nicht erkennen kann. Er spricht ihm die Urteilsfähigkeit über seine eigenen Empfindungen ab. Dass seine ehemalige Partnerin nicht deswegen zum Stalkingopfer wird, weil sie das so bestimmt hat, sondern weil er sie verfolgt und er damit objektive Kriterien für Stalking erfüllt, ist für Rexton nicht einsichtig. Er sieht sich im Recht, denn der andere ist schuld am Kontakt. Schließlich kann er ja nichts dafür, wenn er sich »zufällig« in der gleichen Kneipe aufhält wie das Opfer. Und wenn es in der Öffentlichkeit auftritt, muss es damit rechnen, dass es ihm (zufällig) begegnet.

> **STALKER**
>
> - haben kein Unrechtsbewusstsein
> - sehen sich zum Stalking berechtigt
> - empfinden sich selbst als Opfer
> - sind völlig unsensibel für das Leid der Opfer

Kritisch beurteilt Yakushi sein eigenes Verhalten. Er hat sein Stalkingverhalten überwunden, allerdings war seine »Therapie« besonders hart – er wurde selbst zum Stalkingopfer! Er schreibt: »Als ich noch so kaputt im Kopf war, hielt ich mein Benehmen für normal! Ich war das arme Opfer, und die anderen waren die Bösen! Wer sieht sein Verhalten denn bitte als falsch an? Stehen Stalker morgens auf und wissen, dass sie böse sind? Nein! Was es wirklich bedeutet, verfolgt zu werden, habe ich erst erfahren, als ich ... selbst an eine Stalkerin geriet!«

EINE STALKERIN ERZÄHLT

Einen Einblick in die Denkweise von Stalkern bietet der folgende Ausschnitt aus einem auf Tatsachen basierenden Roman einer ehemaligen Stalkerin. Sie arbeitete an dem Buch, um ihr Stalkingverhalten aufzuarbeiten, und ist allein dadurch schon untypisch. Denn damit zeigt sie eine Selbstkritik, die den meisten Stalkern abgeht.

Die Jagd beginnt

Mehr als eineinhalb Jahre dauerte diese Geschichte nun schon. Den Namen Beziehung verdiente sie eigentlich nicht. Zumindest war es nicht das, was man sich im Allgemeinen unter diesem Begriff vorstellte. Zwischen den Treffen verging viel Zeit. Wenn einer der beiden lange genug geschwiegen hatte, rief der andere wieder an. X wollte den Kontakt zu Tanja nicht wirklich. Er war aber auch nicht stark genug, sich ganz von ihr zu lösen oder sie fortzuschicken, wenn sie nach der Vorlesung an seine Tür klopfte. Der Zustand war in jeder Hinsicht unbefriedigend. Dass es für sie keine gemeinsame Zukunft geben konnte, hatte er ihr mehr als einmal erklärt. ...

Im Juni fuhr er drei Wochen auf Exkursion. Sie fühlte sich todunglücklich. Früher war seine Frau manchmal mitgefahren. Sie hatte vergessen, ihn danach zu fragen. Einen Tag nach seinem Aufbruch saß sie am Küchentisch und überlegte, ob sie ihn wohl begleitete. Sie wählte seine Nummer. »X« meldete sich eine nasal klingende Frauenstimme. Tanja legte auf. Also war sie zu Hause geblieben. Sie rief wieder an, und legte wieder auf. Plötzlich klingelte ihr eigenes Telefon. Als sie abhob, wurde nach kurzem Schweigen aufgelegt. An diesem Tag rief Tanja seine Frau nicht mehr an. Aber in den nächsten drei Wochen war Frau X einem regelrechten Sperrfeuer von Anrufen ausgesetzt. Tanja hatte einen Weg gefunden, den Druck weiterzugeben. Sie genoss die Verunsicherung dieser

Frau, die überhaupt nicht wusste, was los war. Sie spürte ihre Angst und weidete sich daran. Warum sollte es dieser Frau gut gehen, wenn sie sich selbst so schlecht fühlte? Sie sollte ebenso leiden wie Tanja. Sie stand ihr im Weg, und vielleicht würde sie das Feld räumen, wenn sie ihr nur hart genug zusetzte. Zum ersten Mal seit langer Zeit fühlte Tanja sich gut. Das morgendliche Weinen, das mit dem Ruf ihres Weckers einsetzte, trat nur noch selten auf. Ihre Depression besserte sich, sie war viel unternehmungslustiger als sonst. Tanja hatte aufgehört, Opfer zu sein. Sie war zur Täterin geworden. ...

Etwas Seltsames geschah mit ihr in den folgenden Monaten. Sie hatte sich so an die Belästigung seiner Frau gewöhnt, dass sie nicht mehr damit aufhören konnte. Zuweilen wurde es ihr selbst lästig, denn es kostete Zeit. Zeit, die sie sinnvoller für konstruktive Dinge verwenden sollte. Manchmal war sie wie ferngesteuert. Dann gab es Phasen, in denen sie ganz damit aufhören konnte. Aber sie wurden kürzer.

X entzog sich ihr immer mehr. Oft hatte sie das Gefühl, sie sei nur noch geduldet. In gleichem Maße erhöhte sie den Druck auf ihn, indem sie seine Frau quälte. Jeder normale Mann hätte ihr die Tür gewiesen und selbst Anzeige gegen sie erstattet. ... Im Grunde wollte Tanja ihn zwingen, seiner Frau die Liaison einzugestehen, um eine Entscheidung durchzusetzen. Da er jedoch überzeugt war, sie würde auf der Stelle die Scheidung einreichen und ihm seine Koffer vor die Tür stellen, suchte er eine Möglichkeit, dem Konflikt aus dem Weg zu gehen. Er sagte seiner Frau nichts und ließ sie in ihrer Angst allein. Manchmal schämte sich Tanja für ihn. Er war all das nicht wert, sie wusste es nur zu gut. Diese Einsicht brachte sie aber nicht dazu, von ihm abzulassen.

»Wann sehe ich dich?«, fragte sie, »ich will dich sehen.« – »Nächste Woche bestimmt«, erklärte er ihr zum wiederholten Male.

Sein neues Buch wurde vorgestellt. Tanja gab sich viel Mühe, besonders hübsch für ihn auszusehen. Nachdem sie den halben Kleiderschrank auf ihrem Bett verteilt hatte, fand sie endlich die passende Garderobe. Sorgsam schminkte sie ihr Gesicht und legte ihren Schmuck an. Schließlich war auch ihre Rivalin anwesend. Das Foyer war brechend voll, als sie zusammen mit einigen ihrer ehemaligen Studienkolleginnen dort eintraf. Dennoch erkannte sie Frau X sofort. Der Anblick dieser Frau versetzte ihr einen Schlag in die Magengrube, wobei ein feuriges Gefühl von Hass in ihr hoch stieg. Wider Willen musste sie sich eingestehen, dass sie für ihr Alter recht gut aussah. Sie trug ein dezentes dunkles Kostüm, und die Handtasche von Aigner über ihrer linken Schulter verlieh ihr eine gediegene Eleganz. Ihre Haare waren braun, ohne eine Spur von Grau, vermutlich waren sie gefärbt. In diesem Moment trat X neben seine Frau, ohne auf Tanja zu achten. Eigentlich konnte er sie nicht übersehen haben. Zärtlich legte er den Arm um die Hüfte seiner Frau. Nur einen kurzen Augenblick verharrte sein Arm dort, aber es war lange genug, um ein Gefühl von Übelkeit in Tanja zu erzeugen. Plötzlich sah sie die kommenden Jahre deutlich vor sich. Nach und nach würde ihr Kontakt seltener werden. Gelassen und ohne großes Theater würde er sich ihrer entledigen. Hin und wieder traf man sich zufällig auf Vorträgen und Tagungen. Bei einem kurzen Händeschütteln tauschte man vielleicht verschwörerische Blicke, vielleicht fielen ein paar zweideutige, seichte Sätze – um der alten Zeiten willen. Das war's. Abserviert. Andere würden ihren Platz einnehmen. Ganz zu Anfang ihrer Beziehung hatte sie ihm scherzhaft gedroht, sie werde alles seiner Frau erzählen. »Ich werde dich immer verleugnen«, hatte er kühl, aber bestimmt geantwortet. »Und ich werde das niemals zulassen«, hatte sie hervorgestoßen und die aufkommenden Tränen zurückgedrängt. Sie war sicher nicht die Erste, der so etwas passierte. In diesen Minuten, als sie die beiden beobachtete, war ihr Denken völlig klar. Sie konnte diesem gesellschaftlichen Kodex folgen, sich mit dem Scheitern abfinden und ihr Unglück still ertragen. Dort, allein unter den vielen Menschen, schloss sie einen Pakt mit sich selbst. Er hatte ihren Stolz verletzt, und sie lehnte die ihr zugedachte Rolle ab. Sie wollte die Letzte in seiner Galerie sein. Niemals sollte er sie vergessen, dafür würde sie schon sorgen.

Sie setzte sich in die Mitte des Saals und betrachtete das Paar in der ersten Reihe. Wie gerne säße sie an seiner Seite. Was machte diese Frau dort? Wenn sie doch nur fortginge, dachte sie. Die nächsten Tagen waren wieder schlimm. Sie weinte ständig und war furchtbar gereizt. Abends fuhr sie zu seinem Haus. Xs wohnten in einer kleinen Siedlung. Der Standort des Hauses war absolut ungeeignet, um irgendwelche Observationen vorzunehmen. Sie konnte nur daran vorbeifahren. Sie kehrte zurück zur Hauptstraße und parkte dort. Sie konnte überhaupt nichts mit sich anfangen, hatte auch nicht die geringste Ahnung, was sie hier tat.

»Hallo, bitte schicken Sie ein Taxi in die Akazienstraße 15. X ist mein Name. ...« Zehn Minuten später bog das Taxi in die Siedlung ein. Von ihrer Position aus konnte Tanja den Fahrer sehen. Es dauerte eine ganze Weile, bis er wieder an ihr vorbeifuhr. Es fing an, richtig Spaß zu machen. Sie wiederholte dieselbe Prozedur bei einem anderen Taxiunternehmen. Schließlich rief sie die Auskunft an und bat um die Telefonnummer einer Pizzeria in dieser Stadt. Die freundliche Dame durfte aber unter den circa dreißig Pizzerien keine Auswahl treffen, und so nannte Tanja eine willkürlich herausgegriffene Zahl. Dort rief sie an und bestellte drei Pizzen inklusive eines großen italienischen Salats. Die Bestellmenge hatte Symbolwert, so, als sei sie selbst zum Essen eingeladen. Klar, sie konnte auch zwölf Stück bestellen, nur hätte das vielleicht Verdacht erregt, und außerdem ging es ihr nicht darum, die Pizzeria zu schädigen. Witzigerweise teilte ihr der Angestellte mit, dass X dort Kunde sei. Es gibt eben keine Zufälle. Auch dieses Lieferauto sah sie an sich vorbeifahren. Zufrieden startete sie den Motor ihres Wagens. Sie fuhr nach Hause und schlief diesmal sofort ein.

Über die Bedeutung der Farbe in der Kunst

Sie bemühte sich, so leise wie möglich zu laufen. Es war sehr heiß in dieser Nacht. Obwohl Neumond war, konnte sie sehen, dass einige Anwohner ihre Fenster weit geöffnet hatten. Sie musste sehr vorsichtig sein, auch wenn sie in ihrer dunklen Kleidung nur schwer auszumachen war. Sie versuchte, möglichst ruhig zu atmen, als sie den engen Torbereich seines Hauses durchschritt. Langsam stieg sie die drei Stufen empor und schaute durch das mit Schmiedeeisen vergitterte Glas der Haustür. Der Innenraum war nur schwach beleuchtet, und sie konnte das Grau des Granitbodens erkennen. Die Beleuchtung, die auch im oberen Stockwerk erkennbar war, täuschte sie nicht. Er hatte ihr selbst gesagt, dass sie zwei Wochen in Italien verbringen würden. Sie spürte deutlich die Verlassenheit des Gebäudes, die Zeitschaltuhr schreckte höchstens blutige Anfänger ab. Nachdem sie sich auf den Stufen niedergelassen hatte, betrachtete sie den liebevoll mit Lorbeerbäumen und Blumen bepflanzten Garten. Das ganze Ensemble zeigte die fähige Gärtnerin. Tanja dachte einen Moment lang darüber nach, Salz oder Domestos auf die Pflanzen zu gießen. Aber diesen Gedanken verwarf sie ganz schnell wieder. Sie liebte Pflanzen, genauso wenig könnte sie kleine Kaninchen mit niedlichen weißen Schlappohren kochen, so wie die Stalkerin in dem Film »Eine verhängnisvolle Affäre«.

Nein, es gab Grenzen. Sie könnte den Wasserhahn aufdrehen, der unvorsichtigerweise an der Vorderfront des Hauses angebracht worden war. Frau X würden beim Anblick der Wasserrechnung die kleinen braunen Kulleraugen aus dem Kopf fallen. Mhm, gefiel ihr auch nicht.

Ihr Blick fiel auf das blendende Weiß der mit Carrara-Marmor bedeckten Treppenstufen. ... Sie wühlte in ihrer Tasche und holte ein Fläschchen mit rotem Nagellack heraus. Zögernd tropfte die rote Farbe aus der Öffnung. Sie besah ihr Werk, das sah schon besser aus. Aber es war bei weitem nicht genug. So schnell sie konnte ging sie zu ihrem Auto und fuhr den ganzen Weg nach Hause zurück. Sie öffnete die Haustür, griff sich den Garagenschlüssel und stöberte in der Garage zwischen dem ganzen Gerümpel herum, das dringend mal aussortiert werden musste. Schließlich fand Tanja, was sie suchte. Sie nahm den Eimer mit schwarzer Farbe und füllte sie in einen alten Wassersprüher ein. Das war der übrig gebliebene Rest von ihrem frisch gestrichenen Eisentor. Ihr Mann war auf Dienstreise, so konnte sie niemand stören. Bevor sie das Haus verließ, ging sie auf Toilette und trank noch ein Glas von dem Spätburgunder, den ihr eine Freundin geschenkt hatte. Im Flur fiel ihr Blick auf den Spiegel. Sie trat näher und betrachtete sich. Die blonden Haare hatte sie mit einem Band zusammengebunden. Ihr Gesicht war blass, und große bernsteinfarbene Augen schauten sie an. Sie wechselte manchmal ihre Augenfarbe. X hatte sie einmal darauf angesprochen. Er verglich sie mit einer Katze, dann – nach einer kurzen Pause – berührte er zärtlich ihren Mund. »Eine Sphinx bist du, ein Fabelwesen aus alten Zeiten. Und wenn ich das Rätsel nicht löse, wirst du mich töten.« Sie hatte ihn angeblickt mit diesen Bernsteinaugen und nur leise »Ja« gesagt. Mehr nicht. Damals spürte sie zum ersten Mal, dass noch etwas anderes in ihr lebte. Sie konnte es nicht benennen. Aber es war nicht menschlicher Natur. ... Sie machte sich auf den Weg, um ihr Kunstwerk zu vollenden. Das Licht im Haus war inzwischen ausgegangen, es war schon weit nach Mitternacht. Tanjas Hände zitterten so sehr, dass sie einen Teil der schwarzen Flüssigkeit über ihre Finger goss. Mist! Tage würden vergehen, bis sie das Zeug von ihrer Haut geschrubbt hätte. Sie stand auf und begutachtete die Schweinerei. Jackson Pollock wäre begeistert. Gute Arbeit. Auf dem Rückweg warf sie den Wassersprüher in die Hecken, wo er vor dem Herbst sicher nicht entdeckt werden konnte.

X erzählte ihr später, er habe viel Mühe mit der Reinigung des Eingangs gehabt. Besorgt erkundigte sie sich nach dem Erfolg seiner Bemühungen. Er beruhigte sie, der Marmor sei wieder so weiß wie zuvor geworden.

Die Anzeige von seiner Frau bekam sie trotzdem. Als sie die Begründung des Rechtsanwalts las, lachte Tanja laut auf. »Die roten Tropfen zusammen mit der schwarzen Farbe symbolisieren den Tod. Da sich das Ganze in Kunsthistoriker-Kreisen abspielt, fühlt sich Frau X bedroht.« Gott sei Dank, habe ich mein Tor nicht rosa gestrichen, dachte sie. Welche Interpretation hätte der Anwalt dann vorgebracht?

Die Anklage wurde mangels Beweisen fallen gelassen.

Die Geheimnummer

»Die von Ihnen gewählte Rufnummer ist zur Zeit nicht vergeben«, flötete die Automatenstimme in ihr Ohr. Sie glaubte, sich verwählt zu haben, und probierte es erneut. Wieder die Stimme. Nach dem sechsten oder siebten Versuch stieg Panik in ihr hoch. Er hatte seine Telefonnummer geändert. Wie sollte sie ihn nun erreichen? Sie brauchte das beruhigende Gefühl, zu jeder Tag- und Nachtzeit seine Stimme hören zu können. Nach zehn Uhr abends nahm niemals seine Frau das Gespräch entgegen. Tanja rief die Auskunft an, und man sagte ihr, dass es unter seinem Namen und seiner Adresse keinen Eintrag gäbe. Sie war wie vor den Kopf geschlagen. Zur Not würde sie ihn im Büro anrufen. Aber sie störte ihn dort nur ungern. Sie musste Xs neue Nummer herausfinden, aber sie hatte nicht die geringste Ahnung, wie sie das anstellen sollte. Er würde diese neue Nummer sicher nur seinen engsten Angehörigen und Freunden mitteilen. Es schien aussichtslos.

Es vergingen zwei Wochen. Manchmal fuhr sie mit dem Auto an seinem Haus vorbei. Sein Wagen stand vor der Tür, und in den Räumen brannte Licht. Eine unbändige Wut überfiel sie. Er hatte sich ihr entzogen, glaubte, sie auf diese Art loswerden zu können.

Seine Hexe schlief wieder durch, ohne von ihrem Anruf gestört zu werden. Am Ende hatte sogar sie auf der neuen Nummer bestanden, weil sie eifersüchtig war. Immerhin machte er sich auch mitten in der Nacht die Mühe, ans Telefon zu gehen. Tanja sagte nur selten etwas. Oft schwiegen sie sich minutenlang an. Besonders dann hatte sie das Gefühl, er warte auf etwas. Zuweilen überkam sie Mitleid mit diesem Mann. Er war nicht mehr der Jüngste. Seine Seminare und Vorlesungen erforderten volle Konzentration. Sie sah ihn vor sich, wie er sich nachts aus dem Bett quälte und deshalb am nächsten Morgen müde war. In solchen Augenblicken konnte es vorkommen, dass sie vorsichtig über den Telefonhörer strich und auf den Anruf verzichtete. Sie hatte die Macht, seinen Schlaf zu unterbrechen. Und sie hatte die Macht, ihn seinen Träumen zu überlassen. In Gedanken lag sie neben ihm im Dunkeln und schlang ihre Arme um seinen Körper. »Schlaf, mein Liebster, schlaf, ich bin bei dir«, raunte sie leise.

»Ja, guten Tag, ich bin Frau X, ich möchte einen Telefonanschluss legen lassen.« »Möchten Sie einen ISDN- oder einen Analoganschluss«, fragte der freundliche Mitarbeiter der Telekom. Tanja entschied sich für den ISDN-Anschluss, und nachdem sie einige technische Details durchgesprochen hatten, bat er sie um ihre Anschrift. Sie nannte Xs Adresse und hörte, wie er die Daten in den Computer tippte.

»Sie haben bereits einen Anschluss«, wunderte er sich. »Entschuldigung, aber ich glaube, Sie irren sich, ich bin soeben erst eingezogen«, konterte sie und versuchte, so überzeugend wie möglich zu wirken. »Hier ist ein Herr X eingetragen, die Rufnummer lautet ...« Er nannte eine ihr unbekannte Nummer, und sie schrieb sie blitzschnell mit. Noch während er dies sagte, wurde seine Stimme schwächer, und plötzlich hörte sie ein Tuten, als versuche jemand, sie anzurufen. Sie legte auf. Ihr Herz klopfte bis zum Hals. Es hatte funktioniert, unfassbar. Wie gut war es, mit Menschen zu reden. Menschen, die manipulierbar waren und Fehler machten. Aber was bedeutete das Tuten. Um kein Risiko einzugehen, hatte sie aufgelegt. Sie atmete tief durch und wählte.

»Die von Ihnen gewählte Rufnummer ist zur Zeit nicht vergeben.« Verdammt, vermutlich fehlte die letzte Ziffer. Sie probierte die Nummer noch einmal mit den Ziffern 0 bis 9 am Ende, ohne Erfolg. Er war nicht dabei. Sie war so nah dran, was konnte sie jetzt noch machen?

»Ja, guten Tag, hier Claudia Freimann. Ich bin vor kurzem in der Akazienstraße 15 eingezogen und möchte die Telefonnummer meines Vormieters übernehmen. Er bat mich, das zuerst mit der Telekom zu klären und hat mir seine Nummer aufgeschrieben. Das Problem ist, mein kleiner Sohn hat mit dem Radiergummi die letzte Ziffer wegradiert. Das ist wirklich zu dumm. Können Sie mir vielleicht helfen?«

»Sagen Sie mir mal die Nummer«, forderte der Mitarbeiter Tanja hilfsbereit auf.

Nachdem sie die Zahlenfolge durchgegeben hatte, folgte ein kurzes Schweigen mit dem üblichen Tippen im Hintergrund. Ohne Zögern nannte er ihr dann die letzte Ziffer. »In der Mitte ist übrigens ein Zahlendreher«, fuhr er fröhlich fort. Sie notierte sich die korrekte Nummer und bedankte sich herzlich. Der Herr von der Telekom freute sich ebenfalls. Den Service der Deutschen Telekom würde sie jedenfalls in guter Erinnerung behalten.

Nachdem Tanja aufgelegt hatte, lehnte sie sich in ihrem Stuhl zurück und trank einen großen Schluck Wasser. Ein Gefühl der Zufriedenheit durchflutete sie, so als habe sie gerade Adolf Eichmann entführt. Es gab keine Sicherheit, jedes System konnte unterlaufen werden. Es war einfach eine Frage der Intelligenz. Hätte sie lediglich um die Nummer gebeten, mit der Begründung, sie müsse X unbedingt sprechen, es sei ein Notfall, niemand wäre bereit gewesen, ihr zu helfen. Man musste ihnen eine gute Geschichte erzählen. Man gab ihnen einige wenige Informationen, und sie empfanden das Bedürfnis, diese Informationen zu ergänzen oder zu korrigieren. Möglicherweise fühlten sich die Menschen in diesem Moment dem anderen überlegen und wollten ihre Großzügigkeit und Hilfsbereitschaft unter Beweis stellen. Es klappte jedenfalls immer.

»X«, meldete er sich. Er hatte eine Art, seinen Namen am Telefon auszusprechen, als ob er eine Frage stelle. Es war schön, ihn wiedergefunden zu haben. Sie antwortete nicht. Die Stille am anderen Ende der Leitung verkündete ihr sein namenloses Entsetzen. Mit einem Lächeln drückte sie das »Gespräch« weg. Es war das gleiche Lächeln, das den römischen Kaisern um den Mund spielte, wenn sie die Via triumphalis entlangfuhren.

UNFÄHIGKEIT ZUR KOMMUNIKATION

Soweit die Geschichte der Stalkerin. Erschreckend, mit welcher Raffinesse und Überlegung, aber auch mit welcher »Freude an der Jagd« die Täterin ans Werk geht. Trotzdem wird ihr klar, dass sie durch ihr Verhalten nicht nur andere, sondern auch sich selbst schädigt. Sie schreibt: »Zuweilen wurde es ihr selbst lästig, denn es kostete Zeit. Zeit, die sie sinnvoller für konstruktive Dinge verwenden sollte. Manchmal war sie wie ferngesteuert.« Ferngesteuert ist ein wichtiges Stichwort. Viele Stalker verhalten sich wirklich wie Drogensüchtige. Das Verfolgen des anderen wird zum Mittelpunkt des eigenen Lebens, noch mehr, das Leben erhält erst durch das Stalking seinen Sinn. Die Verfolgung wird zum Ersatz für die nicht erreichbare Liebe und Zuneigung. Dadurch stellen Stalker eine »Beziehung« zum Opfer her, die sie sonst nicht haben können. Auch Gavin de Becker, amerikanischer Sicherheitsexperte, vergleicht Stalker mit Alkoholabhängigen. Und gibt den entsprechenden Rat: »Der einzige Weg, sie von dieser Droge zu entwöhnen, heißt Abstinenz.«

Typisch auch, dass die Täterin die Ambivalenz im Verhalten des Opfers als Entschuldigung für ihr Verhalten nimmt. Ihr Geliebter beendet die Beziehung, ist darin aber ihrer Ansicht nach nicht konsequent genug. Also ist er schuld, dass sie zur Stalkerin wird. Dadurch, dass er ihr vermeintlich Hoffnung gemacht hat, erwirbt sie sozusagen die Berechtigung mit allen, auch noch so niederträchtigen Mitteln weiter um ihn zu kämpfen. Zu diesem Schluss kann nur kommen, wer die Tragweite des Stalkings nicht begreift, nicht versteht, welches Leid er damit über das Opfer und seine Angehörigen bringt. Oder aber jemand, der das sehr wohl versteht und sehr bewusst einsetzt. Beides zeugt von der Unfähigkeit, sich in das Leiden anderer Menschen hineinzufühlen und Mitgefühl zu entwickeln.

Die Ambivalenz in den Aussagen der Opfer wird häufig auch nur vom Stalker herausgelesen. Unangenehme Wahrheiten werden einfach nicht zur Kenntnis genommen und die Aussagen des Opfers so lange uminterpretiert, bis sie im Sinne des Stalkers sind. Selbst im vorliegenden Fall – in dem das Opfer in der Tat die »goldenen Antistalking-Regeln« missachtet hat – war die Aussage deutlich. Der Mann brachte klar zum Ausdruck, dass er keine feste Beziehung mit seiner Geliebten haben wolle, wenn diese aber keine Ansprüche stellt und zu gelegentlichen Treffen bereit ist, er die Affäre auf niedriger Flamme weiterführen würde. Die Aussage mag der Geliebten nicht gefallen, missverständlich ist sie aber nicht.

Stalker sind nicht fähig, den anderen konstruktiv in einen Problemlösungsprozess miteinzubeziehen; sie sind so sehr auf sich bezogen, dass sie nur Lösungen akzeptieren können, die ausschließlich die eigenen Interessen berücksichtigen. Deswegen führen auch Gespräche zwischen Opfer und Täter zu keinem konstruktiven Ergebnis. Die »Aufforderung« zum Gespräch, die von Stalkern sehr oft gemacht wird, also das typische »Ich will ja nur mit dir reden«, ist genau das nicht, was es scheint. Es ist eben KEINE Aufforderung zum Dialog, denn zu einem gleichberechtigten Gespräch ist ein Stalker nicht fähig. Er kann einzig die »bedingungslose Kapitulation« des anderen akzeptieren. Andernfalls droht er mit Repressalien. Im oben geschilderten Fall hätte eine »normale« Geliebte ihre Bedürfnisse klargemacht und mit ihrem Partner darüber geredet. Sagt der dann »nein, ich kann dir nicht geben, was du willst«, hätte sie sich entscheiden können, ob sie weiterhin die geheime Geliebte bleiben oder die Beziehung beenden will. Für die Stalkerin war die Trennung aber nicht hinnehmbar, denn das hätte verlangt, auch die Interessen der anderen Person gelten zu lassen.

9. GIBT ES DEN TYPISCHEN STALKER?

Die Antwort gleich vorab: Den typischen Stalker gibt es nicht. Stalker können aus allen sozialen Schichten und Altersgruppen kommen, können männlich oder weiblich sein, verheiratet oder geschieden, ledig oder getrennt lebend, homosexuell oder heterosexuell.

Trotzdem lässt sich doch eine gewisse statistische Häufung feststellen. Im folgenden Kapitel soll also nicht gesagt werden, alle Stalker sind so oder so, sondern es wird lediglich versucht, statistische Auffälligkeiten herauszuarbeiten.

Schon 1999 charakterisierte der amerikanische Wissenschaftler J.R. Meloy den typischen Stalker wie folgt: Er »ist ein arbeitsloser oder unterbeschäftigter Mann im vierten Lebensjahrzehnt. Er ist alleinstehend oder geschieden ... Er verfügt über eine höhere Schulbildung und ist intelligenter als andere Kriminelle.«

Eine von den deutschen Wissenschaftlern Voß, Hoffmann und Wondrak durchgeführte Studie erbrachte, dass der »Durchschnittsstalker« männlich, überdurchschnittlich intelligent und 38 Jahre alt ist. Allerdings ist die Altersspanne ausgesprochen groß: Vom 15-jährigen Schüler, der eine Klassenkameradin verfolgt und belästigt, reicht sie bist zum 90-jährigen Greis. Stalker arbeiten in mittleren und höheren Positionen, auffällig hoch war aber auch die Anzahl der arbeitslosen Stalker. 33 % der Opfer gaben an, dass ihr Verfolger zu Beginn des Stalkings keiner geregelten Beschäftigung nachging.[19] Ähnliche Zahlen brachte auch die Darmstädter Stalkingstudie zu Tage, hier lag das ermittelte Durchschnittsalter bei 32 Jahren, und wieder zeigte es sich, dass Stalker intelligenter als der Durchschnitt der Bevölkerung sind. Die einzige signifikante Abweichung in dieser Studie: Die Zahl der arbeitslosen Stalker wich nur leicht vom bundesdeutschen Mittel ab.

MÄNNER STALKEN HÄUFIGER?!

Jede bisher durchgeführte wissenschaftliche Untersuchung ergab, dass die meisten Stalkingopfer Frauen und die meisten Täter, nämlich vier von fünf, Männer sind. Die schon mehrfach zitierte Darmstädter Studie brachte nun ein ganz anderes Ergebnis zu Tage – 41 % der Stalker, die sich in einer Internetumfrage outeten, waren Frauen.[20] Für diese Abweichung mag es viele Gründe geben. Vielleicht sind stalkende Frauen problembewusster und hinterfragen ihre Handlungen kritischer. Vielleicht liegt es auch daran, dass Frauen generell leichter über ihre Gefühle sprechen und dies auch in der Gruppe der Stalkerinnen so ist.

Es könnte aber auch einen ganz anderen Grund geben. Die meisten Zahlen über das Geschlecht der Stalker wurden bisher durch die Befragung der Opfer gewonnen. Männer aber haben oft Probleme, sich als Opfer zu outen, bzw. empfinden das Stalking erst zu einem späteren Zeitpunkt als bedrohlich (siehe dazu S. 44ff). Sie treten also in keiner Opferstatistik auf und werden demnach auch nicht befragt, wenn es darum geht, das Geschlecht ihres Stalkers zu benennen.

UNTERSCHIEDLICHES STALKINGVERHALTEN BEI MÄNNERN UND FRAUEN

Auch in unserer modernen Gesellschaft besteht immer noch eine »Asymmetrie« zwischen dem Paarungsverhalten der beiden Geschlechter. Während Männer aggressiver vorgehen und die Frau erobern wollen, ist diese zurückhaltender und lockt den Mann.

Auch im Stalkingverhalten lassen sich diese Unterschiede festmachen. Männer stalken in der Regel aggressiver und gewalttätiger, Frauen wenden eher subtile Methoden an. Beziehungssuchende Stalker männlichen Geschlechts sind in ihrem Vorgehen meist sehr offensiv, überschütten ihre Angebetete mit Geschenken, verfolgen sie aber auch eher mit Drohungen. Sie sind sehr von sich überzeugt und können nicht verstehen, dass die umworbene Person einen »tollen Typen, wie sie einer sind«, nicht erhört. Auch Frauen stalken mitunter ähnlich offensiv, zusätzlich dazu gibt es aber eine Gruppe von Frauen, deren Verhalten man nicht als Liebeswahn, sondern treffender als Geliebtheitswahn beschreiben sollte. Sie himmeln ihr Opfer regelrecht an, verharren aber relativ passiv und wenden keinerlei aggressive Methoden an, um auf sich aufmerksam zu machen. Viele Starstalker der »harmloseren Art«, die der führende amerikanische Sicherheitsexperte in Stalkingfragen, Gavin de Becker, als Kontaktsucher beschreibt, fallen in diese Kategorie.

EINZELGÄNGER MIT NEGATIVEN BINDUNGSERFAHRUNGEN

Stalker sind meist Einzelgänger. Die überwiegende Mehrzahl von ihnen, nämlich 70 % ist unverheiratet, weitere 10 % sind geschieden.[21] Oft haben Stalker in ihrer Kindheit negative Bindungserfahrungen gemacht und deshalb ein verkehrtes Bild von sich und anderen im Kopf. Immer wieder stößt man auf Lebensgeschichten, in denen der spätere Stalker in seiner Jugend mit Zurückweisungen und Desinteresse zurechtkommen musste. Der strenge Vater, die lieblose Mutter, gescheiterte Beziehungen oder gar sexueller Missbrauch – Stichworte, die sich in vielen Biographien von Stalkern wiederfinden. Die typische Folge sind dann mangelndes Selbstbewusstsein und ein Zurückziehen in sich selbst. Stalker sind egozentrisch und zu Beziehungen kaum fähig; waren sie doch einmal in der Lage, eine Beziehung aufzubauen, reagieren sie umso aggressiver auf das Scheitern.

Im Internetmagazin newsklick.de charakterisiert der Psychologe Holger Barkhau Stalker wie folgt: »Überwiegend handelt es sich um Menschen mit einer narzisstischen Persönlichkeitsstörung. In der griechischen Mythologie hatte sich Narziss in sein Spiegelbild im Wasser verliebt. Ein gesunder Narzissmus bezeichnet somit die Fähigkeit, sich selbst zu lieben. Vielen Menschen, die stalken, fehlt diese Eigenliebe. Sie idealisieren ihr Liebesobjekt, um sich selbst aufzuwerten und das Gefühl der eigenen Minderwertigkeit zu überwinden. Löst der Wunschpartner die Beziehung, wird ihnen der Boden unter den Füßen weggezogen. Sie sehen darin eine starke Bedrohung ihrer Persönlichkeit.« Ähnlich sieht es auch Sebastian Scheerer vom Institut für Kriminologische Sozialforschung der Universität Hamburg. Er sagt: »Wegen ihrer eigenen Ich-Schwäche suchen Stalker ein äußeres Ideal-Ich.«

VERZERRTE REALITÄT

Auffällig ist, dass nahezu alle Stalker einen völlig verzerrten Blick auf die Realität haben. Klärende Gespräche führen deswegen so gut wie nie zu einer Beendigung der Belästigung. Selbst in deutliche Aussagen wie »Ich will dich nie wieder sehen« lesen Stalker eine positive Botschaft hinein. Deswegen sollten Opfer jede Diskussion mit dem Täter meiden.

Abweisende Handlungen werden vom Stalker ebenfalls nicht als solche wahrgenommen. In »Der süße Wahn«, einem Kriminalroman von Patricia Highsmith, taucht der stalkende Protagonist an der Haustüre seines Opfers auf. Sie versucht ihn abzuwehren, indem sie sagt, sie bekomme gleich Besuch. Typisch für einen Stalker, hört er aber etwas ganz anderes. »Ihm war, als hörte er sie sagen, dass sie sehnsüchtig auf ihn gewartet habe, dass sie ihn brauche und schon befürchtet habe, er werde nicht kommen.«

Ein weiteres Beispiel: Eine Frau trennte sich nach einer nur wenige Wochen dauernden Beziehung von ihrem Partner und sagte ihm deutlich, dass sie nichts mehr mit ihm zu tun haben wolle. Nicht nur, dass der Mann die Frau über Monate verfolgte und bedrohte, in seinem Freundeskreis behauptete er weiterhin, er führe mit ihr eine glückliche Beziehung. Wenn nachgefragt wurde, warum sie nicht mehr gemeinsam in der Öffentlichkeit zu sehen wären, antwortete er, dass seine »Partnerin« so viel zu tun habe, verreist sei oder ihrer kranken Mutter helfen müsse. Als ihm die Polizei, als er vor der Wohnung der Frau randalierte, einen Platzverweis erteilte, weigerte er sich zunächst zu gehen, weil er doch nur einen kleinen Streit mit seiner Freundin habe und sie ihn gleich wieder in die Wohnung lassen werde.

Manche Stalker realisieren sogar, dass ihre Kontaktversuche erfolglos sind. Trotzdem setzen laut Darmstädter Studie 95 % ihre Annäherungen fort. Als Gründe dafür gaben über 40 % an, dass ihr Opfer schicksalhaft für sie bestimmt sei, um die 30 % glaubten, dass sie sich um das Opfer kümmern müssten, fast ebenso viele sagten, sie müssten an ihre eigenen Bedürfnisse denken und dass ihnen von dem Opfer Unrecht angetan wurde und es deswegen verfolgt werden müsse. Immerhin noch fast 15 % gaben an, dass sie das Gefühl von Macht oder Kontrolle genössen.[22]

Besonders diejenigen Stalker, die Gründe wie Machtgier und Kontrolle angeben bzw. sagen, sie müssten an ihr eigenes Wohlbefinden denken, stalken im Laufe ihres Lebens häufig mehr als nur ein Opfer und werden zu Wiederholungstätern.

ALKOHOL UND DROGEN

Viele Stalker haben Probleme mit Alkohol oder Drogen. Wissenschaftliche Untersuchungen, welcher Zusammenhang zwischen Stalking und Alkoholkosum besteht, stehen noch aus. Auch über die Frage, ob der Alkoholkonsum das Stalking auslöste oder der Täter während des Stalkingprozesses zum Alkohol- bzw. Drogenabhängigen wurde, kann gegenwärtig nur spekuliert werden.

> **Der »typische« Stalker**
>
> Gäbe es den Durchschnittsstalker, ließe er sich in etwa wie folgt beschreiben. Er ist ein zwischen 30 und 50 Jahre alter Mann. In seiner Kindheit erlebte er im Elternhaus Zurückweisung und Kälte und hat so keine Beziehungsfähigkeit entwickeln können. Deswegen lebt er meist zurückgezogen als Single bzw. ist getrennt lebend. Er ist intelligent und oft, wenn auch bei weitem nicht immer, Wiederholungstäter. Öfter als der Durchschnitt der Bevölkerung hat er ein Alkohol- oder Drogenproblem.

Durch den Alkoholkonsum wird oft Megalomanie oder Größenwahn ausgelöst. Dabei leidet der Kranke an wahnhafter Selbstüberschätzung. Nach seiner Vorstellung ist er seinen Mitmenschen auf allen Gebieten überlegen. Im Zusammenhang mit Stalking ist dies interessant, weil auch einige Stalker an dieser Krankheit leiden. Sie werden zu Stalkern, weil sie – von sich selbst so überzeugt – nicht akzeptieren können, dass sie von einer anderen Person zurückgewiesen werden.

DAS LEIDEN DES STALKERS

Auch das Leben des Stalkers ändert sich durch seine Stalkingattacken. Viele berichten beispielsweise von Depressionen (60 %), Schlafstörungen (50 %), Nervosität (41 %) oder Angstzuständen

(38 %). Allerdings führt das nicht dazu, dass sie ihr Verhalten ändern. Denn, wie bereits mehrfach erwähnt: In der Regel hinterfragen Stalker ihr Verhalten nicht, sehen sich im Recht und geben fast immer dem Opfer Schuld daran, dass es gestalkt wird. Die Einsicht, dass sie selbst für ihre Probleme verantwortlich sind, geht Stalkern meist ab. Deswegen suchen auch nur die wenigsten freiwillig psychologische Hilfe auf.

Einen Einblick in das Denken von Stalkern vermittelt der folgende Brief, der von einer Frau stammt, die ihren Universitätsprofessor bzw. dessen Frau gestalkt hatte, nachdem er die Affäre mit ihr beendet hatte. Im Unterschied zu vielen anderen Stalkern war sie aber zur kritischen Reflexion fähig, arbeitete ihre Problematik auf und begab sich in Therapie.

Sie schreibt: »Niemand fängt mit Stalking an, nur weil er gerade nichts Besseres zu tun hat. Als unser Verhältnis noch relativ gut lief, hat mich nie interessiert, wo er wohnt, wie seine Frau aussieht und wie er lebt. Aber als er anfing, sich zu entziehen, wurden diese Details plötzlich wichtig. Ich versuchte, den Verlust an Nähe und Sicherheit durch Kontrolle auszugleichen. Weil ich ihn mehr und mehr verlor, wurde ich kontrollierend und begann mein Stalking-Verhalten. Durch das Stalking verlor ich mehr und mehr die Kontrolle über mein Leben. Denn wenn man sich nicht ganz zu Anfang selbst Grenzen setzt oder sie von anderen gesetzt bekommt, verselbstständigt sich das Ganze. Wenn man einmal bemerkt hat, wie der Druck nachlässt, wenn man sich am anderen ausgetobt hat, wird man immer wieder diesen Lösungsweg wählen. Es ist im Grunde wie mit allen Süchten. Der eine trinkt, der andere spielt oder wird kaufsüchtig. Es geht darum, Spannungen abzubauen und durch Adrenalinschübe Depressionen zu verhindern. Stalker zerstören das eigene Leben und das der anderen. Darum enden auch viele solcher Fälle tödlich. Sich selbst und den oder die anderen auszulöschen ist im Grunde nur konsequent. Anfangs habe ich versucht, mein Verhalten zu ändern. Das gelang nur phasenweise. Dann setzte wieder die Nervosität ein, ich hatte Zwangsgedanken, lief durch die Wohnung wie ein gefangenes Tier, das zur Jagd hinaus will. Später habe ich es einfach ausgelebt und mich bemüht, bei meinem Tun nicht erwischt zu werden. Ich wurde immer kreativer. Wenn es einem gelänge, diese Energien konstruktiv zu verwenden, könnte man echte Erfolge feiern. Man darf aber nicht vergessen, dass es manchmal einfach Spaß macht. Ich habe viele wirkliche Jäger gekannt. Das waren lauter nette Jungs, wenn man abends mit ihnen etwas trinken gegangen ist. Am nächsten Morgen auf der Jagd habe ich viele nicht wiedererkannt. Die Erregung, wenn sie ihr Wild hetzten, die Ekstase, wenn sie es töteten. Danach waren es wieder lauter nette Jungs. Dass mir mein Verhalten schadet, war mir natürlich klar, ich konnte aber trotzdem nicht aufhören. Ich bin zum Psychiater gegangen, wurde aber wieder nach Hause geschickt, weil ich angeblich gesund sei. Ich habe begonnen, den Fall aufzuschreiben, was mir auch sehr half. Ich habe mich mit Arbeit zugeschüttet, auch sehr nützlich. Ich weiß eigentlich nicht, was ich Tätern empfehlen könnte. Vielleicht müssten sie einen Therapeuten finden, der sich mit Suchtstrukturen im Allgemeinen und Stalking im Besonderen auskennt. Der erste Schritt ist allerdings, sich als Stalker zu definieren. Manchmal eskaliert Stalking, weil einem niemand zuhören will. Man möchte so gerne etwas sagen und erklären, aber es gibt eine Mauer des Schweigens und der Ignoranz. Dann lässt man eben Taten sprechen.«

THERAPIE FÜR STALKER?

Stalking selbst ist keine Krankheit, und deswegen kann man es auch nicht heilen. Vielmehr geht es darum, die seelische Grunderkrankung, die dem Stalkingverhalten zu Grunde liegt, zu behandeln. Stalker verhalten sich oft wie »Verrückte«, und trotzdem sind sie nur selten geisteskrank, sondern zeigen lediglich Auffälligkeiten in ihrer Persönlichkeitsstruktur. Dazu der Psychologe Hans-Georg Voß: »Normal kann man sie nicht nennen, aber richtig krank im Sinne einer klinischen Definition sind nur sehr wenige.« Die Täter leiden in der Regel unter Persönlichkeitsstörungen und schwanken manchmal im Minutentakt zwischen Anhimmeln, Wut und Verzweiflung.

Eine Therapie von Stalkern ist zwar meist möglich, das Problem ist jedoch, dass sie selbst nur einen geringen Leidensdruck verspüren, sich immer im Recht sehen und deswegen in der Regel eine Therapie verweigern. »Die fühlen sich selten therapiebedürftig und sagen: Ich bin doch der Betrogene«, so Hans Georg Voß.

Um die Therapiebereitschaft zu erhöhen, muss der gesellschaftliche Druck auf den Stalker zunehmen. Stalking muss endlich als Straftat betrachtet werden und sowohl in der Öffentlichkeit als auch vom Gesetzgeber ernst genommen werden. Schärfere Gesetze würden viel häufiger als heute eine Zwangstherapie ermöglichen. Auch der Psychologe Jens Hoffman von der TU Darmstadt hält eine »Therapie für die Stalker als Auflage bei den Gerichtsurteilen für sinnvoll«. Ähnliches sagt Harald Dreßing, der Autor der Mannheimer Stalking Studie: »Ein neuer Therapieansatz soll beim Täter Mitgefühl für die Opfer auslösen. Die Erfahrung aus der Arbeit mit Sexualstraftätern zeigt, dass auch Zwangstherapie sinnvoll sein kann.« Trotzdem ist klar, dass eine Zwangstherapie viel geringere Erfolgsaussichten hat als eine freiwillig durchgeführte, bei der der Täter Leidensdruck verspürt und entsprechend motiviert ist. Erschwert wird die Therapie von Stalkern auch dadurch, dass Therapeuten zur bevorzugten Opfergruppe gehören und sich durch die Behandlung selbst der Gefahr aussetzen, gestalkt zu werden. (siehe dazu S. 48f)

2. TEIL

STALKINGOPFER ERZÄHLEN

Im zweiten Teil dieses Buches kommen Menschen zu Wort, die selbst zu Stalkingopfern wurden. Alle haben ihre eigene Geschichte, die sich von der der anderen oft in vielen Punkten unterscheidet. Einmal ist der Stalker der Ex-Mann, dann der Geliebte oder der Nachbar. Einige Opfer wurden auch von völlig Unbekannten bzw. Zufallsbekanntschaften verfolgt. In einigen Fällen wird der Stalker gewalttätig, in einer der folgenden Geschichten wurde das Opfer sogar vergewaltigt, mitunter bleibt es aber auch nur bei verbalen Drohungen oder aufdringlichen Liebesgesten. Einmal dauert das Stalking nur wenige Monate, und danach verschwindet der Stalker endgültig aus dem Leben seines Opfers, ein andermal verfolgt er es über Jahre, und noch ist kein Ende abzusehen. Unterschiedliche Menschen, unterschiedliche Schicksale. Und doch haben sie eines gemeinsam. Ein anderer ist in ihr Leben eingedrungen und hat es verändert, hat versucht, ihnen seinen Willen aufzudrängen und sie zu manipulieren. Sie alle kennen das Gefühl der Angst, das Gefühl, verfolgt und bedroht zu werden. Sie wissen, was es heißt, in seiner Bewegungsfreiheit eingeschränkt zu sein und in nervöser Anspannung auf den nächsten »Angriff« des Stalkers zu warten. Sie alle kennen die Hilflosigkeit und die Wut, wenn ihnen Unterstützung versagt wird und die staatlichen Behörden die Augen vor ihrem Leid schließen. Bei allen hat Stalking ihr Leben verändert – entweder zeitweise oder sogar ganz. In manchen Fällen kehrte das Opfer nach Beendigung des Falles wieder in sein früheres Leben zurück, in manchen Fällen hat sich das Leben der Opfer aber auch für immer verändert. Oftmals bleiben sogar körperliche Schäden zurück. Ebenso oft sind die Gestalkten aber auch aus ihrer scheinbaren Wehrlosigkeit ausgebrochen und haben den Kampf gegen den Stalker aufgenommen. Auch deren Leben hat sich verändert – aber anders, als es der Stalker wohl wollte. Sie sind selbstbewusster geworden und haben ihr Schicksal in die eigenen Hände genommen. Ich hoffe, dass gerade solche Beispiele vielen Stalkingopfern Hoffnung geben und ihnen Wege aus der Isolation weisen.

Ich bedanke mich bei allen meinen Gesprächspartnern für ihren Mut und ihre Aufrichtigkeit. Sie haben mit mir offen über ihr Schicksal gesprochen und dabei auch schreckliche Momente wieder aufleben lassen. Während der stundenlangen Gespräche ist so manche Träne geflossen, und trotzdem wollten alle »weitermachen«. Wollten alle ihren Beitrag leisten im Kampf gegen Stalking und dafür, dass Stalking endlich auch in den Augen der Öffentlichkeit als das betrachtet wird, was es ist – ein Verbrechen, das Menschen zerstört.

Nachsatz: Die Dramatik von Stalking wurde mir besonders bewusst, als ein Opfer in letzter Sekunde die Einwilligung zur Veröffentlichung der Geschichte zurückzog. Aus Angst, die Verfolgung könnte erneut zunehmen, untersagte es die die Veröffentlichung der anonymisierten Fallgeschichte.

ICH SEHE IN DEINEN AUGEN, DASS DU MICH LIEBST

Rainer K., 45, lernte auf einem Fest eine Frau kennen. Vielleicht sollte man besser sagen, »er wurde kennen gelernt«, denn er hatte kein Wort mit ihr gesprochen und ihre Anwesenheit überhaupt nicht wahrgenommen. Trotzdem gestand sie ihm ihre Liebe, und als er sie zurückwies, begann sie ihn zu stalken. Sie war in Südamerika geboren, ihre Familie lebte in Kanada, und sie arbeitete in Taiwan – die riesige Entfernung war für sie jedoch kein Hinderungsgrund. Sie »besuchte« ihr Opfer regelmäßig, verfolgte und belästigte es und überschüttete es mit scheinbaren Liebesbeweisen. Das Stalking hielt mehrere Jahre an, seit einigen Monaten ist jedoch Ruhe. Rainer K. aber ist überzeugt, es wird weitergehen, denn Pausen wie diese hatte es schon einige Male gegeben.

Als ich das Fest verlassen wollte, trat mir eine schöne dunkelhäutige Frau von Anfang 40 in den Weg. Sie stellte sich mir vor und sagte, es wäre sehr schade, dass ich gehen müsse und wir uns nicht hätten näher kennen lernen können. Trotzdem sei es schön gewesen, dass sie mich getroffen habe. Viele Bekanntschaften fangen so an. Manche Freundschaften beginnen so. Vielleicht sogar manche Ehen. In meinem Fall begann so die schwerste Zeit meines Lebens.

R. war die langjährige Freundin meiner Cousine und kam aus Kanada, um an diesem Fest teilzunehmen. Ich war eigentlich nur aus Zufall da. So eng ist meine Beziehung zu meiner Cousine nicht, und außerdem wohne ich am anderen Ende Deutschlands. Ich war nur auf dem Fest, weil ich zufällig am nächsten Tag in der Nähe einen Termin hatte. Gesprochen hatte ich mit R. den ganzen Abend nicht, ich saß an einem anderen Tisch, und sie war mir ehrlich gesagt nicht einmal aufgefallen.

Als mich meine Mutter einige Wochen später anrief und fragte, ob sie meine E-Mail-Adresse an meine Cousine weitergeben dürfe, weil ihre Freundin aus Kanada mir schreiben wolle, fühlte ich mich geschmeichelt. Ich hatte den Abend über kein Wort mit ihr geredet und schien sie doch beeindruckt zu haben. Meiner männlichen Eitelkeit tat das gut. Hätte ich nur damals schon gewusst ...

Die ersten Mails ließen nicht lange auf sich warten und waren nett. Sie erzählte von sich. Ausführlich. Von ihrer Jugend in Guyana. Vom Selbstmord ihres Onkels, dem einzigen Menschen, der sie geliebt habe. Davon, wie sie als Kind mehrfach vergewaltigt wurde. Sie schrieb, wie sie später nach Kanada ausgewandert sei. Von ihrem Volleyballtrainer, den sie geliebt habe, von ihrem Mann, den sie dagegen nie geliebt habe und von dem sie sich trennen werde. Von der Stelle in Taiwan, die sie in wenigen Wochen antreten wolle. Sie erzählte mir alles aus ihrem Leben. Irgendwie komisch, wenn ein wildfremder Mensch sein Herz so vorbehaltlos ausschüttet, dachte ich mir. Noch aber ahnte ich nichts Böses und antwortete auf ihre Mails. Nicht auf jede, denn dazu waren es auch am Anfang schon zu viele, aber immerhin einmal in der Woche saß ich an meinem PC und schrieb ihr einen Brief.

Bald schon gestand sie mir ihre Liebe. Ich antwortete ihr freundlich, dass ich sie zwar sehr nett finde, sie aber nicht liebe, das Gefühl, unglücklich verliebt zu sein, aber kenne und sie gut verstehe. Meine Antwort schien sie nicht zu schrecken, sie schrieb weiter, es kamen jetzt noch mehr Mails, in denen sie von sich und ihrem Leben berichtete. Meine Antworten wurden seltener, denn mit ihrem Schreibtempo konnte ich wirklich nicht mehr mithalten. Außerdem wollte ich ihr keine falschen Hoffnungen machen. Ich hatte damals aber noch nicht das Gefühl, dass sich irgendetwas falsch entwickeln würde – hätte mich jemand gefragt, hätte ich R. sicher als meine Brieffreundin bezeichnet. Über ihre Liebe zu mir sprach sie zunächst auch nicht wieder, und ich hoffte, dass sich eine ganz normale Freundschaft entwickeln würde. Irgendwann fragte sie mich, wann ich denn in A., dem Wohnsitz meiner

Cousine und meiner Mutter, sei. »Im Januar«, antwortet ich, und bald kam eine Mail zurück, in der stand, dass das doch ein schöner Zufall sei, da sie zu diesem Zeitpunkt auch dort sei und man sich doch treffen könne. Ich zögerte keine Sekunde und stimmte dem Vorschlag freudig zu. R. schien mir eine humorvolle und intelligente Person zu sein, und ich sah kein Problem darin, mit ihr auszugehen. Heute stelle ich mir die Frage, ob ich dadurch etwas provoziert habe. Aber nicht nur ich stelle die Frage – andere stellten sie später auch. Etwas anders formuliert. Bei der Polizei beispielsweise lautete sie so: »Hatten Sie etwas mit der Dame?« Nein, ich hatte nichts mit der Dame! Oder doch? Damals im Januar ging ich an drei Abenden mit ihr essen, hinterher etwas trinken, und wir hatten uns gut unterhalten. Auf dem Nachhauseweg hatte sie sich bei mir untergehakt. Am letzten Abend versuchte sie mich zu küssen. Erst schüchtern und zart. Gewehrt habe ich mich nicht dagegen. Zumindest zunächst. Im Nachhinein betrachtet hätte ich das wohl besser tun sollen. Nachdem wir uns geküsst hatten, änderte sich nämlich ihr Verhalten schlagartig. So als hätte sie dadurch den Besitz an mir erworben, begann sie mich zu bedrängen, und es war für die abendlichen Spaziergänger sicherlich eine lustige Szene, wie ein Mann mit zunehmender Verzweiflung eine kaffeebraune Schönheit zurückdrängt. Ich hätte sie doch geküsst, also würde ich sie lieben, sagte sie. Drei, vier Küsse – war es die unterschiedliche Wahrnehmung zwischen Mann und Frau? Hatte ich damit etwas versprochen, das ich nicht halten konnte und wollte? Wir begannen zu streiten, und ich schrie sie an, sie solle mich in Ruhe lassen. Immer wieder versuchte sie mich zu küssen bzw. mein Ohr zu lecken. Es war richtig eklig, ihre feuchte Zunge zu spüren. Auch wenn es komisch klingen mag, scheint das für sie ein besonderes Zeichen der »Inbesitznahme« oder Annäherung zu sein, denn egal wann sie mir später auflauerte, versuchte sie immer als Erstes mein Ohr zu lecken. Als ich sie schließlich mit meinem Auto zur Wohnung meiner Cousine gefahren hatte, bei der sie wohnte, weigerte sie sich, dort auszusteigen, versuchte mich wieder zu küssen und begann zu weinen. Sie liebe mich so sehr, und sie wüsste, dass ich sie auch liebe. Ich versuchte ihr immer wieder zu erklären, dass das garantiert nicht der Fall sei, aber sie schien nicht zu hören. In meinen schönen blauen Augen könne sie sehen, dass auch ich sie liebe, sagte sie. So als hinge ihr Leben davon ab, in dem Auto sitzen zu bleiben, klammerte sie sich an dem Sitz fest. Wann immer ich versuchte, sie aus dem Wagen zu drängen, hielt sie sich an mir fest und schrie: »Ich liebe dich so. Ich liebe dich so.« Es dauerte sicher eine Stunde, bis ich sie hinaus bugsiert hatte. Ich war ziemlich erleichtert, sie endlich los zu sein, und hoffte, dass damit das Ganze beendet sei. Ich sollte mich täuschen.

Im Folgenden änderte sich der Ton in den meisten ihrer Mails. Sie bezeichnete mich als ihren Gott und beendete fast jede ihrer Mails mit den Worten »Ich küsse deine Füße«. Sie wisse zwar nicht, ob ich Buddha sei, so erleuchtet wie er sei ich aber allemal. Zwischendurch kamen auch ganz normale Mails, in denen sie mich, wie schon vorher, äußerst detailgetreu über ihren Tagesablauf informierte. Ich wusste bald alles über das Liebesleben ihres Mitbewohners, die Rücksichtslosigkeit ihres Chefs und die Speisekarte ihres Lieblingsrestaurants. Zwischendurch bekam ich auch mal ein Rezept von ihr geschickt, denn schließlich sollte ich ihre Lieblingsspeise ausprobieren. Ich antwortete von nun an auf keine ihrer Mails, und damit hatte ich den Startschuss zum Telefonterror gegeben. Da sie immer zu Zeiten anrief, die für sie günstig waren, klingelte bei mir meist nachts das Telefon. Das kam auch mir entgegen, denn so hatte nur mein Anrufbeantworter das Vergnügen mit ihr. Mein AB war jeden Morgen randvoll mit ihren Nachrichten. Der Ton ihrer Anrufe wechselte zwischen Liebesschwüren, Verzweiflung und Beschimpfungen. Es war unangenehm, aber noch hatte ich immer nicht die Tragweite des Ganzen begriffen. Sie war ja weit weg, und was konnte mir da schon passieren. Etwa ein Jahr nach unserem ersten »Kennenlernen« rief sie mich an – nicht nachts, sondern zu einer normalen Tageszeit und sagte: »Ich bin jetzt in deiner Stadt, können wir uns treffen?« Ich war total überrascht und geschockt. Ich sagte ihr, dass ich nicht möchte, dass sie zu mir in die Wohnung kommt. »Gut, dann in einem Café«, sagte sie und nannte den Namen eines Lokals, das nur wenige hundert Meter von meiner Wohnung entfernt liegt. Offenbar hatte sie sich gut vorbereitet. Da ich Angst hatte, dass sie sonst vor der Wohnungstür auftauchen würde, stimmte ich zu. Eigentlich verlief das Treffen ganz unspektakulär. Wir tauschten Nichtigkeiten aus, und ich machte ihr klar, dass ich ihren Besuch ziemlich befremdlich fände. Sie erwiderte, sie habe einen Bekannten hier in der Nähe und sei nur gekommen, um ihn zu besuchen. Nach zwei Stunden verabschiedete ich mich, sie umarmte mich, stieg in ein Taxi und ... weg war sie.

Im Nachhinein war das Treffen ein großer Fehler. Ich hatte die Hauptregel im Kampf gegen Stalker missachtet – nämlich den Kontakt völlig abzubrechen und dem anderen nie, aber auch wirklich nie, die kleinste Hoffnung zu machen. Aber noch wusste ich nicht einmal was Stalking ist, geschweige denn, dass ich selbst gestalkt wurde. Ich dachte einfach, da ist jemand, der in dich verliebt ist und verrückt genug, um die halbe Welt zu fliegen, nur um sich mit dir in einem Kaffeehaus zu treffen. Wenn es damals aufgehört hätte, wäre das eine Episode gewesen, die man später amüsiert und vielleicht sogar mit leicht stolzem Unterton erzählt hätte.

Aus meiner damaligen Sicht hatte ich auch alles richtig gemacht. Ich hatte ihr verboten, mich in der Wohnung zu besuchen, ihr deutlich gesagt, dass ich nichts von ihr wolle, und mir weitere Besuche verbeten. Sie aber sah die Sache vermutlich anders. Wegen ihr hatte ich mich auf den Weg in die Kneipe gemacht und ihr dadurch zu verstehen gegeben, dass ich für sie zu Opfern bereit bin und sie nur hartnäckig genug sein müsste, dann würde ich schon nachgeben. Sie schickte weiter Mails und rief mich an – manchmal gab es aber auch Pausen, dann hörte und las ich zwei, drei, manchmal sogar vier Wochen nichts von ihr. Und begann zu hoffen, dass der Spuk vorbei sei. Regelmäßig ging es dann aber weiter. Und eines Tages kam dann eine Mail von ihr, in der sie ihre Ankunft am Flughafen für den übernächsten Tag ankündigte. Hätte ein Außenstehender die Mail gelesen, hätte er gedacht, hier schreibt eine sehnsuchtsvolle Ehefrau ihrem Mann: »Hallo Schatz, ich komme am Donnerstag um 16.20 Uhr am Flughafen an, ich fliege mit British Airways über London. Hol mich doch bitte ab. Ich freue mich auf dich und habe Sehsucht nach dir. Ach übrigens, wie ist denn das Wetter, ich weiß gar nicht, was ich anziehen soll?«

Natürlich habe ich sie nicht abgeholt. Um 19 Uhr stand sie mit zwei großen Koffern in der Hand vor meiner Tür. »Hallo, schön dich zu sehen«, flötete sie. Ich zischte nur: »Verschwinde« und knallte ihr die Tür vor der Nase zu. Stundenlanger Klingelterror und Klopfen an der Tür waren die Folge. Erst nachts um zehn verschwand sie. Am nächsten Morgen um acht war sie wieder da. Tagelang ging es so weiter. Morgens tauchte sie vor meiner Wohnung auf, nachts verschwand sie. Mal klingelte sie im Minutentakt, mal klopfte sie ständig, mal schrie sie, und dann wieder saß sie einfach ruhig vor meiner Tür. Las in einem Taschenbuch und trank aus der Wasserflasche, die sie immer dabei hatte. Manchmal brachte sie sich auch etwas zu essen mit. Wenn ich die Wohnung verlassen wollte, stürzte sie sich sofort auf mich, versuchte mich festzuhalten und mein Ohr zu lecken. Ich schob sie dann von mir weg, sprintete fünf Stockwerke die Treppe hinab und lief so lange vor ihr die Straße entlang, bis ich eine Straßenlänge Vorsprung hatte und so aus ihrem Blickfeld verschwunden war. Erst dann konnte ich mein eigentliches Ziel ansteuern. Für Außenstehende war unser kleiner Sprintwettkampf sicherlich ein lustiger Anblick. Besonders wenn man bedenkt, dass sie mir dabei immer noch laut hinterher brüllte, ich solle endlich stehen bleiben. Meine Nerven waren zum Zerreißen gespannt. Bei jedem Klingeln zuckte ich zusammen, jedes Verlassen der Wohnung wurde zum generalstabsmäßig geplanten Akt, und da sie meine Rückkehr vor der Wohnungstür abwartete, war auch das Nachhausekommen immer mit Aufregung verbunden. Das war sogar besonders schlimm, denn während ich mit zittriger Hand versuchte, den Schlüssel ins Türschloss zu bekommen, hatte sie sich meist schon am mir festgeklammert. Was folgte, war ein kleiner Ringkampf, den ich jeweils körperlich unversehrt, aber mit angeschlagenem Nervenkostüm als zweifelhafter Sieger beendete. Als sie wieder einmal besonders hartnäckig war und der Klingelterror gar nicht aufhören wollte, riss ich die Tür auf und drohte ihr: »Wenn du nicht sofort aufhörst, rufe ich die Polizei.« Sie lächelte mich nur ganz lässig an und sagte: »Mach das ruhig. Ich bin die Frau, du bist der Mann, und wenn du die Polizei rufst, werde ich denen schon was erzählen.« Ich verstand ihre Drohung sehr gut und fühlte mich ab diesem Moment noch unruhiger. Es war nicht nur so, dass ich nichts gegen sie machen konnte, sie hatte es in der Hand, mich in ziemliche Probleme zu bringen. In meinem Kopf liefen die verrücktesten Bilder ab. Was würde ich denn sagen, wenn sie sich ihre eigene Bluse zerreißt, zur Polizei geht und zu Protokoll gibt, ich hätte sie vergewaltigen wollen. Würde mir jemand glauben, wenn ich sage, dass sie mich belästigt und verfolgt? Denn in einem hatte sie ja Recht: Sie ist die Frau und ich der Mann.

Immerhin, im Vergleich zu anderen Stalkingopfern hatte ich noch Glück: Meine Stalkerin arbeitete in Taiwan, und deswegen dauerten ihre »Besuche« anfangs nur ein bis zwei Wochen, danach hatte ich wieder Zeit, um Luft zu holen.

Da ich beruflich viel unterwegs bin, war ich bei einigen ihrer »Besuche« auch nicht zu Hause. Einmal erhielt ich auf einer Dienstreise einen Anruf von einer mir unbekannten Nummer. Ich nahm das Gespräch an, und am anderen Ende war R. Sie sagte mir, dass sie jetzt vor meiner Wohnung stehe und ich dafür sorgen solle, dass sie irgendwie hineinkommen kann. Dort würde sie dann auf mich warten. Wenn ich das nicht tun würde, würde sie in die Wohnung einbrechen. Als ich wortlos auflegte, rief sie noch ein halbes Dutzend Mal an und wiederholte die Drohung in anderem Wortlaut immer und immer wieder. Ich hörte ihr zu, sagte aber selbst kein Wort. Schließlich bekam ich aber doch Panik, denn einen Einbruch traute ich ihr ohne weiteres zu. Ich rief deswegen die Polizeidienststelle, die am nächsten zu meiner Wohnung liegt, an und berichtete dem Beamten von den Telefonaten. Dem kam das wohl alles ziemlich merkwürdig vor, und er beschied mir ganz klar, dass sie da nichts machen könnten. Sollte sie wirklich einbrechen, könnte ich mich ja nach meiner Rückkehr immer noch bei der Polizei melden. Kein sehr beruhigendes Gefühl. Als ich einige Tage später nach Hause kam, stellte ich fest, dass sie nicht eingebrochen hatte. Dafür war aber die Wohnungstür von unten bis oben beschmiert. Unter anderem stand da: »Lass mich rein, ich wohne hier auch.« – »Ich vermisse dich« oder »Wo bist du?«, daneben war eine Art Teufelskopf gezeichnet, sozusagen ihre Signatur, mit der sie oft auch ihre Faxe »unterzeichnete«.

R. ist eine freundliche und liebenswürdige Person und hat immer ein Lächeln auf den Lippen. Die meisten Menschen, die ihr das erste Mal begegnen, finden sie sympathisch – so auch meine Nachbarin. Als R. das nächste Mal vor meiner Wohnung auftauchte, war ich im Urlaub. Kurz nachdem ich zurückgekommen war, klingelte es, und meine Nachbarin Frau Z. stand vor meiner Tür und strahlte mich freudig an. Sie hätte eine Überraschung für mich, ich solle sie doch in ihre Wohnung begleiten. Ich folgte ihr und stand bereits in ihrer Wohnungstür, als mir aus ihrer Küche R. entgegenrannte und mich umarmen wollte. Im Sprintschritt konnte ich mich gerade noch in meine Wohnung retten. Wie ich später in Erfahrung bringen konnte, hatte R. bei meiner Nachbarin geklingelt und ihr erzählt, sie sei eine Freundin von mir, die extra aus Taiwan gekommen sei, um mich zu besuchen. Irgendwie hätte sie wohl den Termin durcheinander gebracht, und jetzt sei ich nicht zu Hause. Nachdem sie erfahren hatte, dass ich noch im Urlaub bin, kam es offenbar zu einem netten Gespräch zwischen R. und Frau Z., und dabei fand die Nachbarin sie wohl so sympathisch, dass sie sie einlud, bei sich zu übernachten. Nun wohnte meine Stalkerin also direkt unter mir! Frau Z. war auch nicht davon zu überzeugen, dass R. mich verfolgte. Als ich sie anrief, um ihr den Sachverhalt zu erklären, sagte sie nur, das könne sie gar nicht glauben. R. sei doch so sympathisch. Natürlich war es wie ein Geschenk für meine Stalkerin, dass sie so nahe bei mir wohnen konnte. Von nun an stand sie auch nachts vor meiner Tür. Offenbar kam das auch der Nachbarin irgendwann etwas komisch vor, denn nach zwei weiteren Tagen (und Nächten!) warf sie R. dann endlich aus ihrer Wohnung. Trotzdem hörten ihre Besuche natürlich nicht auf, jetzt aber wieder zu ihren normalen Zeiten. An einem Tag klopfte sie alle zwei Minuten gegen die Tür. Ich hielt es nicht mehr aus und rief die Polizei an. Schilderte die Vorfälle und erhielt die lapidare Antwort: »Es ist doch nichts passiert, da können wir nichts machen.« Das ständige Klopfen und Klingeln an der Tür kommentierte der Beamte nur mit: »Wenn wir überallhin ausrücken würden, wo jemand an der Tür klingelt, hätten wir viel zu tun.«

Dass R. während meiner Abwesenheit meinen Briefkasten geleert, alle Briefe geöffnet und kopiert hatte, sie dann wieder verschlossen und in den Briefkasten zurückgelegt hatte, sollte ich erst später erfahren. Zunächst wunderte ich mich erst einmal, als ich eine Mail von ihr erhielt, in der stand: »Auf deinem Konto sind ja nur X-tausend Euro, das ist ja nicht so besonders viel.« Die Summe, die sie nannte, stimmte bis auf den Cent mit meinem letzten Kontoauszug überein. Ich bekam ziemliche Panik und fragte mich, ob R. sich ungeahnte Hackerkenntnisse angeeignet und die Pinnummer für mein Konto geknackt hatte.

Wenn R. nicht in Deutschland war, belästigte sie mich mit Telefonanrufen. Das nahm jedoch rapide ab, als ich meine eigene Stimme vom Anrufbeantworter löschte und eine Bekannte den Ansagetext aufsprechen ließ. R. rief zwar trotzdem noch an, und anfangs beschimpfte sie auch noch die ihr unbekannte Frauenstimme. Später aber legte sie meist wortlos wieder auf, wenn sie die weibliche Anrufbeantworterstimme zu hören bekam.

Bei ihrem nächsten »Besuch« brach R. in meine Wohnung ein. Über das Dach des Nachbarhauses gelangte sie auf meine Dachterrasse und verschaffte sich Zugang zu meiner Wohnung. Ich lag gerade im Bett, als ich Schritte im Gang hörte. Ich sprang entsetzt auf und stand ihr, nackt wie Gott mich schuf, gegenüber – wieder eine lustige Szene für eine Filmkomödie. Mir aber war gar nicht zum Lachen zu Mute. Wütend schob und zerrte ich sie aus der Wohnung. Vor der Tür rastete sie nun völlig aus, begann zu schreien und mit einem Stock gegen die Tür zu trommeln. Ich verständigte die Polizei, die auch schnell anrückte. Als die Beamten auftauchten, stand R. immer noch vor der Tür, und als ich die Polizisten hereinlassen wollte, versuchte auch sie sich in die Wohnung zu drängen. Als ein Polizist sie daran hindern wollte, schlug sie wild auf ihn ein. Daraufhin wurde sie festgenommen, nicht ohne vorher den Beamten zu versichern, dass sie mit mir verheiratet sei und sie das Recht habe, hier zu wohnen. Dieses »Wohnrecht« dokumentierte R. im Übrigen jedes Mal, wenn sie auftauchte, dadurch, dass sie das Türschild auswechselte und ihren Namen statt meinem dort anbrachte. Auf der Polizeiwache wurden ihre Personalien aufgenommen, und bei der Durchsuchung ihrer Handtasche fand man Kopien meiner Post. Egal ob private Briefe, Kontoauszüge oder Telefonrechnungen. Alles war säuberlich kopiert und archiviert. Jetzt klärte sich auch auf, wie sie meinen Kontostand wissen konnte. Sie hatte während meiner

Abwesenheit einfach den Brief der Bank geklaut und kopiert. Was mich wirklich irritierte, war die offensichtliche Professionalität, mit der sie ans Werk ging. Denn ich hatte absolut nichts davon mitbekommen, dass meine Post geöffnet worden war. In einem späteren Mail drohte mir R. auch einmal, wenn ich mich vor ihr verstecken würde, hätte sie ja jetzt genügend Telefonnummern, die sie anrufen könne, um nach mir zu fragen. Das hat sie bisher aber nicht getan, vor allem aber wahrscheinlich deshalb, weil sie kein Wort Deutsch spricht und deswegen von meinen Freunden sofort als meine Stalkerin erkannt würde.

Offenbar wurde R. damals von der Polizei eine Nacht lang festgehalten, denn am nächsten Tag erhielt ich ein Fax von ihr, in dem sie mir u.a. schrieb: »Die Polizei hielt mich 13 Stunden lang in Isolationshaft und hat mich gefoltert.« An andere Stelle hieß es im gleichen Fax: »Die Polizei will uns trennen, das darf sie nicht. Nur der Tod kann uns trennen.« Das hörte sich ziemlich drohend an, aber trotzdem war ich erleichtert, dass die Polizei nun endlich reagiert hatte. Am nächsten Tag kam sogar ein Kriminalbeamter ins Haus, um die Einbruchsspuren zu untersuchen. Obwohl er sich sehr bemühte, machte er mir keine großen Hoffnungen, dass ein Verfahren gegen R. eröffnet werden würde. Immerhin gab er mir dann noch den folgenden Tipp: »Wenn die Dame wiederkommt und sie nur klopft, können wir nichts machen. Wenn Sie aber auf ihr Klopfen hin die Türe öffnen und die Dame versucht, in die Wohnung zu kommen, Sie sie aber gleichzeitig deutlich auffordern zu gehen, dann ist das Hausfriedensbruch.« Ein guter Tipp, dachte ich und hoffte nun eine Handhabe gegen R. zu haben. Es dauerte aber noch eine Weile, bis ich den Ratschlag des Beamten in der Praxis ausprobieren konnte. Die Verhaftung durch die Polizei schien R. wirklich schockiert zu haben, am nächsten Tag erschien sie zwar heulend vor meiner Wohnungstür, klingelte aber weder an der Tür noch verlangte sie klopfend Einlass. Sie flehte mich an, dass ich zur

Polizei gehen müsse und aussagen solle, dass sie mir nichts Böses wolle. Danach verschwand sie und tauchte erst ein gutes halbes Jahr später wieder auf. Dann allerdings mit neuer Energie, und gleich am ersten Tag konnte ich den Ratschlag des Kripobeamten »ausprobieren«.

Nachdem sie versucht hatte, in meine Wohnung zu gelangen, erstattete ich, wie empfohlen, eine Anzeige wegen Hausfriedensbruchs. Die Kollegen auf der Wache zeigten deutlich weniger Verständnis für die Sache als der Kripobeamte. Sie nahmen zwar die Anzeige zu Protokoll, allerdings mit Kommentaren wie: »Na, dass eine schöne Frau an meine Tür klopft, wollte ich auch mal« oder »So schlimm kann es ja nicht sein, der geben Sie halt mal einen kleine Schubs, dann ist sie doch wieder aus der Wohnung draußen«.

Wenn das mal so einfach wäre. Das Vernehmungsprotokoll über die Vorfälle liest sich jedenfalls so:

Am 10. Juni tauchte Frau R. um 13.30 Uhr vor meiner Wohnung auf und klingelte. Ich öffnete die Wohnungstür, und als ich Frau R. sah, schloss ich die Tür sofort wieder. Daraufhin hörte ich zunächst etwa fünf Minuten lang nichts. Danach begann Frau R. wie wild an meine Tür zu klopfen und begehrte Einlass, immer wieder betätigte sie den Klingelknopf. Nach einiger Zeit öffnete ich die Tür und forderte sie auf zu gehen, andernfalls würde ich die Polizei verständigen. Wieder gab sie zunächst einige Minuten Ruhe, bevor das Klingeln und Klopfen an der Tür erneut begann. Als ich das nächste Mal die Tür öffnete, stand sie bereits direkt an der Türschwelle und betrat sofort meine Wohnung. Ich versuchte sie aus der Wohnung zu schieben, doch sie klammerte sich mit Gewalt an mich. Ich forderte sie erneut auf, die Wohnung zu verlassen, und drohte wieder mit der Polizei. Als Frau R. meiner Aufforderung nicht nachkam, ging ich in Richtung des im Arbeitszimmer stehenden Telefons. Sie ließ mich los und folgte mir. Als sie sah, dass ich zum Telefonhörer griff, versuchte sie, mir das Telefongerät zu entreißen. Immer wieder forderte ich sie zum Gehen auf. Frau R. reagierte nicht, vielmehr klammerte sie sich wieder an mich und sagte, dass sie nie mehr gehen werde. Dann warf sie sich auf den Boden und schrie laut: ›Ich werde nicht mehr gehen. Nein, nein, ich werde nicht mehr gehen.‹ Ich nutzte die Gelegenheit und griff den Hörer meines zweiten Telefons und wählte die Nummer der Polizei. Als sie dies bemerkte, sprang sie sofort auf, und es entbrannte erneut ein Kampf um den Telefonhörer. Im Verlauf dieses Kampfes warf sie bei mir auf dem Tisch gestapelte Bücher und Arbeitsunterlagen zu Boden – die Spuren dieser Auseinandersetzung konnten die Polizeibeamten, die den Fall später vor Ort aufnahmen, noch in Augenschein nehmen. Trotzdem gelang es mir, die Polizei zu verständigen, daraufhin rannte Frau R. aus der Wohnung.«

Protokolle wie dieses werden aber nur für die Ablage geschrieben, denn die Polizisten sagten mir ganz deutlich, dass wegen Hausfriedensbruchs gegen niemanden ein Verfahren eröffnet würde, und außerdem ginge das in meinem Falle schon gleich gar nicht, denn die Täterin wohne ja im Ausland, und dorthin könne man die Anklageschrift gar nicht zustellen. Und, so sei das nun mal im deutschen Recht, ohne dass die Anklage zugestellt werden kann, kommt es auch zu keiner Gerichtsverhandlung. Als ich die nächste Anzeige stellen wollte, ließ man mich zwei Stunden auf dem Revier warten, bevor man sich überhaupt um mich kümmerte – von da an war mir klar, dass ich auf die Hilfe der Polizei nicht würde zählen können.

Wenige Tage nach der letzten »Polizeiaktion« flatterte mir ein Schreiben eines Anwaltsbüros ins Haus. In dem wurde ich aufgefordert, »eine Klärung des Verhältnisses zu Frau R. herbeizuführen«, und »zu diesem Zweck zu einem zeitnahen Treffen« in die Büroräume der Anwälte gebeten. Dies sei notwendig, da nun schon mehrfach unberechtigte Polizeieinsätze gegen Frau R. durchgeführt worden seien. Abschließend hieß es: »Unserer

Mandantin ist an einer einverständlichen Klärung gelegen, so dass weitere Polizeieinsätze unnötig« würden.

Ich konnte nicht glauben, was ich da las. Ich werde jahrelang von einer Stalkerin verfolgt und belästigt, mein Leben wird auf den Kopf gestellt, und dann bekomme ich einen Brief, in dem steht, es sei ihr an einer einvernehmlichen Klärung gelegen. Was gibt es da zu klären? Habe ich sie gebeten, mich zu belästigen? Die Lösung ist einfach und dazu braucht man auch keine Anwälte – sie verschwindet und lässt mich in Ruhe. Natürlich habe ich auf den Anwaltsbrief nicht geantwortet. Eine »einvernehmliche Lösung« mit einer Stalkerin ist nicht möglich und deshalb hätte das Treffen sicher nichts gebracht, allenfalls die Gewissheit für sie, dass sie mich dazu zwingen kann, sie zu treffen. Ein Brief eines Anwalts, und schon sitze ich ihr gegenüber.

Die Frage, die mich damals bewegte, war, ob Anwälte wirklich so wenig über Stalking wissen, dass sie sich, ohne es zu wissen, zum Handlanger eines Stalkers machen lassen.

Immer wenn R. auftauchte, versuchte ich nun bei Freunden unterzutauchen, oder aber ich verhielt mich in meiner eigenen Wohnung still und leise, um den Anschein zu erwecken, ich sei nicht zu Hause. Dann schlich ich auf Zehenspitzen durch die Wohnung und nutzte nur noch das Schlafzimmer zum Leben. Das war nämlich am weitesten von der Wohnungseingangstür entfernt, und wenn ich mich dort aufhielt, konnte man dies draußen nicht hören. Es mag sich lächerlich anhören, aber selbst der Gang zur Toilette wurde zum Problem. Die war nämlich insofern ungünstig gelegen, als man die Spülung im Treppenhaus hören konnte. An Tagen, an denen die Stalkerin »Wache« hielt, konnte ich deswegen nur noch abends, nachdem sie gegangen war, die Spülung betätigen. Immerhin: Manchmal hatte mein Versteckspiel Erfolg, und sie verschwand, nachdem sie zwei, drei Tage lang keinen Ton aus der Wohnung gehört hatte. Leider aber nicht in Richtung Taiwan oder Kanada, sondern sie setzte sich in den nächsten Zug und fuhr quer durch Deutschland zum Haus meiner Mutter, um dort nach mir zu suchen und dort den selben Klingelterror zu beginnen, den sie sonst an meiner Wohnung aufführt.

Bei einem ihrer nächsten Besuche erhielt ich plötzlich einen Anruf ihrer Mutter aus Kanada. Ganz freundlich fragte die mich, wo denn ihre Tochter sei, denn sie müsse mit ihr sprechen. Ich war zunächst völlig perplex und fragte etwas unwirsch zurück, warum sie denn R. gerade bei mir vermute und ich doch wohl der Letzte sei, der etwas mit ihr zu tun haben wolle. Jetzt war ihre Mutter genauso irritiert wie ich. Im Laufe des Gesprächs ergab sich, dass R. zu Hause bereits seit Jahren von ihrem »Verlobten« in Deutschland erzählt hatte, der total nett sei und den sie bald heiraten werde. Dieser »Verlobte« war ich! Wenn sie zu mir kam, um eine Woche vor meiner Wohnungstür zu campieren, kündigte sie das zu Hause auch an – allerdings als Fahrt zu ihrem Verlobten. R.s Mutter war so schockiert, als ich ihr die Wahrheit erzählte, dass sie sofort die gesamte Verwandtschaft alarmierte, und schon am nächsten Tag rief mich R.s Schwester an. Sie kündigte an, dass sie nach Deutschland kommen werde, um R. zurückzuholen. Ich weiß nicht, ob sie das getan hat. Was ich weiß, ist, dass R. am nächsten Tag verschwunden war. Wieder keimte Hoffnung in mir auf. Jetzt hatte ich die Familie als Verbündete, und gemeinsam würde es uns sicher gelingen, R. von ihrem Wahnsinn abzubringen. Inzwischen hatte sie ihre Arbeit in Taiwan ohnehin verloren – vermutlich war sie häufig zu spät aus ihrem Stalkingurlaub in Deutschland zurückgekommen –, und sie lebte bei der Familie in Kanada. Da würde sie unter dem direkten Einfluss ihrer Mutter und ihrer Schwester stehen, und die würden sicher dafür sorgen, dass sie nicht mehr bei mir auftaucht. Nach einigen Wochen erhielt ich aber einen Anruf von R.s Schwester. Sie wolle mir nur sagen, dass R. auf dem Weg nach Deutschland sei, berichtete sie mir. Mich zu warnen, sei das Einzige, was sie für mich tun könne. Die Familie hatte versucht, für R. einen Termin beim Psychotherapeuten zu vereinbaren, doch die hatte sich geweigert, dorthin zu gehen, denn sie sei schließlich völlig gesund. Außerdem würde ich sie abgöttisch, lieben und meine Zurückweisungen seien nur ein Test. Dadurch wolle ich nämlich herausfinden, ob sie mich ebenso liebe wie ich sie. Ein verrücktes Konstrukt. Je mehr ich zeigte, dass ich nichts von ihr wollte, desto mehr fühlte sich R. bestätigt, denn für sie war jede Ablehnung Teil einer weiteren Prüfung, die sie bestehen musste.

R. hatte gedroht, dass sie es nicht hinnehmen werde, wenn ihre Familie sich zwischen sie und ihren »Freund« stellen würde. Nach heftigen Streitigkeiten hatte sie deswegen den Kontakt zu ihrer Familie völlig abgebrochen und war in einer Nacht- und Nebelaktion verschwunden. Das Einzige, das sie zurückließ, war ein Zettel, auf dem stand, »ich fliege nach Deutschland«. Jetzt war meine Lage noch schlimmer als je zuvor. R. hatte alle Brücken hinter sich abgebrochen und keinen Anlaufpunkt mehr, zu dem sie zurückkehren konnte. Ihre Arbeitsstelle in Taiwan hatte sie verloren, und mit ihrer Familie in Kanada hatte sie gebrochen. Da ich von ihrer Schwester gewarnt worden war, tauchte ich die nächsten Wochen bei Freunden unter. Als sie mich in meiner Wohnung nicht antraf, fuhr sie zunächst an die Ostseeküste an meinen alten Wohnort und fragte dort bei meinem Nachmieter nach mir. Der erzählte mir von einer freundlichen, aber ziemlich aufdringlichen Südamerikanerin, aber das hätte er gar nicht machen müssen. R. selbst hielt mich per E-Mail detailliert darüber auf dem Laufenden, wo sie gerade nach mir fahndete. Sie schickte mir auch die Kopie einer Rundmail, die an alle ihre Freunde ging. Darin stand in etwa, dass ich mich vor ihr verstecke und sie nun die Unterstützung aller Freunde brauche, damit sie mich finden könne. Sie gab einige Hinweise, wo ich mich aufhalten könnte, und sagte, sie werde nicht aufgeben, bis sie mich gefunden habe. Irgendwie fand ich die Mail amüsant, denn keiner ihrer Freunde wohnte in Deutschland, und selbst wenn sie gewollt hätten, hätten sie ihr kaum bei der Suche nach mir helfen können. Als sie mich an meinem alten Wohnort nicht fand, tauchte sie wieder einmal bei meiner Mutter auf. Inzwischen hatte ich schon ein wenig schlechtes Gewissen, denn wenn ich mich versteckte, wusste ich, dass sie dann meine Mutter stalkte. Vor ihr unterzutauchen hieß also, meine Mutter ihren Belästigungen auszusetzen. Eine Episode reihte sich an die andere. R. tauchte jetzt immer häufiger auf, und irgendwie schien sie endgültig jeden Kontakt zur Realität verloren zu haben. Einmal erhielt ich eine Mail von ihr, in der sie sich begeistert über ein Sexerlebnis mit mir ausließ und von unseren heißen Liebesnächten schwärmte. Ein andermal nannte sie mich ihren besten Freund. Ich sei der Einzige, der sie verstünde, und sie bedankte sich für die »Erleuchtung«, die sie durch mich erfahren habe. Weder hatte ich je Sex mit ihr, noch hatte ich die letzten Jahre mit ihr ein Wort gewechselt. Dann schrieb sie, sie hätte jetzt einen Altar mit Fotos von mir aufgebaut, an dem sie täglich bete. Woher sie diese Fotos hat, ist mir bis heute ein Rätsel – ob sie mich sogar heimlich fotografiert hat? Zum Schluss lagen zwischen den einzelnen »Besuchen« allenfalls noch zwei Wochen. Einmal war eine Freundin, zusammen mit ihrem kleinen Kind, bei mir zu Besuch. R. war völlig in Panik, weil sie befürchtete, dass das Kind von mir sein könnte. Offenbar bewegte sie die Frage so sehr, dass sie meine Cousine, die jahrelang ihre beste Freundin war, anrief. Die hatte die Tragweite des Stalkings immer noch nicht verstanden und gab R. auf ihre Frage bereitwillig Auskunft und damit sozusagen Entwarnung. Jetzt verfolgte R. mich und die Freundin überall durch die Stadt und schwärmte, dass das Baby so schön sei und sie auch ein so schönes Baby von mir wolle. Auch in den Mails, die bei mir in den folgenden Tagen eintrafen, sprach sie nur noch davon, dass sie ein Baby von mir wolle, wir uns aber beeilen müssten, denn sie sei ja nicht mehr die Jüngste. Meine Bekannte umschmeichelte sie, wann immer sie ihr im Treppenhaus begegnete. Das tat sie übrigens bei allen meinen

Besuchern – egal ob Mann oder Frau, zu allen war sie ausgesucht freundlich, nie in irgendeiner Weise aggressiv. In ihren Mails las sich das dann aber ganz anders. Ich gehöre ihr alleine, stand da, und ich solle nicht wagen, noch einmal eine Frau ohne ihre ausdrückliche Erlaubnis in meine Wohnung zu lassen. Nur sie sei die Richtige für mich, und ich solle mich nun endlich zu ihr bekennen, denn schließlich wüsste sie doch, wie sehr ich sie liebe.

Nach kurzen Pausen, in denen sie offenbar zurück nach Taiwan oder Kanada flog, tauchte sie immer wieder vor meiner Wohnung auf ... und sie hatte ihre »Überwachungstechnik« nochmals verfeinert. Ab jetzt »versiegelte« sie nämlich meine Wohnung, wenn sie nicht Wache hielt. Das heißt, sie trug eine dünne Klebstoffschicht auf das Türschloss auf, die ich zerstören musste, wenn ich die Wohnung betreten wollte. So konnte sie immer erkennen, ob ich zu Hause war. Allein dadurch, dass ich mich in der Wohnung absolut ruhig verhielt, konnte ich nun die Illusion meiner Abwesenheit nicht mehr aufrecht erhalten.

Immer verzweifelter versuchte sie, in meine Wohnung zu kommen. Wenn Freunde, die mich besuchen wollten, vor meiner Tür standen, klammerte sich R. an sie und bettelte: »Bitte lass mich mit rein.« Dabei war sie meinen Besuchern gegenüber nie aggressiv, drohte nicht und schlug auch nicht auf sie ein. Sie klammerte sich aber teilweise mit solcher Heftigkeit am Arm, der Schultern oder der Hüfte fest, dass sich meine Gäste mit Gewalt befreien mussten. So mancher Hemdenknopf blieb bei solchen Aktionen auf der Strecke. Verständlicherweise bekam ich immer weniger Besuch. Wer mich treffen wollte, der tat dies von nun an in der Kneipe oder lud mich zu sich nach Hause ein.

Erfreulicherweise erwiesen sich meine Freundschaften alle als sehr stabil, und niemand kehrte mir in dieser Zeit den Rücken. Das hätte auch anders sein können, denn einfach war der Umgang mit mir damals sicher nicht. Ich sagte unzählige Verabredungen kurzfristig ab, weil die Stalkerin vor meiner Tür stand und war sicher auch nicht immer der angenehmste Gesprächspartner. Wirklich entspannt war ich auch dann nicht, wenn ich mit Freunden in der Kneipe saß, denn ich wusste ja, dass sie mir auf dem Nachhauseweg vor der Wohnung auflauern würde.

Die Freunde blieben aus, aber der Briefträger klingelte weiterhin, wenn er ein Paket abliefern wollte. Auch dann nutzte sie die Chance und versuchte sich, an ihm und mir vorbei, in die Wohnung zu zwängen. Ein paar Mal trugen wir vor dem Postmann regelrechte Gefechte aus – keine Ahnung, was der Arme sich dabei gedacht hat. Danach erzählte ich ihm meine Geschichte und bat ihn, meine Päckchen beim Nachbarn abzugeben. Von dort konnte ich sie dann in unbeobachteten Augenblicken abholen.

Da ich in der Großstadt wohne, schaffte sie es nie meine Lieblingskneipen und Stammlokale herauszufinden. Trotzdem wusste sie offenbar, in welchen Gegenden der Stadt ich unterwegs bin. So passierte es immer wieder, dass sie mitten in der Nacht hinter einer Litfaßsäule oder einem Baum hervorsprang, um mich zu umarmen. Oder sie lauerte mir an einer Straßenecke auf und lief mir hinterher. Da war es ihr dann auch egal, ob ich allein unterwegs war oder nicht.

Immerhin: Wenn sie in Deutschland war, gab es kaum Telefonterror. Die meiste Zeit des Tages saß sie zwar ohnehin vor meiner Tür, aber auch in der übrigen Zeit blieb es ruhig. Telefonieren aus der Telefonzelle war ihr offenbar zu aufwändig. Das änderte sich von dem Zeitpunkt an, an dem sie ein Handy mit deutscher Nummer gekauft hatte. Von da an klingelte mein Mobiltelefon nahezu ständig, wenn ich unterwegs war. Nach ein paar Tagen gab ich auf – es hatte keinen Zweck. Ich kaufte mir ein neues Handy mit einer ihr unbekannten Nummer, und das alte blieb zu Hause in der Schublade. Ziemlich umständlich. Denn wegen meines Berufes muss ich jederzeit erreichbar sein und musste deshalb dafür sorgen, dass meine neue Nummer bei allen Geschäftskontakten und Freunden bekannt wurde.

Gleichzeitig aber musste ich darauf achten, dass die Stalkerin keinesfalls die Nummer erfährt. Auch diese Episode endete nach einigen Wochen, und wieder verschwand sie aus Deutschland, nicht jedoch aus meinem Leben. Von der weiblichen Stimme auf dem Anrufbeantworter war sie aber immer noch abgeschreckt. Jetzt schickte sie meterlange Faxe. Faxe wie dieses:

»Hallo, das Einzige, was ich sagen kann, ist, dass ich mein ganzes Leben nach dir gesucht habe. Du warst schon immer in meinen Träumen. Auch als ich noch ein Kind war. Du warst der König in einem weit entfernten Land, den ich suchen musste. Du bist der König der mich rettet. Von jetzt an werde ich für immer glücklich sein. Gib mir mein Glück! Gib mir meinen Schatz!! Ich will meinen Schatz!!!!«

In einem anderen Fax kündigte sie ihren Selbstmord an. Dies wäre ein Brief, um sich zu verabschieden, stand dort, und sie könne und wolle ohne mich nicht mehr weiterleben. In langen Sätzen schwärmte sie von unserer Vereinigung nach dem Tod und beendete den Brief mit den Worten: »Morgen um genau 12 Uhr werde ich sterben.«

Einige Tage später kam die »Entwarnung« – wieder per Fax. Ich würde sie nicht loswerden und brauche mir keine Hoffnung zu machen, dass sie je von mir lassen werde, stand dort. Unterzeichnet war der Brief nicht nur mit ihrer Unterschrift, sondern auch mit dem Teufelskopf, den sie auch sonst oft als ihr »Zeichen« hinterließ. Nicht nur Faxe, sondern auch Päckchen kamen in dieser Zeit an – immer mit »Geschenken«. Mal waren es Erkältungstees, weil sich mich hinter der Türe hatte husten hören, mal ein Slip und ein andermal getragene Socken. Was sie damit wollte? Ich weiß es nicht. Vielleicht haben Socken und Strümpfe für sie eine wichtige Bedeutung, denn die steckten auch immer wieder mal in meinem Briefkasten.

Aus beruflichen Gründen war ich in der Folgezeit kaum noch zu Hause. Zwar tauchte R. zunächst trotzdem auf und war auch immer wieder bei meiner Mutter, aber als sie mich immer seltener zu Hause antraf, beschränkte sie sich nur noch auf Mails und Anrufe. Auch die wurden allmählich weniger, und seit zirka sechs Monaten habe ich nichts mehr von ihr gehört. Allerdings glaube ich nicht, dass damit die Nachstellungen ein Ende haben. Denn zwischendurch gab es immer wieder einmal kürzere und längere Pausen, und eine jede endete damit, dass danach das Stalking heftiger als zuvor weiterging.

Wenn ich meine Geschichte selbst lese, kann ich nicht glauben, wie viel ich mir habe gefallen lassen. Wer das hier liest, wird sicher denken, es kann doch nicht so schwer sein, eine Frau von der Wohnungstür wegzubekommen. Versuchen Sie das mal ohne Gewalt und mit Mitteln des Rechtsstaats. Das ist nahezu unmöglich.

Anmerkung: Kurz vor Drucklegung meldete sich Herr K. nochmals bei mir, die Stalkerin hatte wieder Kontakt zu ihm aufgenommen – vorerst nur telefonisch.

STALKING AUS GEIZ

Claudia K. trennte sich nach vielen Ehejahren von ihrem Mann, seitdem wird sie von ihm gestalkt. Seine Hauptmotivation ist Geld, denn durch die Trennung sieht er sich übervorteilt. Claudia K. lebt heute in einer neuen Beziehung, das Stalking hält aber weiterhin an.

Ich war 19, Günther war 27, als wir uns kennen lernten. Für uns beide war es die erste richtige Beziehung. Irgendwie war der Anfang bei uns ganz typisch, so wie man sich die Geschlechterrollen klischeehaft vorstellt. Ich wollte möglichst schnell mit ihm zusammenziehen und wünschte mir Kinder. Er war eher der »Sohn-lässt-sich-von-Mama-bekochen-Typ« und konnte sich eine Familie so gar nicht vorstellen. »In diese Welt setze ich keine Kinder«, sagte er mir ganz oft. Aber ich gab keine Ruhe – im Nachhinein betrachtet war das sicher ein Fehler von mir. Wahrscheinlich wäre es besser gewesen, wenn ich eingesehen hätte, dass Günther kein Familienmensch ist. Nach sieben Jahren zogen wird doch zusammen, und dann ging alles ganz schnell. Verlobung, Heirat und schließlich das Kind. Es stimmt, zu allem musste ich ihn überreden, und er hat sich immer breit schlagen lassen. Das wirft er mir heute noch vor.

Eigentlich war schon die Heirat Quatsch. Denn als wir nach neun Jahren heirateten, hatten wir uns nicht mehr sehr viel zu sagen. Aber ich wollte eben meine Prinzessinnenhochzeit. Ganz in Weiß und sehr romantisch. Die habe ich auch bekommen. Kurz nach unserer Hochzeit verliebte ich mich in einen anderen, aber weil ich damals schon schwanger war, konnte daraus nichts werden. Trotzdem war das schon ein erstes Warnzeichen. In neun Jahren hatte ich mich nicht einmal nach einem anderen Mann umgesehen und jetzt das. Es lief nicht mehr gut, doch die richtigen Probleme begannen erst, als das Kind auf die Welt kam.

Während der Schwangerschaft war noch alles bestens, und es sah fast so aus, als könnte uns das Kind wieder zusammenbringen. Bei der Geburt war Günther sogar dabei und hat mich toll unterstützt. Auch deswegen war das ein wahnsinnig schönes und positives Erlebnis. Bei ihm löste die Geburt aber fast ein Trauma aus. Zu keinem Zeitpunkt konnte er die Vaterrolle annehmen. Am Anfang hieß es nur: »Lass mir Zeit.« Bald aber flüchtete er regelrecht aus der Familie. Am Wochenende trieb er sich stundenlang auf Flohmärkten rum und kaufte »für uns« ein. Wenn er dann mal zu Hause war, saß er vor dem Fernseher. Unser Kind war ein richtiges Schreikind. Nächtelang lag der Kleine wach und hat gequengelt. Heute glaube ich, dass er einfach gegen die Situation in unserer Familie angebrüllt hat. Damals fand ich es einfach nur anstrengend. Von Günther konnte ich keine Hilfe erwarten. Nach der Geburt des Kleinen fing er wieder an bei seiner Mutter zu essen, und kurz darauf zog er aus dem gemeinsamem Schlafzimmer aus. Wo immer es ging, versuchte er dem Baby aus dem Weg zu gehen.

Wir waren schon eine komische Familie, hier die Mutter und ihr Kind, die beide ziemlich aufeinander fixiert waren, und da der Vater, der sich am liebsten aus allem heraushielt und möglichst wenig mit seinem Kind zu tun haben wollte. Was die Finanzen anging, lief bei uns schon immer alles getrennt. Ein gemeinsames Konto hatten wir nie, und wenn mal größere Anschaffungen für das Kind anstanden, musste ich ihm jede Mark einzeln abbetteln. Deswegen bin ich schon bald stundenweise arbeiten gegangen. Noch lebten wir zusammen, aber wir waren eigentlich schon keine Familie mehr. Er hatte seinen Fernseher, da brauchte er uns gar nicht mehr. Immer wieder versuchte ich mit ihm zu sprechen und ihn zu einer Eheberatung zu überreden. Mit so einem »Psychoquatsch« wollte er nichts zu tun haben. Ich glaube, er sah auch gar nicht, wie schlecht es um uns stand. Ich war unglücklich, aber nicht in der Lage, etwas zu ändern.

Ein erster Gedankenanstoß kam für mich, nachdem wir schon fünf Jahre verheiratet waren. Damals ließ sich meine 80-jährige Tante nach 50 Ehejahren scheiden! Als ich sie besuchte, strahlte sie mich an und sagte: »Jetzt bin ich das erste Mal in meinem Leben glücklich.« Dieser Satz war für mich ein Schock. 50 Jahre, ein ganzes Menschenleben lang, war meine Tante verheiratet. Sie hat funktioniert und getan, was man von ihr erwartete. Dafür hat sie ihr Glück geopfert. Erst am Ende ihres Lebens hat sie den Mut gefunden, sich zu lösen und ihr eigenes Leben zu führen. Das darf mir nicht passieren! Bei mir schrillten die Alarmglocken. Ich war zwar noch jung, doch wenn ich nicht aufpasste, würde ich eines Tages aufwachen und feststellen, dass ich mein Leben verpasst hatte. Zur gleichen Zeit besuchte ich auch einen Reiki Kurs. Es klingt vielleicht komisch, aber er hat mir dabei geholfen, erwachsen zu werden. Bis dahin brauchte ich immer jemanden, an dem ich mich festhalten konnte. Jetzt war ich entschlossen, etwas zu verändern. Nochmals suchte ich die Aussprache mit Günther. Wie meist redete ich, und er sagte nichts. Ich stellte ihm schließlich ein Ultimatum: »Ich werde mit dem Kind verreisen, wenn wir zurückkommen, will ich eine Entscheidung über die Beziehung.« Als wir zurückkamen hatte sich nichts verändert, außer, dass die Wohnung frisch gestrichen war. Nachdem wir schon getrennt waren, sagte mir Günther, dass er doch was für unsere Beziehung getan habe. Er habe doch die Wohnung gestrichen und mir so gezeigt, dass er mit mir zusammenbleiben wolle. Mir aber war damals eine frisch gestrichene Wohnung nicht genug. Trotzdem dauerte es noch einige Monate – und einen weiteren heftigen Streit –, bis ich endlich Schluss machte. Erst mal war das nur eine Entscheidung für mich, denn noch war ich zu feige, es ihm zu sagen. Ich hatte so lange versucht, unsere Beziehung zu retten, jetzt war sie am Ende. Bei mir waren alle Gefühle abgestorben. Mit einem Mal war ein Zurück für mich undenkbar, selbst wenn ich gemusst hätte, ich hätte es nicht mehr gekonnt. Irgendwann lernte ich dann im Kindergarten einen allein erziehenden Vater kennen. Wir fanden uns von Anfang an sympathisch, doch zuerst trauten wir uns nicht so recht. Doch irgendwann blieb es dann nicht mehr beim gemeinsamen Kaffee, knutschend und Händchen haltend zogen wir durch die Stadt. Allmählich bekamen das auch die Leute mit, und da ich in einer Kleinstadt wohne, war nun spätestens der Zeitpunkt gekommen, an dem ich es Günther sagen musste. Er sollte nicht von den Nachbarn erfahren, dass seine Frau einen anderen hatte. Carsten, mein neuer Freund, hat mir den Mut gegeben, den Schlussstrich zu ziehen, der Grund dafür war er nicht. Als ich Günther sagte, dass ich mich von ihm trenne, hat er ganz ruhig nach dem Grund gefragt und ist dann aufgestanden und weggefahren. Am nächsten Tag kam er nach der Arbeit nach Hause, so als ob nichts passiert sei. Wie jeden Tag küsste er mich zur Begrüßung auf die Wange und wie jeden Tag fragte er: »Was gibt es zum Essen?« Als ich sein Spiel nicht mitspielte, wurde er wütend und schrie mich an. Ich könne machen, was ich wolle, aus der Wohnung würde ich ihn sowieso nicht rausbekommen. Aus der »Wohnung deiner Eltern«, hätte er sagen sollen, denn seit wir zusammengezogen waren, wohnten wir mietfrei in deren Haus. Plötzlich war er auch bereit, mit mir zur Eheberatung zu gehen oder sich von dem Pfarrer, der uns getraut hatte, beraten zu lassen. Es war zu spät – worüber ich mich ein Jahr zuvor noch gefreut hätte, war jetzt völlig bedeutungslos für mich. Ich wollte nur noch, dass er geht. Seine Stimmungen wechselten schnell und schwankten zwischen Wut und Verzweiflung. Am einen Tag drohte er noch, »uns das Dach über dem Kopf anzustecken«, am nächsten versuchte er, mir ein schlechtes Gewissen zu machen: »Ich schaffe das nicht«, sagte er dann, oder er kündig te an, gegen einen Brückenpfeiler fahren zu wollen. Immer wenn die Rede auf meinen neuen Freund kam, wurde er aggressiv und drohte: »Das Schwein hat unsere Ehe zerstört, den bring ich um.« Er hat zwar oft gedroht, gewalttätig wurde er damals aber nur ein einziges Mal. Als es wieder wegen meines Freundes zum Streit kam, würgte er mich so lange, bis ich dachte, ich würde ersticken. Aufgehört hat er erst, als das Kind wach wurde, ins Zimmer gerannt kam und schrie: »Papa, was machst du denn da?« Obwohl wir, wie erwähnt, im Haus meiner Eltern wohnten, weigerte sich Günther nach wie vor auszuziehen. Ein paar typische Sätze, die mir jetzt noch in den Kopf kommen, lauten in etwa: »Zieh doch du aus, dann geh ich deinen Eltern auf die Nerven« oder »Ich habe das ganze Haus gestrichen und tapeziert, das habe ich gemacht, damit ich hier leben kann« oder auch: »Wenn ich nicht bei deinen Eltern hätte mietfrei wohnen können, dann hätte ich dich nie geheiratet und kein Kind mit dir bekommen.«

Er kümmerte sich nicht darum, eine eigene Wohnung zu finden, tat einfach so, als wäre nichts geschehen. Wie schon vorher, saß er Tag für Tag nach der Arbeit vor dem Fernsehapparat und trank gemütlich sein Bier. Wenn er erfuhr, dass ich mit meinem Freund zusammen war, reagierte er aggressiv und drohte ihm etwas anzutun. Um uns alle zu schützen, sagte ich ihm deswegen irgendwann, ich hätte die Beziehung zu Carsten »auf Eis gelegt«. Ich glaube, als er das hörte, sah er sich schon als halber Sieger. Vermutlich dachte er, er hätte mich wieder so weit, dass ich kuschte. Und wirklich ließ ich die Beziehung zu meinem neuen Freund nur noch auf Sparflamme laufen. Aus Angst, Günther zu reizen, trafen wir uns heimlich im Café und sahen uns nur noch selten. Es war schon ein komisches Gefühl, mit dem Mann, der mich bedrohte, unter einem Dach zu leben, und den, den ich liebte, nur heimlich treffen zu können. Noch heute bin ich Carsten dankbar, dass er damals so verständnisvoll reagiert hat und die Zeit mit mir durchgestanden hat.

Meine Freunde hielten mich für verrückt und drängten mich, mich endlich mit Carsten öffentlich zu zeigen, damit es Günther »endlich kapieren« würde. Aber solange er noch bei uns wohnte, hatte ich einfach zu viel Angst.

Nachts ging er oft in die Wohnung meiner Eltern hinunter, in deren Haus wir ja wohnten, und beschimpfte sie. Beide sind alte Leute, die schon über achtzig sind. Sie waren deshalb seinen Drohungen hilflos ausgesetzt. Nach solchen Aktionen war besonders meine Mutter immer total verstört. Einmal weckte er die beiden sogar weit nach Mitternacht auf, nur um ihnen laut schreiend klar zu machen, wie furchtbar ihre Tochter doch sei. Und ausziehen würde er nie, darüber sollten sie sich klar sein. Die letzte Drohung immerhin sollte sich nicht bewahrheiten.

Nach über einem Jahr – und nachdem ich ihm zusammen mit seiner Mutter eine Wohnung besorgt hatte – zog er endlich aus. Damals dachte ich, jetzt wäre alles vorbei und ich könne endlich neu anfangen. Doch es ging alles erst los. Anfangs hatte er noch den Wohnungsschlüssel und kam und ging, als wäre es nach wie vor seine Wohnung. Immer wieder kam es zum Streit über diesen blöden Schlüssel. Irgendwann hat er mir dann einen Zettel auf den Tisch geknallt und gesagt, wenn ich den unterschreibe, wird er mir den Schlüssel zurückgeben. Er hatte mir ein Schreiben vorgelegt, in dem ich versichern sollte, dass ich auf Ehegattenunterhalt verzichte. Ich unterschrieb, mir war das egal. Ich wollte ihn nur los sein. Ordentlich faltete er das Blatt zusammen, steckte es ein und wandte sich zur Tür. Dann holte er aus, und Sekundenbruchteile später flog mir der Schlüsselbund am Kopf vorbei und krachte hinter mir an die Wand. Auch später, wenn er den Kleinen abholte, betrat er die Wohnung so, als wäre es nach wie vor seine eigene, sah sich um und bediente sich ganz normal aus dem Kühlschrank. Immer wieder tauchte er unangemeldet bei uns auf und forderte mich auf, mit ihm zu reden. Gerade er, der jahrelang nur vor dem Fernseher gesessen und keinen Ton gesagt hatte, wollte jetzt plötzlich reden. Manchmal habe ich mich dann auch breitschlagen lassen und habe mit ihm gesprochen. Aber es endete immer gleich – nämlich damit, dass er völlig ausrastete und mich bedrohte oder aber in Selbstmitleid versank. Mal meinte er düster: »Wenn das Kind das erste Mal Papa zu dem anderen sagt, fackle ich euch das Dach über dem Kopf ab«, dann wieder vorwurfsvoll: »Du hast jetzt die fetten Jahre, und mir hast du die Existenz zerstört. Ich bin völlig am Ende.« Ich schaffte es zwar mit der Zeit immer öfter, den »Gesprächen« mit ihm aus dem Weg zu gehen, aber ganz hart bleiben konnte ich nicht. Einfach zu sagen: »Ich werde mit dir nie wieder sprechen, und jetzt verschwinde«, das brachte ich nicht über mich. Wahrscheinlich bricht da immer wieder mein Helfersyndrom durch.

Einmal tauchte er auf einem Kindergeburtstag auf. Unser Kleiner war zum Geburtstag eines Freundes eingeladen worden. Blinde Kuh, Töpfe schlagen, Sackhüpfen und was weiß ich noch alles. Die Stimmung war klasse, die Kinder kugelten sich vor Lachen und die Erwachsenen freuten sich über den gelungenen Nachmittag. Plötzlich stand er an der Tür. Keine Ahnung, woher er wusste, wo wir waren – wahrscheinlich war er uns einfach nachgefahren. Ohne großes »Vorspiel« fing er sofort an, mich laut zu beschimpfen. Ich hätte die Ehe zerstört, würde dem Kind schaden, und ich wäre schuld, wenn der Kleine mal als Drogensüchtiger enden würde. Außerdem müsse er mit mir reden und zwar sofort. Ich wäre am liebsten im Boden versunken. Ich hatte Angst und es war mir furchtbar peinlich. Irgendwie schaffte ich es, ihn etwas zu beruhigen, aber nur, weil ich mit ihm vor die Tür ging und mit ihm »redete«. Er schäumte vor Wut und machte einfach weiter mit seinen Beschimpfungen. Ich weiß nicht wie lange ich mit ihm dastand und seine Tiraden über mich ergehen ließ. Irgendwann konnte ich mich dann losmachen und zurück ins Haus flüchten. Bis dahin hatte ich nicht gewusst, wie schön das Geräusch ist, wenn eine Tür ins Schloss fällt. Ich fühlte mich mit einem Schlag erleichtert und sicher. Wirklich sicher waren wir aber noch nicht, denn bevor er endgültig verschwand, wartete er noch lange im Auto vor dem Haus, und wir saßen wie die Kaninchen in der Falle in der fremden Wohnung fest. Muss ich noch erwähnen, dass der Kindergeburtstag von da an eher die Stimmung einer Beerdigung hatte?

Ein andermal hat er mich und meinen Freund nachts im Auto verfolgt und uns gestoppt. Er riss die Wagentür auf und brüllte mich an: »Was fällt dir ein, in seinem Auto zu sitzen«, und Carsten drohte er: »Ich bring dich um, du Sau.« Der drückte nur aufs Gas und fuhr davon, eineinhalb Stunden später stand Günther vor der Haustür und machte Klingelterror. Mit der Zeit wurde er immer aggressiver und seine Aktionen richteten sich nun auch vermehrt gegen meinen Freund. Zweimal machte er die Reifen an seinem Auto platt. Ein andermal, als Carsten mit seinem Sohn aus meiner Wohnung kam, bog Günther mit dem Auto um die Ecke und fuhr mit voller Geschwindigkeit auf die beiden zu, so dass sie sich nur mit einem Hechtsprung auf den Bürgersteig retten konnten. Fast so wie man es aus amerikanischen Krimis kennt. Als Günther drohte, er würde Carstens Sohn vom Kindergarten abholen, und dann könnte er mal sehen, wie er ihn wiederbekommen würde, wurde es uns zu bunt, und wir gingen zur Polizei. Die Beamten nahmen sich viel Zeit, waren sehr verständnisvoll und ließen sich die ganze Geschichte bis ins kleinste Detail schildern. Sie schrieben ein seitenlanges Protokoll und gaben mir schließlich eine Durchwahlnummer mit, unter der ich jederzeit anrufen könne. Günther wurde auch vorgeladen und befragt. Dabei wurde ihm wohl ziemlich deutlich gemacht, dass sein Verhalten nicht akzeptabel ist. Er wurde verwarnt und erhielt ein Bußgeld von 250 Euro. Das ist zwar nicht sehr viel Geld, aber wenn man weiß, wie geizig Günther ist, hatte das sicher auch seine abschreckende Wirkung. Daraufhin wurde es erst mal ruhiger. Er meldete sich nicht mehr, und es schien sich alles in Wohlgefallen aufzulösen. Ich glaube, er braucht jemanden, der ihm Grenzen setzt. Diese Grenzen müssen aber von einer »staatlichen Stelle« kommen, denn er hat vor Autoritäten großen Respekt. Die Nachstellungen hörten trotzdem nicht für immer auf. Seine »Ausbrüche« liefen in Phasen ab. Wenn er lange Zeit ruhig war, rastete er danach umso mehr aus. Es schien so, als würde der Druck in ihm allmählich ansteigen, und irgendwann explodierte er dann. Besonders wenn ich mit dem Kind allein zu Hause war, tauchte er häufig auf, um mit mir »zu sprechen«. Wenn ich nicht öffnete, stand er oft stundenlang vor der Tür und klingelte immer und immer wieder. Seitdem stelle ich die Türklingel ab, wenn keiner außer mir zu Hause ist. Zwischendurch hatte Günther auch mal eine neue Beziehung. In dieser Zeit ließ das Stalking nach, und die Gespräche, die er mit mir führte, waren weniger aggressiv. Aber leider hielt diese Beziehung nicht lang. Zwei Tage vor unserer Scheidung trennte sich seine Freundin von ihm. Damals bedrohte er sogar meinen Anwalt. In einem Gespräch mit seiner Anwältin hatte er wohl Drohungen ausgestoßen und unter anderem gesagt, dass er meinen Anwalt schon kriegen werde. Das muss so glaubhaft geklungen haben, dass die sofort ihren Kollegen verständigt und vor ihm gewarnt hat.

Auch nach der Scheidung gingen seine Stalkingattacken weiter. Allerdings auf einem niedrigeren Level. Ab und an ein Drohanruf, Beschimpfungen und immer wieder Forderungen nach Geld. Inzwischen wollte er sich von mir schon den Gegenwert der Hochzeitsgeschenke in bar auszahlen lassen. Solange unser Kind nicht erwachsen ist, und das dauert noch lange, wird das sicher auch so weitergehen. Dass er mit seinen Nachstellungen irgendwann ganz aufhört, glaube ich inzwischen nicht mehr. Ich denke, dass ich damit einfach leben muss, und habe mich auch relativ gut arrangiert. Nur manchmal bleibt mein Herz immer noch stehen – zum Beispiel jedes Mal, wenn ich einen roten Audi auf der Straße sehe. So ein Auto hat er auch.

UM DEN EIGENEN SOHN ZU TÖTEN

Beate N., 42, wird seit sieben Jahren von ihrem ehemaligen Ehemann, mit dem sie nur knapp ein Jahr verheiratet war, gestalkt. Beate hat drei Kinder, eines davon aus der gemeinsamen Ehe. Trotz einiger Anzeigen gegen ihn, dauern die Verfolgungen und Bedrohungen weiterhin an. Ein Ende ist momentan nicht abzusehen.

Pedro ist Peruaner. Ich hatte ihn im Dezember 1996 auf dem Weihnachtsmarkt getroffen, wo er zusammen mit seinem Cousin Folklore-CDs und südamerikanischen Schmuck verkaufte. Ich interessierte mich schon immer für die alten Kulturen Südamerikas und die Geschichte der dortigen Indianer. Wir kamen schnell ins Gespräch, wobei ich mich an diesem Tag eigentlich mehr mit seinem Cousin unterhielt.

Der lud mich denn auch zu einem Fest ein, und erst dort lernte ich Pedro näher kennen. Er sprach kaum deutsch, ich damals nur wenig spanisch, aber das machte nichts. Mit Händen und Füßen unterhielten wir uns ganz ausgezeichnet. Trotzdem irritierte mich sein Verhalten, einerseits tat er so vertrauensvoll, als würden wir uns schon jahrelang kennen, andererseits reagierte er dann wieder unvermutet unwirsch und heftig. Ein paar Tage nach dem Fest verabredeten wir uns im Café. Ich lernte damals Spanisch und freute mich, meine neu erworbenen Sprachkenntnisse gleich ausprobieren zu können. Da sein Deutsch definitiv auch etwas Nachhilfe gebrauchen konnte, fragte ich ihn, ob er nicht Lust hätte, sich öfter mit mir zu treffen. Von da an sahen wir uns ein, zwei Mal im Monat und radebrechten gemeinsam auf Deutsch und Spanisch. Ich genoss die Zeit mit ihm, aber eine Beziehung entwickelte sich damals noch nicht. Nach gut einem Vierteljahr waren wir wieder bei seinem Cousin eingeladen. Er war schon da, als ich dort ankam, und nachdem ich alle begrüßt hatte, zog er mich mit der Begründung, dass er mir unbedingt etwas sagen müsse, ins Nebenzimmer. Was dann kam, war eine völlig unvermittelte Liebeserklärung. Bis dahin hatten wir uns noch nicht einmal geküsst, und jetzt gestand er mir, wie sehr er mich liebe. Kaum hatte er das ausgesprochen, stürzte er sich auf mich und begann mich zu befummeln und zu küssen. So als wäre ich nicht beteiligt, ließ ich alles geschehen, und obwohl ich auf seine Liebeserklärung keine Antwort gab, waren wir von Stund an »irgendwie ein Paar«.

Ich war nicht verliebt in ihn, aber er faszinierte mich doch. Heute denke ich, dass es gar nicht einmal seine Person war, sondern die Tatsache, dass er Indianer war. Indianer fand ich schon immer toll, und jetzt hatte ich die Chance, mit einem zusammenzuleben.

Er besuchte mich immer öfter, und bald schon waren wir ein Liebespaar. Eigentlich waren wir noch immer dabei, uns kennen zu lernen, als er mir ein halbes Jahr später gestand, er sei illegal in Deutschland, und wenn ich ihn nicht heiraten würde, müsse er das Land verlassen. Das aber wollte ich keinesfalls. Schließlich kannte ich ihn noch kaum, und deswegen sagte ich nein. Er fragte immer und immer wieder und ich gab ihm immer wieder dieselbe Antwort. Manchmal wurde er richtig ärgerlich, doch das änderte nichts an meiner Meinung.

Irgendwann kam er dann mit einem Flugticket nach Lima nach Hause und sagte, dass es jetzt soweit sei; in zwei Wochen würde er nach Peru fliegen, und dann sei es vorbei mit uns.

Ich überlegte hin und her, und mir wurde klar, dass ich ihn nicht verlieren wollte. Er sollte nicht so mir nichts dir nichts aus meinem Leben verschwinden. Ich wollte ihn behalten – zur Not würde ich ihn auch heiraten. Sechs Wochen später saßen wir beide im Flugzeug Richtung Peru. Wir waren auf dem Weg zu seinen Eltern, auf dem Weg zu unserer Hochzeit.

In diesen Wochen war so viel auf mich eingestürmt. Erst die überhastete Entscheidung zu heiraten, dann der Flug nach Peru, das Kennenlernen seiner Familie – alles ging so schnell, irgendwie war ich völlig durch den Wind. Dann die Hochzeit. Alles lief natürlich auf Spanisch ab, und keiner erklärte mir, was vorging. Ich hatte gar nicht das Gefühl selber zu agieren, sondern irgendwie wurde ich herumgeschoben wie ein willenloser Gegenstand.

Kaum hatte ich meine Unterschrift unter die Heiratsurkunde gesetzt, war ich für ihn uninteressant. 250 Gäste waren zur Hochzeit geladen und schienen sich auch alle bestens zu amüsieren. Ich war die Einzige, die alleine dasaß. Mein Herr Gemahl tanzte mit anderen, flirtete rum und schien sich bestens zu unterhalten. Mich ließ er einfach links liegen. Aber es war doch meine Hochzeit! Irgendwann ging ich dann aus dem Festsaal hinaus, und später – viel später – kam er dann hinterher und fragte, was los sei. Als ich es ihm sagte, redete er auf mich ein und erklärte mir, dass »ich doch spinne und mir alles nur einbilde«. Schon immer hat er es gut verstanden, mir Dinge einzureden, und bald glaubte ich selber, dass ich mich da in etwas hineingesteigert hatte. Allerdings nur so lange, bis ich später das Hochzeitsvideo sah, auf dem eine traurige Braut herumsaß, während sich der Bräutigam hervorragend amüsierte und hemmungslos mit anderen Frauen flirtete.

Unmittelbar nachdem wir nach Deutschland zurückkamen, begannen die Streitigkeiten. Meine Kinder fand er plötzlich schlecht erzogen, mein Essen schmeckte ihm nicht mehr, und wenn ich nicht genau das tat, was er forderte, rastete er aus. Einmal lag ich mit einer Nierenbeckenentzündung im Bett und konnte nicht einmal aufstehen, geschweige denn laufen. Trotzdem wollte er, dass ich für ihn Besorgungen mit dem Auto mache. Aber es ging einfach nicht. Während unserer ganzen Beziehung hat er mir das vorgeworfen und mich deswegen als bösartig und lieblos hingestellt. Immer wieder versuchte er es – und oft schaffte er es auch –, mir ein schlechtes Gewissen einzureden.

Wir waren erst wenige Monate verheiratet, und doch war unsere Ehe eigentlich schon am Ende, als ich im März 1998 schwanger wurde. Als ich Pedro von der Schwangerschaft erzählte, rastete er völlig aus. Er brüllte mich an und forderte mich auf abzutreiben. Aber ich hatte schon eine Abtreibung hinter mir und hatte mir damals geschworen »Nie wieder«. Das sagte ich ihm schließlich auch, und von da an lebte ich mit einem Feind in den eigenen vier Wänden. Er versuchte alles, damit ich das Kind verlieren würde. Eines Abends lag ich gemütlich auf dem Sofa und sah fern. Er kam näher und war ganz lieb und freundlich zu mir. Als er direkt vor mir stand, drückte er seinen Unterarm gegen meinen Hals, stütze sich dort ab und sprang mit beiden Knien auf meinen Bauch. Wie es weiterging, weiß ich nicht mehr, denn ich wurde sofort ohnmächtig und kam erst Minuten später mit großen Schmerzen wieder zu mir. Aber das Kind wollte leben, es ließ sich von ihm nicht aus meinem Körper vertreiben. Einige Tage später überwältigte er mich in der Wohnung, riss mir die Kleider vom Leib und vergewaltigte mich. Nein, es war keine Vergewaltigung im eigentlichen Sinne, um Sex ging es ihm nicht. Ich weiß nicht, was es war, ich habe es nicht gesehen und stand unter Schock ... er drang mit einem harten und spitzen Gegenstand in mich ein, ich blutete, es tat so weh. Ich weiß nicht mehr, ob ich schrie, mich wehrte oder ob ich nur dalag und hoffte, die Welt würde jetzt untergehen. Es war einfach nur entsetzlich. Er wollte das Kind in meinem Leib töten, doch auch diesmal war das Kind stärker.

Nur zehn Monate nach unserer Hochzeit, einen Monat nachdem ich die Scheidung eingereicht hatte und vier Monate vor der Geburt unseres gemeinsamen Sohnes zog er aus der Wohnung aus. Endlich. Ich war damals zu schwach, ihn hinauszuwerfen, und es war er, der ging. Als Strafe sozusagen. Weil ich ihm nicht gehorchte, nicht tat, was er wollte, und das Kind nicht abtrieb, würde er gehen. Er glaubte wohl wirklich, ich würde ihn vermissen, ihn anflehen zurückzukommen, mich bei ihm entschuldigen. Er glaubte wirklich, ich sei diejenige, die böse war und an allem Schuld hatte.

Als er ging, drohte er mir: »Ich werde dafür sorgen, dass das Kind nicht bei dir bleiben wird.« Hatte er etwa seine Vaterliebe entdeckt und wollte selbst für den Kleinen sorgen? Leider nicht. Er werde unseren Sohn töten, erklärte er, denn eine Wahrsagerin habe ihm geweissagt, dass er einen Sohn bekommen werde, der ihn aus einem früheren Leben kenne. In jenem Leben seien die beiden aber verfeindet gewesen, und das Kind würde geboren, um ihn zu ermorden. Deshalb müsse er das Kind töten.

Bis dahin hatte ich gedacht, dass sich solche Geschichten nur in griechischen Heldensagen zutragen, doch jetzt war ich plötzlich selbst der Mittelpunkt einer solchen Horrorgeschichte. Nach der Geburt unseres Sohnes im Dezember 1998 ging es dann richtig los.

Es begann mit Telefon- und Klingelterror, sozusagen dem Normalprogramm vieler Stalker. Seine Anrufe dauerten nie lange, und er wartete nicht auf eine Antwort von mir. »Du weißt, dass du bestraft werden musst.« – »Du hast mich als Mann völlig bloßgestellt, das darfst du nicht, und dafür wirst du büßen!« – »Bis jetzt habe ich mich ruhig verhalten, aber dabei bleibt es nicht.« Immer nur ein oder zwei Sätze, dann legte er auf.

Trotz alledem hoffte ich auf die Normalisierung der Beziehung und forderte ihn mehrmals auf, sein Kind zu besuchen. Rückblickend muss ich sagen, dass es nach all dem, was vorgefallen war, ziemlich naiv war, anzunehmen, er würde sich ändern. Aber damals dachte ich, dass das süße Baby sein Herz erweichen könnte und er seine Mordgedanken schnell vergessen würde.

Kurz nach der Geburt beantragte er eine internationale Geburtsurkunde für das Kind, den peruanischen Pass und die dortige Staatsbürgerschaft. Obwohl das nach deutschem Gesetz ohne Zustimmung der Mutter nicht möglich ist, schaffte er es doch irgendwie. Seitdem habe ich noch mehr Panik, denn mir ist klar, dass ich das Kind nie mehr wiedersehen werde, wenn er es erst einmal aus dem Land geschafft hat.

Immer wieder seine Anrufe und Drohungen. Immer wieder stand er vor der Tür. Immer wieder diese Angst. Irgendwann hielt ich es nicht mehr aus, und wir zogen um. Von unserer neuen Adresse wusste er zunächst nichts. Nachdem ich vor der Polizei nachgewiesen hatte, dass ich und meine Familie verfolgt werden, wurde der Eintrag ins Einwohnermelderegister gesperrt vorgenommen. Nicht einmal die Beamten im Amt selbst wüssten meine Adresse, wurde mir versichert. Lediglich eine »übergeordnete Stelle«, wie beispielsweise ein Richter, könnte die Adresse erfragen. Da ich dummerweise meine alte Telefonnummer an meinen neuen Wohnort »mitgenommen« hatte, ging der Telefonterror weiter. Er drohte mir fast täglich, dass er mich finden werde. Trotzdem ging es mir und meinen Kindern damals wieder besser, endlich konnten wir die Wohnung verlassen, ohne Angst haben zu müssen.

Kaum überraschend wurde unsere Scheidung zur Schlammschlacht. Fast täglich gingen bei Gericht Briefe von ihm ein, in denen er unter anderem behauptete, ich hätte Multiple Sklerose und könne deswegen meine Kinder nicht erziehen, ich sei in psychiatrischer Behandlung und wäre mit allen Nachbarn zerstritten. Er dagegen hätte zu meinen Kindern ein so gutes Verhältnis, dass meine beiden fast erwachsenen Töchter nur schwer mit der Trennung umgehen könnten. Der Anwalt, den ich damals hatte, riet mir, diese haltlosen Unterstellungen einfach zu ignorieren, denn das Gericht würde keine Lust haben, sich in Ehestreitigkeiten einzuarbeiten, und es sei nur von Vorteil, wenn ich als der vernünftige Partner dastehe. Im Nachhinein stellte sich aber heraus, dass das Gericht mein Schweigen als Bestätigung für seine Behauptungen interpretierte.

Während der Scheidungsverhandlung behauptete mein Mann, dass ich ihm das Kind vorenthalte, und schließlich wurde ihm von der Richterin das Umgangsrecht zugestanden – zunächst »nur« in Begleitung einer dritten Person. In der Wohnung einer gemeinsamen Bekannten sollte Pedro den Kleinen treffen. Schweren Herzens habe ich das Kind dort abgeliefert und vor der Tür gewartet. Eineinhalb Stunden habe ich aus der Wohnung Schreien und Weinen gehört. Ich saß vor der Tür und wusste: Da darfst du nicht hinein, wenn du deinem Kind hilfst, werden sie es dir wegnehmen. Wenn ich den Zwangsumgang – so nennt man das wohl im Juristendeutsch – behindere, müsse ich damit rechnen, dass mir das Kind entzogen würde. Das hatte mir das Gericht mitgeteilt.

Irgendwann konnte meine 15-jährige Tochter, die mit mir vor der Tür wartete, das Schreien nicht mehr mit anhören, klingelte und holte ihren Bruder aus der Wohnung. Mit vor Schreck weit aufgerissenen Augen blickte er mich an. Was in diesen neunzig Minuten mit ihm passiert war, weiß ich bis heute nicht.

Bis zu jenem Tag war mein Kleiner ein lustiges Kind, er konnte schon gehen und hatte gerade angefangen zu sprechen. Danach war alles anders. Er hat nicht mehr gesprochen, nicht mehr gespielt und kaum noch gegessen. Nachts lag er weinend und schreiend in seinem Bettchen und hat schlecht geschlafen. Auch mit mir sprach er nicht mehr und sah mich mit leeren, vorwurfsvollen Augen an. Kein Wunder, denn ich war es ja, die ihn dort abgeliefert hatte.

Ich ging sofort zum Jugendamt und schilderte, was passiert war, wie schlecht es meinem Kind geht, dass es nicht mehr spricht, kaum noch isst, und, und, und. Die Reaktion war gleichermaßen überraschend wie erschütternd: »Es kann schon sein, dass das Kind jetzt unter dem Umgang mit dem Vater leidet«, sagte man mir dort, »aber längerfristig wird es nur zu seinem Besten sein, wenn es Kontakt zu seinem Vater hat, und außerdem könne es ja später eine Therapie machen.« Ich konnte es kaum glauben, da sagte doch tatsächlich ein Vertreter der Behörde, die zum Schutz der Kinder da ist, dass es nichts mache, wenn mein Kind jetzt Schaden nehme, denn es könnte ja später therapiert werden. Ein

Kind ist doch kein Auto, bei dem man einen Schaden einfach reparieren kann!

Leider behielt ich mit meinen Befürchtungen Recht. Mein Junge hat heute einen Sprachfehler, ob das wohl jemandem vom Jugendamt etwas ausmacht? Ich selbst wurde in dieser Zeit ebenfalls krank, verlor die Stimme und bekam ein halbes Jahr kein Wort heraus. Körperliche Ursachen wurden dafür nicht gefunden. Ich war einfach fertig mit den Nerven. Immerhin: Der Umgang des Vaters mit dem Kind wurde für einige Zeit ausgesetzt. Der Telefonterror ging aber weiter, inzwischen hatte ich zwar die alte Nummer abgemeldet, aber es dauerte keine vier Wochen, bis er die neue kannte. Auch wenn ich den Anschluss über Bekannte anmeldete, dauerte es nicht lange, bis wieder seine Drohanrufe kamen. Später hörten die Drohungen auf, aber angerufen hat er trotzdem. Er sagte dann zwar nichts, aber sein Atmen konnte man deutlich hören.

Dann kam es zu einer neuen Verhandlung im Streit um das Umgangsrecht. Immer wieder hatte er vor Gericht gefordert, dass ich ihm meine Adresse mitteilen müsse. Ich verweigerte die Auskunft und legte dem Gericht ausführlich dar, dass Pedro mich und meine Familie verfolgt und er deswegen unseren Aufenthaltsort keinesfalls erfahren darf. Die vorsitzende Richterin hat dann ohne mein Wissen beim Einwohnermeldeamt meine Adresse angefordert, sie ans Jugendamt weitergegeben, und dort konnte sie Pedro ganz problemlos erfragen. Seitdem werden wir auch wieder vor unserer eigenen Haustür belästigt. In mein Auto wurde mehrmals eingebrochen, gestohlen wurde dabei zwar nie etwas, aber der Einbrecher achtete immer darauf, dass man es auch bemerkt, wenn er im Wagen war. Einmal beispielsweise stank es bestialisch nach Zigarettenrauch, und das, obwohl niemand in unserer Familie raucht. Ein andermal roch es ganz intensiv nach Pedros Parfum, dann war die Einstellung des Fahrersitzes verstellt und schließlich das ganze Auto voll Bonboneinwickelpapier. Immer wieder standen fremde Männer vor unserer Tür, und wenn wir die Wohnung verließen, starrten sie uns einfach hinterher. Zufall? Unmittelbar nachdem Pedro durch die Richterin unsere Adresse erfahren hatte wurde das erste Mal in die Wohnung eingebrochen. Der Schreibtisch war durchwühlt, die Bilder hingen schief in den Rahmen, die Bücher waren umgestellt, und mein Adressbuch mit den Anschriften anderer Stalkingopfer wurde gestohlen. Seitdem wurde noch achtmal eingebrochen. Mal verschwand die EC-Karte, dann der Kinderausweis des Kleinen, später Disketten mit Schriftsätzen ans Gericht und schließlich der Ehering. Einmal brannte das Licht im Kinderzimmer, dann waren die Schubladen geöffnet, und ein andermal wurde eine stinkende Flüssigkeit in den Abfluss geschüttet. Immer hinterließ der Einbrecher absichtlich Spuren, so dass deutlich war, es hat jemand die Wohnung, betreten. Offenbar war es ihm wichtig zu zeigen, »ich habe jederzeit Zutritt zu deiner Wohnung und du kannst nichts dagegen machen«. Seit dem ersten Einbruch habe ich das Gefühl, als wäre eine Wanze in der Wohnung versteckt. Dinge, die ich nur zu Hause besprochen hatte, tauchten nämlich in seinen Schriftsätzen ans Gericht auf. Das Gefühl abgehört zu werden, hat unser Leben nochmals völlig verändert. Wenn wir in der Familie etwas Wichtiges zu besprechen haben, müssen wir rausgehen, oder wir schreiben es auf Zettel, die wir uns dann gegenseitig zuschieben, wichtige Telefonate führe ich vom Balkon. Auch im Winter. Die Angst, dass er Dinge erfährt, die er nicht wissen sollte, ist das eine, fast schlimmer noch ist, dass er sich sozusagen live an unserer Hilflosigkeit, Angst und Verzweiflung freuen kann. Jedes Weinen, jedes Jammern, jedes Schimpfen – er bekommt alles mit. Seit den Einbrüchen stimmen wir in der Familie unseren Tagesplan so ab, dass nach Möglichkeit immer jemand in der Wohnung ist. Manchmal ist das ein unheimlicher Organisationsaufwand und schränkt unsere Bewegungsfreiheit nochmals zusätzlich ein. Wenn es gar nicht anders geht und wir es trotz aller Anstrengungen nicht schaffen, dass einer in der Wohnung ist, schleppe ich meinen Laptop und alle anderen wichtigen Unterlagen mit durch die Stadt. Selbst wenn ich nur zum Einkaufen gehe, bin ich mit meinem Köfferchen unterwegs, und es sieht dann aus, als wäre ich auf einer langen Reise.

Die Polizei hat die Einbrüche nicht sehr ernst genommen. Es wurde ja nichts bzw. nur sehr wenig gestohlen, und damit war deren Interesse auch schon erschöpft. Die nahmen immer alles brav zu Protokoll, ich durfte unterschreiben, und damit war für sie die Sache erledigt. Nach dem dritten Einbruch kamen sie immerhin mal vorbei, aber nachdem an der Tür keine Fingerabdrücke und Einbruchsspuren zu finden waren, stellten sie die Ermittlungen ein. Denn ohne Einbruchsspuren kein Einbruch. So einfach war das. Ich hörte dann auf, die Einbrüche zur Anzeige zu bringen. Warum auch, wenn es der Polizei egal ist.

Meine damalige Anwältin erhielt von Pedro ein Schreiben, in dem stand, sie solle darauf achten, dass sie nicht in die ausländerfeindliche Ecke gestellt würde. Heute habe ich gar keine Anwältin mehr, denn den jahrelangen Rechtsstreit kann ich mir nicht mehr leisten. Inzwischen hatte ich zwei Hörstürze, drei Bandscheibenvorfälle, ich habe Tinnitus, ständig Magenschmerzen, und Nacht für Nacht plagen mich Alpträume. Einen leichten Herzinfarkt hatte ich auch schon, und ich bin in ständiger Behandlung bei einem Traumatherapeuten. Manches Mal glaube ich, es geht nicht mehr, und nur meine Kinder geben mir noch die Kraft, weiterzumachen und gegen den Terror anzukämpfen. Meine Hoffnung auf staatliche Hilfe habe ich inzwischen aufgegeben, denn wie soll dich ein Staat schützen, der dich zwingt, dein Kind einem Stalker auszuliefern.

IM WINTER AUF DEN BALKON GESPERRT

Eva S., 50, wurde von ihrem Ex-Mann fünf Jahre lang gestalkt. Die beiden haben ein gemeinsames Kind, das heute bereits erwachsen ist. Der Vorfall liegt 15 Jahre zurück und endete nur deshalb, weil der Stalker eine neue Beziehung fand.

Seit 15 Jahren ist es vorbei, und doch fällt es Eva S. noch heute schwer, darüber zu sprechen. Eigentlich hatte alles wie eine normale Liebesgeschichte angefangen. Eva und Manfred hatten sich auf dem Schulhof kennen und nach einer Weile auch lieben gelernt, damals, zu DDR-Zeiten, in der Nähe von Dresden. Was ihr an ihm gefallen hat? »Der war so cool und spielte in einer Band«, erinnert sie sich schmunzelnd und erzählt, wie er mit seinen unangepassten Ansichten und langen Haaren überall aufgefallen war. »Eigentlich war er total arrogant, so richtig machomäßig, aber genau das hat mir wohl gefallen. Er war der Einzige, mit dem ich meine Träume ausspinnen konnte, vom Westen träumen und Rockmusik hören.« Eine ganz normale Schulliebe also.

Eva erklärt weiter, dass sie sich auch in seine Familie verliebt habe. Dort habe ein offenes Haus geherrscht, und sie sei immer willkommen gewesen. Von zu Hause war sie das nicht gewöhnt. Sicher habe auch die Gegnerschaft zum DDR-Staat zusammengeschweißt, und die gemeinsame Ausreise sei schon während der Schulzeit ihr großes Ziel gewesen.

Doch schon damals gab es nicht nur glückliche Momente. Seine Eifersucht überschattete früh die Beziehung. Während der Armeezeit endete so mancher Wochenendbesuch nicht verschmust im Bett, sondern im heftigen Streit, weil er ihr immer wieder Affären unterstellte. Wenn sie sich mit einem Jungen aus der Nachbarschaft unterhielt, sich beim Tanzen zu eng an ihren Partner schmiegte oder mit anderen in der Kneipe zusammenstand, witterte er Betrug. »Manchmal ist Manfred auch die Hand ausgerutscht«, erzählt Eva. Auf die Frage nach dem Wahrheitsgehalt seiner damaligen Unterstellungen lächelt die heute 50-jährige, selbstbewusste Frau und sagt: »Ach, damals war ich doch viel zu schüchtern für so etwas.«

Weiter erzählt sie: »Einmal habe ich wirklich einen anderen geküsst, und das führte fast zur Katastrophe. Manfred und ich waren wieder mal in der Krise. Er war bei der Armee, und ich war zusammen mit einem Freund, der mir wirklich gut gefiel, bei uns zu Hause. Na, was soll ich viel sagen, wie es halt so läuft, wenn man sich bei einem guten Freund ausheult – ja, wir haben uns geküsst. Ganz harmlos, und sonst war da nichts.« Manfred hatte es sich angewöhnt, immer überraschend aufzutauchen, und das war auch diesmal so. Allerdings stand er nicht vor der Tür, sondern saß im Apfelbaum im Garten und beobachtete die Kussszene durchs Fenster! Als Eva das erzählt, muss sie lachen, wird aber sofort wieder ernst, denn hier war die Geschichte noch nicht zu Ende. Tage später passte er sie an der Universität ab und zwang sie zu einem Spaziergang, sie müssten sich dringend aussprechen, sagte er. Als sie einen einsamen Uferweg erreicht hatten, zog er ein Beil aus der Plastiktüte, die er bei sich hatte, heraus, hielt Eva fest und forderte: »Sag mir sofort, ob du mit X geschlafen hast, sonst erschlage ich dich. Wie oft hast du X geküsst? Hast du auch seinen Schwanz angefasst?« Immer und immer wieder stellte er die gleichen Fragen. Die Antworten, die Eva gab, nahm er nicht zur Kenntnis. »Heute glaube ich, dass er sich an meiner Angst aufgeilte«, sagt Eva aus der Distanz. Wie die Geschichte endete? »Wie die meisten solcher Episoden«, erklärt sie. »Nach einer Stunde hat er von mir abgelassen, hat mich stehen lassen und ist verschwunden. Ich blieb klein, verängstigt und verschreckt zurück.« Und immer und immer wieder hat sie ihm verziehen, denn schließlich hat er alles nur aus Liebe gemacht. Das jedenfalls hat er gesagt.

Ob sie damals schon gewarnt hätte sein sollen? Machen nicht viele junge Frauen solche Erfahrungen? Gilt Eifersucht, und sei sie auch noch so unbegründet, nicht als Zeichen der Liebe? Sie waren beide 23 Jahre alt, als sie heirateten. Vier Jahre nach der Eheschließung kam ihre Tochter Franziska zur Welt. Wie viele Frauen hoffte auch Eva, dass mit der Geburt des Kindes alles besser werden würde, dass sie das Kind näher zusammenbringen würde. Die Hoffnung blieb unerfüllt.

Damals hatten sie schon einen Ausreiseantrag gestellt, und sie wussten, dass sie zusammenhalten mussten, sonst würde es nicht klappen. Wenn sie sich bei den Befragungen des Ministeriums für Staatssicherheit gegeneinander ausspielen lassen würden, dann stand alles auf dem Spiel. Sie hielten zusammen. Krisen gab es zwar auch damals immer wieder, aber die Katastrophe begann erst, nachdem sie in den Westen übergesiedelt waren.

»Eigentlich wusste ich schon immer, dass wir nicht zusammenpassen. Aber erst im Westen fasste ich den Mut, mit ihm darüber zu sprechen. Ich begann die entsprechenden Bücher zu lesen, fand schnell Freunde und wurde allmählich ein bisschen aufmüpfiger.«

Eva arbeitete beim Bauamt, verdiente das Geld und kümmerte sich um die Tochter. Er führte ein spätstudentisches Leben, blieb morgens lieber liegen, als die Tochter in den Kindergarten zu bringen, und ging abends lieber mit Freunden aus der schlagenden Verbindung auf ein Bier, als im Haushalt mitzuhelfen. Das Geld für die Familie verdiente sie, er gab es aus. Die Streitigkeiten wurden häufiger und aggressiver. In dieser Phase schlug sie ihm vor, gemeinsam zu einem Familientherapeuten zu gehen. Doch von solchem »alternativen Scheiß« hielt er nichts. Eva war spätestens jetzt klar, dass sie so nicht weitermachen konnte. Sie wollte die Beziehung beenden, ihr fehlte aber immer noch der Mut. Nach jedem Streit gab sie nach und suchte die Aussöhnung. Doch es half nichts. Die Drohungen wurden immer heftiger. »Wenn du dich scheiden lässt, werde ich dich umbringen«, schrie Manfred sie an. Außerdem würde sie die gemeinsame Tochter Franziska im Falle einer Trennung nur »im Zinksarg« mitnehmen können.

Als ersten Schritt der Ablösung eröffnete sie ein eigenes Bankkonto, auf das sie von ihrem Lohn Geld einzahlte, schuf so ein kleines finanzielles Polster, das ihr nach der Trennung helfen sollte.

Ob er Affären hatte? »So richtig wusste ich das nicht, und weiß es bis heute nicht. Er war zwar oft mit anderen Frauen unterwegs und drohte zwischendurch auch mal, dass er gerade dabei wäre, eine neue Beziehung aufzubauen. Damals habe ich es fast gehofft, denn dann wäre er ja gegangen, und ich hätte mein Leben leben können.« Aber er ging nicht. Ob sie eifersüchtig gewesen sei? »Ja und nein«, antwortet Eva und erklärt dann: »Auf die Frauen war ich es nicht, eher darauf, dass er in der schönen Wohnung saß, die ich bezahlt hatte, und es sich, während ich arbeitete, mit anderen Frauen gut gehen ließ.« Trotz der anderen Frauen forderte er »im Bett sein eheliches Recht ein, und wenn er es nicht bekam, beschimpfte er mich als frigide und stieß mich mitunter mit den Füßen aus dem Bett hinaus«. Eva erinnert sich, wie sie einmal zusammen essen waren und es dabei zu einem heftigen Streit kam. Auf dem Nachhauseweg wurde er handgreiflich und brüllte sie an, dass er sie nicht in die Wohnung lassen würde. Nachts um zwölf machte sich Eva dann auf den Weg zu Freunden, um bei ihnen zu übernachten. Aber immer noch kam sie zurück.

Nach einem besonders schlimmen Streit gönnten sich Eva und Manfred einen Versöhnungsurlaub im winterlichen Bayern. »Unser erster Urlaub im Westen«, erzählt Eva mit einem Lächeln. Auch im Urlaub kam es zum Streit. Wieder einmal witterte er Verrat und unterstellte ihr eine Affäre. »Damals war es, glaube ich, sein Cousin, mit dem ich angeblich etwas gehabt haben soll.« Mit leichtem Kopfschütteln erzählt Eva diese Episode, so als wolle sie die Unglaublichkeit dieser Unterstellung unterstreichen. Sie erzählt von dem Streit, seinem Ausrasten, ihrem hilflosen Schweigen, das ihn noch wütender machte. Sie erzählt, wie er sie stieß, packte, schlug und schließlich auf den Balkon hinausschob. Dort stand sie, mitten in der Nacht bei minus zehn Grad und nur mit einem Nachthemd bekleidet. »Ich saß zusammengekauert auf dem Balkon und zitterte nicht nur vor Kälte am ganzen Leib. Er machte es sich unterdessen im warmen Zimmer vor dem Fernseher gemütlich. Nach zwanzig langen Minuten ließ er sie wieder herein. Dass sie damals nicht einmal gewagt hatte, vom Balkon aus um Hilfe zu rufen, kann Eva heute kaum mehr glauben. »Ich hatte viel zu viel Angst vor ihm.« Heute fragt sie sich, warum sie das alles so lange ertragen hat. Doch sie kennt auch die Antwort auf diese Frage. »Ich wusste, dass er es sich nicht einfach gefallen lassen hätte, wenn ich gegangen wäre. Ich wusste, was auf mich zukommen würde, wenn ich Schluss mache. Er hatte immer wieder gesagt, er würde mich umbringen, wenn ich ihn verlasse, und diese Drohung nahm ich durchaus ernst.«

Wie ernst es Manfred mit seiner Drohung war, zeigt auch die folgende Episode. Eva war zusammen mit ihm zu einer Party bei Freunden eingeladen. Es wurde getanzt, getrunken und gefeiert. Die Stimmung war prächtig. Einer der anwesenden Männer begann einen harmlosen Flirt mit ihr. Machte ihr schöne Augen, ein paar Komplimente und forderte sie zum Tanz auf. Manfred reagierte mit seiner bekannten Eifersucht, fing an zu schreien und zu toben, drohte seinem »Nebenbuhler« mit Schlägen und verfrachtete Eva ziemlich schnell ins Auto. Mitten in der Nacht machten sich die beiden auf den Nachhauseweg. Manfred hatte schon etwas über den Durst getrunken und war weit davon entfernt, nüchtern zu sein. Als sie die Autobahn erreicht hatten, trat er das Gaspedal durch und brachte den Wagen schnell auf Höchstgeschwindigkeit. 140, 150, 160 ... mehr gaben damals die Autos nicht her. »Ich fahre uns beide jetzt gegen den nächsten Brückenpfeiler, dann siehst du, was du davon hast«, drohte er und hielt an der nächsten Brücke voll auf den Pfeiler zu. Erst im letzten Augenblick riss er das Fahrzeug herum. »Ich saß zitternd neben ihm«, erzählt Eva und sagt weiter, »ich glaube ich hatte noch nie in meinem Leben so viel Angst.« Vor allem, weil die Geschichte hier noch nicht zu Ende war, und Manfred noch ein paarmal mit hoher Geschwindigkeit auf einen Pfeiler zuraste. »Irgendwann waren wir dann endlich zu Hause. Wie ich vom Auto in die Wohnung kam, weiß ich nicht mehr. Was ich aber noch im Gedächtnis habe, ist Manfreds überlegenes Grinsen, das er immer aufsetzte, wenn er es mir mal wieder so richtig gezeigt hatte.«

Eva begann von getrennten Wohnungen, später auch von der Trennung zu sprechen. Manfred nahm das Ganze zunächst nicht besonders ernst. Er war ja gewohnt, dass Eva nach jedem Aufbegehren wieder nachgab. Ganz Macho sagte er: »Du kannst gehen. Aber alles bleibt hier und Franziska auch. Einen Koffer mit deinen persönlichen Dingen kannst du mitnehmen, aber mehr nicht.«

Irgendwann war es dann soweit. Als Manfred im Urlaub war, ging Eva wirklich – mit nur einem Koffer mit ihren persönlichen Dingen, aber mit Franziska. Sie zog bei Verwandten ein. Da sie beim Bauamt arbeitete und dort gute Verbindungen hatte, fand sie schnell eine eigene Wohnung.

Mit dem Tag des Auszuges begann für Eva ein Alptraum, der erst fünf Jahre später zu Ende gehen sollte. Ihre Freunde und Bekannten waren erleichtert, als sie sich endlich getrennt hatte. »Nimm bloß keinen Kontakt mehr mit Manfred auf«, war damals der meist gegebene Ratschlag. Eva aber wollte die Probleme immer noch lösen und ging deswegen auf seine Gesprächsangebote ein. »Meist liefen die Gespräche dann aber so ab, dass wir in ein Restaurant gingen, sich Manfred dort den teuersten Cognac bestellte, mich beschimpfte und beleidigte und dann irgendwann aufstand und mich ohne zu zahlen sitzen ließ.«

Schon bald nach der Trennung begannen seine Nachstellungen. In Evas Haus waren die Flure so verwinkelt, dass er sich dort unerkannt verstecken konnte. Er stand dann in irgendwelchen Ecken und lauerte ihr und ihrem Kind auf. Manchmal konnte man nur die Spitze seiner Schuhe sehen, die hinter einem Mauervorsprung hervorlugten, ein andermal stand er da und sah ihnen nach, dann wieder versperrte er ihnen den Weg und ließ sie nicht vorbei. Wurde laut, beschimpfte und bedrohte sie. Besonders schlimm wurde es, als Eva eine neue Beziehung mit einem Berufskollegen einging. »Was willst du mit diesem Proleten?«, ging er sie an und rief anonym bei ihrer Dienststelle an, um ihren Chef über die »Büroaffäre« zu informieren. Er passte sie am Büroparkplatz ab und stellte sie zur Rede, beschmierte ihr Auto und fing sie immer wieder auf der Straße ab. Mehr als einmal schrie er ihr hinterher, dass sie eine »Dreckschlampe« und »Hure« sei. »Damals habe ich mich nicht mehr aus dem Haus getraut. Er stand fast immer da, oder er saß im Auto vor dem Haus. Oft ist er mir auch hinterher gefahren, an jeder Ampel stieß er mein Auto mit der Stoßstange an, und wenn ich einparkte, sprang er sofort aus seinem Wagen und ließ mich nicht mehr aussteigen.«

Irgendwann ist Eva dann heimlich umgezogen. »Aber ich war zu feige, wirklich weit wegzuziehen. Schließlich hatte ich hier Freunde und außerdem wollte ich dem Kind nicht zumuten, dass es in einen neuen Kindergarten gehen muss. Nach wie vor hoffte ich auch, er würde irgendwann mal zur Vernunft kommen.« Manfred kam nicht zur Vernunft. Die nächste Wohnung lag im Erdgeschoss, und natürlich hatte sie Manfred nach wenigen Tagen ausfindig gemacht. »Sie war so schön und ganz in der Nähe meiner Arbeitsstelle«, schwärmt Eva noch heute. Für einen Stalker wie Manfred ist eine Erdgeschosswohnung natürlich ein ideales »Ziel«, und er nutzte die »Vorteile« auch weidlich aus. Er hämmerte regelmäßig – auch nachts – gegen die Fenster, beschimpfte seine Ex-Frau durch das Fenster und trat schließlich sogar die Terrassentür ein. »Wir lebten damals noch in Scheidung«, erzählt Eva »für die Polizei war das eine Beziehungssache, die machte gar nichts.« – »Das ist wie bei einem Fahrraddiebstahl. Da kann man auch nichts machen«, zitiert Eva die damalige Aussage der Polizeibeamten.

Eine Episode reihte sich an die andere.

»Oft hat er mich auf der Straße gestoppt, stand dann zehn Zentimeter vor mir, hat mich festgehalten und dann eine Stunde und mehr auf mich eingeschimpft. Es muss skurril ausgesehen haben. Ich möchte wissen, was sich die Leute gedacht haben, die uns damals beobachtet haben?«, überlegt Eva heute. Aber geholfen hat ihr niemand. »Einmal hatte er sich das Bein gebrochen. Mit der Krücke in der Hand erwischte er meine Tochter und mich, als wir gerade mit dem Auto zum Kindergarten fahren wollten. Er blockierte die Parkplatzausfahrt und begann wieder zu brüllen. Ich bat ihn, leise und ziemlich verschüchtert, uns doch fahren zu lassen, da Franziska zum Kindergarten müsse. Das Kind begann zu schreien und bettelte. Auch das blieb ohne Effekt. Manfred hatte anderes im Sinn: »Wir müssen jetzt reden, das ist wichtiger«, schrie er seine Ex-Frau an und bewegte sich nicht weg. Wieder vergingen lange Minuten, bis er schließlich seine Krücke packte, damit mit voller Wucht auf das Auto einschlug und mit Drohungen und Beschimpfungen auf den Lippen davonhumpelte. Zur Polizei ging Eva nicht mehr. Sie hatte Angst vor seiner Rache und wusste inzwischen ohnehin, dass man bei »Beziehungstaten« kaum auf offizielle Hilfe hoffen konnte.

Solange sie mit ihrem neuen Partner zusammen sei, würde er nie aufhören sie zu bedrohen, kündigte Manfred an. Irgendwann zeigte er sie sogar beim Jugendamt an. Sie hätte mit ihrem Freund Sex vor den Augen ihrer kleinen Tochter gehabt, lautete der Vorwurf. Eva bekam darauf Besuch vom Jugendamt. Sie selbst, ihr Ex-Mann und auch ihre Tochter wurden befragt. Manfred nutzte die Vorladung zu einer umfassenden Beschimpfung und wurde bald so laut und aggressiv, dass der Termin abgebrochen werden musste.

Die Behörde bestätigte Eva, ihren Mutterpflichten hervorragend nachzukommen. Für Manfred war das ein Grund, eine Dienstaufsichtsbeschwerde gegen den Vertreter des Jugendamtes in die Wege zu leiten, den er nun einer Affäre mit seiner Ex-Frau verdächtigte. Nur so sei die positive Aussage des Jugendamtes zu Gunsten seiner Frau zu erklären. Die Erklärung von Eva sieht anders aus: »Eigentlich hatte ich Glück«, sagt sie in der Rückschau, »dass Manfred so unbeherrscht war und auch vor anderen total ausrastete. Damit wurde meine Glaubwürdigkeit natürlich enorm gestärkt.« Stalkingopfer haben oft das Problem, dass man an ihren Aussagen zweifelt, denn viele Stalker geben sich, anders als Manfred, in der Öffentlichkeit angepasst und freundlich. Freundliche Seiten hatte Manfred ebenfalls – wenn auch selten. Manchmal flehte er »seine Eva« am Telefon an, zu ihm zurückzukehren, und einmal wandte er sich sogar an ein Kriseninterventionszentrum. Dort bat er um psychologische Hilfe, da er mit der Trennung von seiner Frau nicht zurechtkomme. Die dortigen Psychologen luden Eva zum gemeinsamen Gespräch, das aber schnell mit Beschimpfungen und Beschuldigungen endete. Die Folge war, dass das »Versöhnungsgespräch« abgebrochen werden musste und man Eva riet, bei einem Psychologen Rat zu suchen, um mit dessen Hilfe wieder Selbstvertrauen aufzubauen.

Irgendwann zwischendurch gab es ein halbes Jahr Ruhepause für Eva. Als er eine neue Freundin hatte, hörte Manfred mit seinen Bedrohungen auf. »Ich fühlte mich plötzlich wie im Paradies«, erinnert sich Eva heute. Doch der paradiesische Zustand währte nicht lange. Bald bemerkte »die Neue«, mit wem sie sich eingelassen hatte, und beendete die Beziehung. Sofort nahm Manfred die Verfolgung seiner Ex-Frau wieder auf. Das Ganze nahm sogar noch an Intensität zu. »Der Höhepunkt war, als er den Reifen meines Autos anritzte«, erzählt Eva.

»Damals musste ich zur Beerdigung eines Verwandten nach Westdeutschland fahren. Manfred aber unterstellte mir, ich würde einen Liebesausflug mit meinem Freund machen.« – »Wenn du mit ihm fährst, werde ich dich umbringen«, drohte er und sagte sogar genau, wie er es machen würde: »Ich werde den Reifen deines Autos anritzen.« Trotz allem, was Eva bis dahin erlebt hatte, nahm sie die Warnung nicht ernst genug. »Ich hatte wohl gehofft, es würde irgendeine Grenze geben.« Die aber gab es nicht. Manfred hatte ihr hundertfach mit dem Tod gedroht, jetzt war er zumindest bereit, ihren Tod billigend in Kauf zu nehmen. Eva erzählt: »Ich fuhr auf der Autobahn, als plötzlich ein Reifen platzte, das Auto geriet ins Schleudern und ich brachte es nur mit Müh und Not wenige Zentimeter vor der Leitplanke zum Stehen. Als ich an der nächsten Tankstelle den Reifen wechseln und untersuchen ließ, meinte der Mechaniker nur: »Da hat sich jemand einen ganz üblen und gefährlichen Scherz mit Ihnen erlaubt. Der Reifen war mit einem Messer so weit angeritzt worden, dass er innerhalb kürzester Zeit platzen musste.«

Bevor sie die nächste Geschichte erzählt, muss Eva schmunzeln. Wieder schüttelt sie den Kopf, als könne sie selbst nicht glauben, was sie erlebt hat. Irgendwann, als wir schon lange geschieden waren, bekam ich einen Anruf der Polizei. Der Beamte am Telefon teilte mir mit, dass Manfred bei ihnen auf dem Revier sei und Anzeige gegen sich selbst erstattet habe, weil er die Absicht habe, mich zu töten. Sie könnten da nichts machen, sagte der Beamte, denn noch sei ja nichts passiert. Aber er wolle mich trotzdem warnen. »Solange noch nichts passiert ist, können wir nichts machen«, dieser Satz wird manchem Stalkingopfer im Ohr klingen. Polizei und Justiz hören meist weg, wenn sie mit den Geschichten von Stalkingopfern konfrontiert werden. In »Beziehungsangelegenheiten« mischt sich das Gesetz ohnehin ungern ein. Selbst wenn ein beherzter Polizeibeamter es möchte: Nächtliche Anrufe, Hinterhergehen auf der Straße, den Weg versperren, Klingelterror und Ähnliches sind schwer als Straftat zu fassen.

Der Fall von Eva S. liegt zwar schon 15 Jahre zurück, doch am Verhalten offizieller Stellen hat sich bis heute nichts geändert. Der Leidensweg von Eva S. ging jedenfalls nicht dank des resoluten Eingreifens der deutschen Behörden zu Ende. Einzig die Tatsache, dass Manfred eine neue Beziehung fand, beendete seine Stalkingübergriffe. Glück hatte Eva zudem, dass seine neue Partnerin äußerst eifersüchtig war und ihm – natürlich ohne von seinem Stalkingverhalten zu wissen – den Umgang mit seiner Ex-Frau verbot.

WENN DER STALKER IN DEN FLAMMEN STIRBT

Anna B. ist heute 39 und wurde vor fast 20 Jahren von ihrem Ex-Partner gestalkt. Nach der Trennung verfolgte er sie und drohte ihr häufig damit, sich umzubringen. Nach einiger Zeit ließ die Intensität des Stalkings nach, setzte sich aber auf niedrigem Niveau noch über Jahre fort. Es endete damit, dass der Stalker bei einem Wohnungsbrand ums Leben kam. Ob Unfall oder Selbstmord, konnte nie geklärt werden.

Er war mir von Anfang an sehr sympathisch. Fast 1,90 m groß, spindeldürr, mit einem wilden Lockenkopf. Er war 34 Jahre alt, ich erst 22. Ich schrieb damals an einer Seminararbeit über Stadtgeschichte. Jürgen arbeitete im Stadtarchiv, legte mir jeden Tag die alten Zeitungen, die ich für meine Recherchen brauchte, auf den Tisch und lächelte mich dabei so liebevoll an. Am liebsten hätte ich ihn einfach geküsst, aber da ich in einer festen Beziehung lebte, ist damals noch nichts aus uns geworden. Da er auch für die Organisation von Musikfestivals verantwortlich war und ich damals ein riesiger Rockfan war, liefen wir uns immer wieder über den Weg. Wir waren uns gegenseitig sehr sympathisch, konnten uns gut miteinander unterhalten und lagen irgendwie auf der gleichen Wellenlänge. Aber mehr als gute Freunde wurden wir auch jetzt noch nicht. Fast ein Jahr nachdem wir uns das ersten Mal gesehen hatten, hatte ich eine kleine Krise. Um über mich und mein Leben nachzudenken, fuhr ich allein in den Urlaub. Nachgedacht habe ich zwar auch ... aber vor allem habe ich an Jürgen gedacht. Mir wurde klar, dass ich ihn ziemlich vermisse und mehr als nur toll finde. Ich schrieb ihm einen Brief und erklärte ihm lang und breit meine Gefühle. Jürgen war davon völlig überrascht und dachte erst, ich wolle ihn nur verarschen. Er konnte sich nicht vorstellen, dass sich überhaupt eine Frau für ihn interessieren könnte. Obwohl er schon über dreißig war, hatte er bis dahin noch keine Beziehung gehabt. Warum, erklärte er mir dann später. Er war in einem sehr armen Elternhaus aufgewachsen, in dem er als Kind zusammen mit den Eltern in einem Zimmer schlafen musste. Dabei hatte er mehrmals mitbekommen, wie der Vater die Mutter ziemlich brutal vergewaltigte. Von frühester Jugend an hatte er Angst so zu werden wie sein Vater. Er hatte Angst davor, dass auch er seine Partnerin missbrauchen würde, wenn er eine Beziehung hätte. Er redete sich ein, dass er die »bösen Gene« des Vaters geerbt hätte. Um die Frauen vor sich zu schützen, war er noch nie eine Partnerschaft eingegangen. Jürgen war aber ein sehr liebevoller Mensch, der sehr hilfsbereit sein konnte. Allerdings wurde er von riesigen Selbstzweifeln gequält, die er oft mit Alkohol bekämpfte. Im Rausch wurde er zu einem anderen Menschen und entwickelte einen schlimmen Verfolgungswahn. All das wusste ich damals aber noch nicht. Ich musste richtig um ihn kämpfen, es fiel im sichtlich schwer, sich auf eine Beziehung einzulassen. Doch nach langem Zögern gab er schließlich nach. Schon bald aber kamen seine Selbstzweifel wieder hoch. Mein Ex-Freund war ein ehemaliger Klassenkamerad Jürgens, und zu Schulzeiten waren die beiden die größten Feinde, und ihre gegenseitige Abneigung ließ auch nicht nach, als sie die Schule verlassen hatten. Wahrscheinlich hätte auch jemand mit größerem Selbstvertrauen Probleme damit, wenn die neue Liebe die Ex-Freundin des größten Widersachers ist. Für Jürgen war dies aber eine Katastrophe. Wir waren noch keine zwei Wochen zusammen, als ich mit ihm bei ein paar Bier zusammensaß und er sich plötzlich in einen unerklärlichen Wutausbruch hineinsteigerte. Ich sei nur mit ihm zusammen, weil ich mit meinem Ex ein Komplott gegen ihn schmiede und ihn fertig machen wolle, ereiferte er sich. Ich versuchte ihn davon zu überzeugen, dass ich ihn liebe und dies der einzige Grund sei, weshalb ich mit ihm zusammen bin. Ohne Erfolg. Im Gegenteil.

Wenige Tage später lagen wir gemütlich auf dem Sofa – Kerzenschein, Rotwein und gute Musik – der Traum jedes jung verliebten Paares. Plötzlich aber sprang Jürgen auf und schrie: »Ihr wollt mich fertig machen, was habe ich euch denn bloß getan?« Wieder hatten sich in seiner Fantasie mein Ex und ich zu einem Rachefeldzug gegen ihn zusammengefunden. Bald weitete sich diese Wahnvorstellung auf den gesamten Freundeskreis aus. Alle hatten nur eines im Sinn – ihn fertig zu machen. Jürgen war für Argumente nicht zugänglich, und die ewigen Streitigkeiten taten unserer Beziehung überhaupt nicht gut. Obwohl ich ihn liebte, konnte ich mit seinen Vorwürfen nicht umgehen, und wir haben uns damals permanent getrennt. Manchmal sogar mehrmals täglich. Mitunter hatten wir aber auch gute Gespräche. Dann glaubte ich, wir hätten es endlich geschafft, und Jürgen hätte kapiert, dass ihm keiner etwas Böses will und ich mir nichts mehr wünsche, als einfach nur mit ihm zusammen zu sein. Die Hoffnung trog regelmäßig, und wir waren meist schon einige Stunden nach der großen Versöhnung wieder völlig zerstritten. Es passte einfach nicht in sein Selbstbild, dass dort eine Frau war, die ihn wirklich liebte. Das Bild, was er von sich aufgebaut hatte, an das er glaubte, bekam heftige Risse. Seine Identität war brüchig geworden.

Nach einem ¾ Jahr war ich mit den Nerven so fertig, dass ich mein Leben nicht mehr auf die Reihe bekam und mich schließlich endgültig von Jürgen trennte. Die ersten drei Tage nach der Trennung schien es so als würde er das akzeptieren. Doch das tat er nicht. Anfangs rief er nur an und wollte reden. Das taten wir dann auch ausgiebig, aber ohne je zu einer Einigung zu kommen und ohne dass ich mich zu einer Versöhnung hätte breitschlagen lassen. Damals wollte ich wirklich weg von ihm. Die Anrufe wurden dann immer häufiger, und schon bald spielte auch die Uhrzeit keine Rolle mehr. Nachts um drei, mittags um zwölf, nachmittag um vier, egal wie spät es war – Jürgen rief immer an. Ich wohnte damals in einer Wohngemeinschaft, und meine Mitbewohner litten unter dem Telefonterror ebenso wie ich. Das sorgte natürlich für keine gute Stimmung.

Nach etwa drei Wochen fing Jürgen an, mich mit Selbstmorddrohungen unter Druck zu setzen. Wenn ich mich nicht mit ihm treffen würde, brächte er sich um, drohte er. Anfangs reagierte ich total panisch, stürzte sofort ins Auto und machte mich auf den Weg zu ihm. Dann saßen wir da und redeten stundenlang über unsere Beziehung und seine Probleme. Manchmal waren es ganz normale Gespräche, meistens aber saß mit ein Häufchen Elend gegenüber, das mir vorwarf, ich sei an seiner Situation schuld. Als ich einmal nicht sofort zu ihm kam, war er dann wirklich mit seinem Auto in einen Teich gefahren. Ob das ein ernsthafter Selbstmordversuch war, bezweifle ich zwar, aber er verstärkte so den Druck auf mich noch weiter. Er ging auch nicht mehr zur Arbeit, mir hinterherzustalken wurde nun zu seinem Lebensinhalt. Auch die Selbstmorddrohungen gingen zunächst weiter, als ich dann aber jedes Mal die Polizei verständigte und die bei ihm vorbeischickte, anstatt selber zu kommen, hörten die Drohungen schnell auf. Immer wieder tauchte Jürgen vor unserer Wohnung auf, anfangs hatten wir ihn noch hereingelassen und mit ihm geredet. Später machten wir die Tür gar nicht mehr auf. Wenn er betrunken war, legte er sich dann einfach davor und schlief. Machmal, wenn die Hauseingangstür verschlossen war, legte er sich dort auf dem Bürgersteig schlafen. Wer ins Haus wollte, musste dann über ihn hinweg steigen. Das gefiel den Nachbarn natürlich gar nicht, und bald hatten wir richtig dicken Ärger am Hals. Sogar die Hausverwaltung meldete sich bei uns und forderte uns auf, den Zustand zu beenden. Leichter gesagt, als getan. Manchmal saß Jürgen auch im Auto vor meinem Fenster und starrte stundenlang zu mir hoch. Dann schlich ich vorsichtig an der Wand entlang und fühlte mich eingesperrt wie in einem Käfig. Sobald er mich entdeckt hatte, sprang er aus dem Wagen und begann wieder mit seinem Klingelterror. Wenn ich abends unterwegs war, klapperte er die Kneipen nach mir ab – in der Kleinstadt, in der wir wohnten, ist es gar nicht so schwer, jemanden zu finden. Ich suchte mir deswegen immer einen strategisch günstigen Sitzplatz mit Blick zur Tür, und wenn er auftauchte, verschwand ich unauffällig auf die Toilette – meist konnte ich ihm so aus dem Weg gehen. Auch bei meinen Eltern meldete er sich regelmäßig. Manchmal schwärmte er ihnen vor, was für eine »tolle Tochter« sie doch hätten, das nächste Mal beschimpfte er sie und machte sie dafür verantwortlich, dass ich so ein »scheiß Weib« sei. In dieser Zeit startete er mindestens einmal täglich irgendeine »Aktion«. Ich hatte ein furchtbar schlechtes Gewissen und machte mich für seinen Zustand verantwortlich. Er selbst hatte mich ja davor gewarnt, eine Beziehung mit ihm einzugehen und hatte mir mehrmals prophezeit, dass es »übel« enden könne mit ihm. Ich war es, die damals auf ihn eingeredet hatte und ihm Vertrauen in eine Beziehung mit mir geben wollte – und jetzt ließ ich ihn sitzen. Wegen meines schlechten Gewissens schaffte ich es auch nie, einen wirklich endgültigen Schlussstrich zu ziehen, ich fühlte mich für ihn verantwortlich und gab letztendlich immer wieder nach, wenn er Kontakt mit mir aufnehmen wollte. Zehnmal sagte ich zwar »Nein«, beim elften Mal redete ich aber dann doch wieder mit ihm. Die Situation überforderte mich völlig. Ich stand unter ständiger Anspannung. Jedesmal wenn ich einen VW-Käfer hörte, und damals gab es noch sehr viele davon, kroch die Angst in mir hoch, jedesmal, wenn das Telefon klingelte, bekam ich einen Schweißausbruch und zittrige Hände. Schlafstörungen, ständige Migräneanfälle und bald auch Eßstörungen waren die Folge. Ich musste mich in einer Klinik psychologisch behandeln lassen. Die Nummer meines Kliniktelefonanschlusses war zwar geheim, schließlich sollte ich mich dort erholen, doch der Erste, der dort anrief, war Jürgen. Beim ersten Anruf beschimpfte er mich nur, beim zweiten wollte er mit mir reden, und dann war einige Wochen Pause. Beim dritten Anruf erzählte er mir schließlich, dass er einen Selbstmordversuch hinter sich habe, er habe Terpentin getrunken, und dabei sei unter anderem seine Bauchspeicheldrüse »draufgegangen«. An dem Selbstmordversuch, den er nur durch ein Wunder überlebt hatte, hatte seiner Ansicht nach natürlich ich Schuld, denn ich hatte ihn durch meine Boshaftigkeit dazu getrieben. Aber auch wenn er mir keine Vorhaltungen gemacht hätte, hätte ich damals ein schlechtes Gewissen gehabt. Ich war total geschockt und machte mir riesige Vorwürfe. Ich hatte die Beziehung zu ihm abgebrochen und ihn dadurch in den Selbstmord getrieben. Heute weiß ich, dass das völliger Schwachsinn ist, damals dachte ich aber wirklich so. Trotzdem verfolgt mich bis heute die Angst, ich könnte wieder jemand so sehr verletzen, dass er sich was antut.

Als ich aus der Klinik entlassen wurde, musste ich erst mal feststellen, dass sich viele Leute in meinem Bekanntenkreis ziemlich sonderbar und abweisend mir gegenüber verhielten. Jürgen hatte mich überall schlecht gemacht, und weil er einen Selbstmordversuch hinter sich hatte, hatten alle Mitleid mit ihm. Jetzt hatte ich auch in der Öffentlichkeit die Rolle der Bösen. Trotzdem wurde die Sache aber bald besser – Jürgen hatte eine neue Freundin gefunden und hörte auf, mich zu stalken. In dem einen Jahr, in dem er mit ihr zusammen war, hat er mich nur zwei- oder dreimal angerufen, und dann auch nur, um sich bei mir über seine Beziehungsprobleme auszuheulen. Auch als sie sich von ihm trennte, war zunächst Ruhe – vielleicht, weil er seine Stalkingaktivitäten zunächst auf sie lenkte. Dann aber meldete er sich wieder regelmäßig bei mir, und vor allem die »Telefonaktionen« nahmen wieder zu. Damals zog ich ziemlich oft um, und jedes Mal wenn ich in eine neuen Wohnung einzog, dachte ich »Klasse, jetzt hat er meine Telefonnummer nicht mehr«. Jedes Mal war Jürgen aber der Erste, der anrief. Die Verfolgung erreichte aber nie mehr das Level aus der Anfangszeit. Vielleicht war er dazu inzwischen auch körperlich nicht mehr fähig, er war zu einem richtigen Alkoholiker geworden, hatte seine Arbeitsstelle aufgeben müssen und war schließlich völlig verwahrlost. Hätte er nicht seine Mutter gehabt, in deren Haus er kostenlos wohnen konnte, wäre er vielleicht sogar auf der Straße gelandet. Irgendwann hörte dann das Stalking fast ganz auf. Er rief mich nur noch sehr selten an, manchmal beschimpfte er mich dann zwar auch, genauso oft fragte er aber auch nur um Rat – und immer war er betrunken. Im Dezember 1997, 13 Jahre nachdem wir uns kennen gelernt hatten, erhielt ich spät abends einen Anruf eines Bekannten. Wir hatten nur wenig Kontakt, und ich hatte gleich ein sonderbares Gefühl, als ich seine Stimme hörte. Er erzählte mir dann, dass er gerade in den Regionalnachrichten gehört habe, dass Jürgen verbrannt sei. Das Haus, in dem er wohnte, stand in Flammen, seine Mutter und seine Schwester, die im Stockwerk unter ihm wohnten, konnten mit Rauchvergiftungen und Verbrennungen gerettet werden. Für Jürgen, in dessen Dachgeschosswohnung das Feuer ausgebrochen war, kam aber jede Rettung zu spät. Ich konnte nicht glauben, was mir der Bekannte berichtete und erste einige Stunden später, als ich mitten in der Nacht die Wiederholung der Regionalnachrichten im Fernsehen sah, wurde mir klar, dass Jürgen nicht mehr lebte. Das letzte Bild, das ich von ihm im Kopf habe, ist wie sie ihn im Zinksarg aus dem Haus tragen. Ob es sich bei dem Brand um einen Unfall handelte, oder ob Jürgen in Selbstmordabsicht das Feuer selbst gelegt hatte, konnte nie geklärt werden.

WENN DER NACHBAR NICHT NUR ZUCKER WILL

Martina L., 40, wird, seit sie vor knapp einem Jahr seine Annäherungsversuche zurückgewiesen hat, von ihrem Wohnungsnachbarn verfolgt. Das Stalking dauert noch an, und es ist gegenwärtig keine Lösung absehbar. Frau L. überlegt deswegen umzuziehen.

Als ich einzog, lieh ich mir die Bohrmaschine von ihm. Er war sehr freundlich und hat sie mir gerne gegeben. Ich habe ihn dann zum Kaffee eingeladen und freute mich auf eine gute Nachbarschaft. Als ich ihn einige Tage später im Treppenhaus traf und ihm erzählte, dass mein Fernsehapparat kaputt sei, hat er mir gleich seinen angeboten: »Ich habe zwei, da kannst du doch den einen von mir haben.« Freundlicher Typ, dachte ich, und da ich damals knapp bei Kasse war, habe ich sein Angebot gerne angenommen. Wir unterhielten uns immer, wenn wir uns im Haus begegneten, und ab und zu habe ich ihn zu mir eingeladen. Rein optisch ist er wirklich nicht mein Fall. Er wirkt ein bisschen heruntergekommen und hat, obwohl er erst 40 Jahre alt ist, kaum noch Zähne im Mund. Auch intellektuell ist er nicht gerade ein Überflieger, aber immerhin war er freundlich, und heiraten wollte ich ihn ja schließlich nicht. Einige Wochen später hatte mein Fahrrad einen Plattfuß, ich wollte es gerade zum Reparieren bringen, als er mich abpasste und mir anbot, er könne das doch tun. Weil ich noch andere Sachen am Rad machen lassen wollte, lehnte ich ab, aber wieder freute ich mich über seine Freundlichkeit, und als ich ihn später nochmals im Flur traf, bedankte ich mich herzlich für sein Angebot. Ein wenig tat er mir auch Leid. Er war ein richtiger Einzelgänger und hatte offenbar keine Freunde.

Auffällig war, dass eine Woche darauf mein Fahrrad schon wieder einen Plattfuß hatte, und die Woche später wieder. Immer noch schöpfte ich keinen Verdacht, obwohl er jedes Mal wie zufällig auftauchte und mir seine Hilfe anbot. Als ich ihn wieder einmal zum Kaffeetrinken eingeladen hatte, zeigte er dann plötzlich, was er wirklich wollte. Wir sollten jetzt endlich mit dem Versteckspiel aufhören, meinte er, es wäre doch klar, dass auch ich etwas von ihm wolle. Mehr oder weniger deutlich forderte er mich auf, mit ihm ins Bett zu gehen. Ich fiel aus allen Wolken und lehnte ab. Nicht einmal im Traum hätte ich daran gedacht, mit ihm etwa anzufangen.

Von einem Tag auf den anderen änderte sich nun sein Verhalten mir gegenüber. Fast täglich steckte er irgendwelche Briefe an meine Tür, in denen er drohte, mich anzuzeigen, weil ich einen Untermieter habe, der nicht angemeldet sei. Bald brachte er im Hausflur Flugblätter an, in denen er die Mitbewohner vor mir warnte. Noch dachte ich, »armes einsames Schwein«, und hatte mehr Mitleid als Angst vor ihm. Das änderte sich aber spätestens an einem Dienstagmorgen im Mai, als ich in den Innenhof unseres Mietshauses ging, um von dort mein Fahrrad zu holen. An der Hoftür kam mir mein Nachbar lachend entgegen, und als ich zu meinem Rad kam, sah ich dass an jedem Fahrradlenker eine Männerunterhose voll Fäkalien hing – voll Sch..., absolut eklig und widerlich. Ich versuchte ihn zur Rede zu stellen, doch er zog nur feixend davon.

Immer öfter bedrohte er mich – zunächst nicht körperlich, sondern »nur« mit Worten. Auf der Straße ging er mir hinterher, wenn er glaubte, ich bemerke ihn, wechselte er »unauffällig« die Straßenseite. Nach einigen Monaten wurde es mir zu bunt, und ich stellte Anzeige wegen Bedrohung, übler Nachrede und Verleumdung. Am Anfang nahmen mich die Polizisten gar nicht ernst und meinten nur, dass der Typ verrückt sei, dann aber kam ich zu einer fähigen Polizistin. Endlich jemand, der mich verstand, doch helfen konnte sie mir auch nicht. Denn gegen Stalker, »die noch nichts getan haben«, kann man nicht vorgehen. So will es das Gesetz. Immerhin empfahl sie mir, beim Amtsgericht ein Näherungsverbot zu beantragen. Das ging ziemlich einfach, ich brauchte nur eine eidesstattliche Versicherung abgeben, dass er mich belästigt, und schon wurde das Näherungsverbot ausgesprochen. Ganz unkompliziert. Theoretisch. Denn das Papier in der Tasche schützte mich auch nicht vor seinen Belästigungen. In der Praxis änderte sich überhaupt nichts. Nachdem er ein paar Dutzend Male gegen die Auflage, mir fern zu bleiben, verstoßen hatte und ich jeden Vorfall bei der Polizei angezeigt hatte, bekam er schließlich ein Bußgeld von einhundert Euro aufgedrückt. Abgeschreckt hat ihn diese »Ministrafe« überhaupt nicht, denn so als ob nichts gewesen wäre, machte er weiter. Inzwischen kann er ohnehin wieder machen, was er will, denn das Näherungsverbot war auf ein halbes Jahr befristet. Bei einem Anwalt habe ich mich auch schon beraten lassen. Der konnte mir aber nicht helfen und erklärte mir nur, dass er nichts für mich machen könne und empfahl mir dann, ich solle mir doch ein paar Schläger besorgen, die den Stalker mal so richtig verprügeln. Ehrlich gesagt hätte ich dazu schon Lust, denn anders weiß ich mir nicht mehr zu helfen. Aber woher soll ich die denn nehmen, als unbescholtener Bürger hat man ja leider keine Kontakte zur Mafia.

Das Verhalten des Nachbarn mir gegenüber schwankt mittlerweile zwischen Aggression und Zuneigung. Einmal schrieb er mir beispielsweise einen Brief, in dem er sagte, dass uns »jemand manipulieren und auseinander bringen« will und er mich »sehr sympathisch« finde. Anderntags stand er mir drohend gegenüber und zischte mich an: »Ich werde dich schon kriegen, die Polizei kann dir jetzt auch nicht mehr helfen.« Als er auf mich zuging und mich greifen wollte, konnte ich gerade noch aufs Fahrrad springen und davonfahren. Inzwischen habe ich erfahren, dass er mit meiner Vormieterin genauso umgegangen war. Auch sie hat er bedrängt, und als sie nichts von ihm wollte, bedroht und verfolgt. Irgendwann hat sie es dann nicht mehr ausgehalten und ist umgezogen. Das werde ich wohl auch bald müssen.

VON EINER KLIENTIN VERFOLGT

Mario D., 34, ist Kunsttherapeut und arbeitet in einer sozialen Einrichtung. Dort arbeitete er über mehrere Monate hinweg mit einer körperbehinderten Klientin in Einzelbetreuung. Nachdem sie auf eigenen Wunsch hin die Betreuung abgebrochen hatte, begann sie ihn zu verfolgen. Mario D. setzte ihr von Anfang an deutliche Grenzen. Als er, nach mehreren Monaten der Belästigung, eine Anwältin einschaltete, die der Stalkerin mit rechtlichen Konsequenzen drohte, hörte das Stalking auf.

Ich bin Kunsttherapeut und betreute in einer sozialen Einrichtung eine Klientin in Einzeltherapie. Sie war Ende 30 und hatte eine Vorgeschichte als Künstlerin. Außerdem war sie körperbehindert und konnte deshalb nur mit einer Gehhilfe laufen.

Als sie zu mir in Therapie kam, lag zwar keine akute psychotische Erkrankung vor, sie hatte aber schon mehrere Klinikaufenthalte hinter sich. Meine Therapie sollte zusammen mit anderen Maßnahmen dazu beitragen, sie wieder ins »normale Leben« einzugliedern. Zweimal in der Woche malten und zeichneten wir zusammen. Nach den Therapiestunden blieb sie oft noch, um sich mit mir zu unterhalten. Sie erzählte mir viel aus ihrem Leben und von ihren Problemen. Ich hörte zu, gab ihr Hinweise darauf, was sie vielleicht tun könne, erzählte aber nie von mir selbst.

Trotzdem: Aus heutiger Sicht hätte ich hier schon eine Grenze ziehen sollen, zumal sie mir sagte, dass sie sich schon früher einmal in einen ihrer Therapeuten verliebt hatte. Damals bezog ich das aber nicht auf mich. Außerdem verliefen die Stunden nicht ungewöhnlich, sie stellte mir weder nach, noch belästigte sie mich in irgendeiner Weise.

Nach knapp einem Jahr brach die Patientin auf eigenen Wunsch die Betreuung ab, und da die Kunsttherapie Teil des gesamten Betreuungsprogramms war, kamen auch unsere Stunden zu einem Ende. Darüber war sie ziemlich verärgert, denn die Kunsttherapie hatte ihr Spaß gemacht. Aber das sah das Programm nun mal nicht vor. Die Einrichtung war keine Volkshochschule und deswegen konnte man dort auch keine einzelnen Kurse buchen.

Irgendwie schien sie mir die Schuld dafür zu geben, dass sie die Therapie nicht fortführen durfte und sie verabschiedete sich relativ aggressiv. Um ihr das Gefühl zu geben, dass unsere gemeinsame Arbeit zu einem guten Ende gekommen sei, und um die Stimmung zu entspannen, schlug ich ihr vor, dass wir Bilder tauschen sollten. Sie solle ein von mir gemaltes Bild mit nach Hause nehmen und mir dafür im Gegenzug eines von sich schenken. Sie stimmte begeistert zu. Ich hatte mein Bild mit Vor- und Nachnamen signiert. Dieses kleine Detail sollte später noch wichtig werden, denn sie verstand die Signatur als geheimes Zeichen.

Etwa vier Wochen nach Ende der Betreuung, bekam ich den ersten Anruf von ihr. Sie versuchte mich in ein Gespräch zu verwickeln und erzählte mir, wie sehr sie mich vermisse. Außerdem sei zwischen uns noch einiges offen und sie bräuchte meine Hilfe. Ich hatte keine Ahnung was sie meinte, wenn sie sagte, dass zwischen uns etwas offen sei, und es interessierte mich auch nicht. Ich war sofort sehr misstrauisch und sagte ihr unmittelbar, dass ich privat keinen Kontakt mit ihr möchte. Wegen ihrer Probleme verwies ich sie an die entsprechenden sozialen Einrichtungen.

Ich war von ihrem Anruf ziemlich überrascht, hatte ich ihr doch nie meine Telefonnummer gegeben und dachte, dass sie nicht einmal meinen Nachnamen wüsste. Später fiel mir dann das Bild ein, sicher war sie durch die Signatur auf mich gekommen. Obwohl ich ihr deutlich gesagt hatte, dass sie mich in Ruhe lassen solle, rief sie in den nächsten Wochen mehrmals täglich an. Auch spät nachts klingelte mein Telefon. Irgendwann wurde mir das Ganze zu viel, und ich zog immer häufiger den Telefonstecker. Eigentlich hätte ich mir eine neue Nummer besorgen sollen, doch damals ging es mir finanziell nicht so gut. Die Kosten einer Neuanmeldung hätte ich mir nicht leisten können. Weil ich das Telefon oft ausgesteckt hatte, und so nicht mehr jederzeit für sie erreichbar war, tauchte sie eines Nachts bei mir an der Wohnung auf. Es war schon nach Mitternacht und ich lag bereits im Bett, als es an der Haustür klingelte. Da ich so spät niemand mehr erwartete, vermutete ich einen angetrunkenen nächtlichen Scherzbold und machte dementsprechend auch nicht auf. Zunächst blieb es ruhig im Hausflur, ein paar Minuten später hörte ich das typische Klicken ihrer Gehhilfe und das Klingeln von indischen Glöckchen, die sie an ihrer Handtasche befestigt hatte. Das Geräusch kündigte sie von weitem an und war mir aus der Zeit ihrer Therapiestunden noch gut im Ohr. Im Halbschlaf wälzte ich mich im Bett und war mir nicht sicher, ob ich träume oder ob das, was ich hörte, Wirklichkeit war. Mein Zweifel wurde schnell beseitigt. Jemand klingelte an der Wohnungstür und schlug heftig mit der Hand dagegen. Noch reagierte ich nicht und überlegte, was ich tun sollte. Sollte ich liegen bleiben und vorgeben, ich sei nicht zu Hause, sollte ich die Polizei rufen oder doch mit ihr sprechen? Die Hoffnung, sie würde verschwinden, musste ich schnell begraben. Fast eine Viertelstunde lang schlug sie ununterbrochen gegen die Tür. Irgendwann hielt ich es nicht mehr aus, stand auf und sprach durch die geschlossene Tür mit ihr. Ich forderte sie auf zu verschwinden und sagte ihr ganz klar, dass ich nichts mit ihr zu tun haben wolle. Sie antwortete, dass sie mit mir sprechen müsse, weil nur ich ihr helfen könne. Immer wieder klopfte sie gegen die Tür oder klingelte. Ich sprach mit ihr, beschimpfte sie, versuchte sie zu überreden – nichts half. Als sie nicht reagierte, verzog ich mich wieder ins Bett. Bevor sie endlich verschwand, verging aber noch eine weitere halbe Stunde, in der sie immer wieder gegen die Tür hämmerte. In den nächsten Tagen häuften sich die Anrufe. Offenbar wählte sie nahezu ununterbrochen meine Nummer, denn kaum steckte ich mein Telefon ein, schon klingelte es und sie war dran. Meist legte ich wortlos auf, manchmal sagte ich ihr deutlich, dass ich keinen Kotakt mit ihr wolle. Ihre »Besuche« nahmen ebenfalls zu. Sie wartete oft stundenlang vor meiner Tür und saß auf der Haustreppe. Dann fühlte ich mich wie ein Tier in der Falle. Hinaus konnte ich nicht und ich musste geduldig abwarten, bis sie verschwand.

Bald erhielt ich den ersten Brief von ihr. Sie schrieb, dass sie sich bei mir nur gemeldet habe, weil ich es gewollt hätte. Ich hätte ihr das Bild geschenkt und darauf meinen Namen für sie hinterlassen. Damit hätte ich deutlich gezeigt, dass ich den Kontakt mit ihr suche, wie könne ich sie da jetzt zurückweisen.

In der Einrichtung, in der ich arbeitete, versuchte man ihr zu helfen. Die dortigen Betreuerinnen luden sie zu einem Gespräch ein, an dem auch ich teilnahm. Zwei Stunden lang versuchten die Psychologinnen auf sie einzuwirken. Ich selbst sagte kaum etwas, denn ich wollte verhindern, dass eine Verbindung zwischen mir und der Stalkerin entstand. Sie sollte keinesfalls den Eindruck erhalten, ich stünde als Ansprechpartner für sie zur Verfügung. Während der Aussprache wirkte sie sehr einsichtig und sagte, dass sie mir doch »gar nichts Böses wolle«. Nach dem Gespräch verließ sie die Beratungsstelle, ich blieb zurück, um mich noch mit meinen Kolleginnen zu unterhalten. Als ich eine Stunde später ebenfalls ging, wartete sie an der nächsten Straßenecke auf mich und fragte, ob wir nicht zusammen zur Straßenbahn gehen wollten. Sie müsse mit mir sprechen, denn nur ich hätte die Lösung für ihre Probleme. Offenbar hatte sie nichts verstanden.

Ihre »Besuche« gingen weiter. Schließlich wusste ich mir nicht mehr anders zu helfen und rief jedes Mal die Polizei, wenn sie vor der Tür stand. Die kam auch meist sehr schnell und eskortierte die Stalkerin hinaus auf die Straße. Die Beamten waren immer sehr freundlich, machten mir aber klar, dass sie im Grunde nicht viel für mich tun könnten, denn es sei nicht strafbar, wenn sich die Frau im Treppenhaus aufhalte. Oft kam sie, unmittelbar nachdem die Polizei abgezogen war, wieder zurück. Obwohl die Stalkerin eine psychische Vorerkrankung hatte, konnte man sie auch nicht zwangsweise in eine Klinik einweisen.

Als es Herbst wurde und damit das Wetter schlechter, wurden auch ihre Besuche etwas weniger. Es mag sonderbar klingen, aber vielleicht hatte ich »Glück«, dass sie behindert war. Bei schlechtem Wetter wurde es für sie nun nämlich beschwerlich, zu meiner Wohnung zu kommen. Außerdem konnte sie mir natürlich nicht, so wie viele andere Stalker das bei ihren Opfern tun, auf der Straße hinterherlaufen. Zwar stand sie jetzt nicht mehr täglich vor meiner Wohnung, aber mir reichte es schon, wenn sie zwei-, dreimal die Woche bei mir auftauchte. Deswegen entschloss ich mich schließlich eine Anwältin einzuschalten, die sich auf Stalkingfragen spezialisiert hatte. Sie schickte meiner Stalkerin einen Brief, in dem sie sie aufforderte, mit den Nachstellungen aufzuhören, andernfalls würde ich sie anzeigen und ein Näherungsverbot gegen sie erwirken. Ich war damals entschlossen, den Gerichtsweg einzuschlagen, doch das war glücklicherweise gar nicht nötig. Nach dem Schreiben der Anwältin hörten ihre Besuche schlagartig auf, was folgte, waren noch zwei, drei Briefe, in denen sie unsere »Beziehung« in esoterischen Ergüssen aufarbeitete. Viel davon verstand ich nicht. Musste ich auch nicht. Der Alptraum war vorbei.

DER FAN DES LEADSÄNGERS

Als Raik B. sich telefonisch auf meine Anzeige meldete, in der ich nach Stalkingopfern gesucht habe, die mir ihre Geschichte erzählen würden, sagte er, dass er das gerne tun würde. Er würde aber keinesfalls seinen Namen und seinen Wohnort nennen. Aus seinem Dialekt konnte ich unschwer erkennen, dass er irgendwo aus Sachsen kommt, und das bestätigte er auf Nachfrage auch. Raik B. hat keine Angst vor seiner Stalkerin, der Fall scheint abgeschlossen und liegt einige Monate zurück, er fürchtet vielmehr, dass ihm seine neue Freundin die Stalkinggeschichte nicht glauben und ihm eine Affäre unterstellen würde.

Raik spielte in einer Band, die regional ziemlich bekannt ist, und irgendwann fiel ihm auf, dass auf den Konzerten immer wieder dieselbe gut aussehende Frau vor der Bühne tanzte. Da er damals Single war, sprach er sie irgendwann nach einem Konzert an, und es begann eine kurze und heftige Affäre.

»Sie hat mich aber ziemlich schnell genervt«, sagt Raik und erklärt, dass sie ihn vergöttert habe wie einen Weltstar.

Raik hier, Raik da – und bald schon wollte sie mich ihren Eltern vorstellen. Wegen heiraten und so. Ich war damals erst 22 und hatte wirklich keinen Kopf für solche Dinge. Ich genoss meine Freiheit und wollte mich nicht binden. Für mich war es eine Affäre, für sie offenbar mehr. Ich sagte ihr aber von Anfang an sehr deutlich, dass aus uns nichts werden würde, und sie schien darüber auch nicht besonders besorgt. »Ja, ja schon klar«, war ihre Antwort, doch ihr klammerndes Verhalten änderte sich nicht. Zu jedem Konzert kam sie mit, und wenn sie glaubte, ich hätte von der Bühne mit einer anderen Frau geflirtet, rastete sie total aus und machte mir eine riesige Szene. Auch mit den andern Typen aus der Band sollte ich nach den Konzerten nicht mehr weggehen. Sie wollte mich ganz für sich allein. Irgendwann wurde mir das zu blöd, und ich machte Schluss. Aber auch das kapierte sie nicht. Beim nächsten Konzert stand sie wieder vor der Bühne, und als ich nach dem Konzert mit den Jungs noch einen trinken gehen wollte, klammerte sie sich an mich und schrie mich an, dass ich das nicht dürfe, weil ich ihr gehöre und sie mich liebe. Mann, war das peinlich vor den anderen. Ich machte mich los und fuhr davon, aber damit war die Sache noch lange nicht ausgestanden. Von da an wartete sie fast täglich vor meiner Haustüre. Da sie etwa 15 Kilometer von mir entfernt wohnt, war das für sie mit einem ziemlichen Aufwand verbunden. Sie hat kein Auto und muss alles mit dem Bus fahren. Aber das schreckte sie nicht, sie stand trotzdem bis spät in der Nacht vor meiner Tür. Anfangs war sie ziemlich ruhig, sie stand einfach da, und wenn ich die Wohnung verlassen wollte, hielt sie mich auf, um mit mir zu sprechen. Ich hatte gar keine Lust, mich groß mit ihr zu unterhalten. Warum auch, ich wollte sie einfach los sein. Ich habe ihr aber deutlich gesagt, dass ich nichts von ihr will. Bald fing sie dann an, mich anzurufen. Egal wo ich war, mein Handy klingelte, und immer war sie es. Das ging so weit, dass ich mir ein neues beschaffen musste, denn meines war eigentlich nicht mehr zu benutzen. Kaum hatte ich es angeschaltet, klingelte es schon, und sie war dran. Meine neue Handynummer hatte sie auch ziemlich schnell ausfindig gemacht, und da war es dann genau dasselbe. Erst beim nächsten Mal »klappte« es ... ich gab die Nummer wirklich nur noch an die allerengsten Freunde weiter. Natürlich war ich in dieser Zeit dann auch für niemand anderen mehr erreichbar. Aber egal. Als Nächstes kam dann die Sache mit dem Auto. Eine Zeit lang saß sie jeden Tag auf der Motorhaube meines alten Benz und warte dort auf mich. Sie wusste ja, dass ich abends immer zur Probe oder zu Konzerten musste, und da hat sie mich dann abgepasst. Bevor ich sie loswurde, gab es jedes Mal einen kleinen Ringkampf: Ich stieß sie von meinem Auto, sie klammerte sich an mich und drohte, wenn ich sie nicht mitnehmen würde, dann würde sie sich das nächste Mal nicht nur aufs Auto setzen, sondern es kaputtmachen. Lange Zeit hat sie damit nur gedroht, und ich dachte schon, dass sie nur Sprüche macht. Eines Abends aber waren die Scheiben meines Autos eingeschlagen. Sowohl vorne, als auch hinten. Natürlich ging ich sofort zur Polizei und erstattete Anzeige, und ich sagte auch, dass sie das getan hat. Aber da ich sie nicht gesehen hatte und sie dann alles abstritt, konnte man nichts machen. Als sie das nächste Mal vor meiner Wohnung stand, grinste sie mich nur an und sagte: »Siehst du, was passiert, wenn du nicht machst, was ich will.« Am liebsten hätte ich ihr eine gescheuert, aber dann wäre ich der Böse gewesen. Trotzdem, an meinem Auto vergriff sie sich nicht mehr groß, nur die Antenne war noch einmal umgebogen.

Irgendwann begann sie dann den Telefonterror auch auf meine Kumpels in der Band auszudehnen. Besonders Adrian bekam ihren Zorn ab. Denn ihm unterstellte sie, dass er mir eingeredet habe, sie zu verlassen. Sie glaubte, wenn es ihn nicht geben würde, dann wären wir noch ein Paar. Dabei hatte der Arme kein Wort gesagt. Gut, er hatte sie nie leiden können, aber trotzdem hatte er weder über sie gelästert, noch mir geraten, mich von ihr zu trennen. Da bin ich schon selbst draufgekommen. Erst hat Adrian ihre Anrufe ganz cool über sich ergehen lassen, als sie aber fast jede Nacht bei ihm anrief und ihn beschimpfte, hat er ihr doch mal ein paar Takte angesagt. Nach einem Konzert, bei dem sie auch wieder da war, nahm er sie zur Seite. Er hat ihr ziemlich deutlich gemacht, dass er sich das nicht länger gefallen lassen würde. »Pass auf deine Nase auf«, hat er sie angezischt und komischerweise hat die Drohung funktioniert. Sie hat sofort aufgehört, ihn zu belästigen. Hätte ich nie gedacht. Auch ich hatte ihr nämlich schon manchmal gedroht, aber da hat sie nur gelacht. Irgendwie haben sie die Drohungen wohl sogar angemacht, und als mir doch einmal die Hand ausgerutscht ist, hatte sie mich nur ganz heftig umarmt und mir ins Ohr geflüstert, wie sehr sie mich liebe.

Dann kam ihre Briefschreibephase. Wirklich jeden Tag hatte ich einen seitenlangen Wisch von ihr im Briefkasten, in dem sie ihre Gefühle ausbreitete, mir erzählte, wir seien für einander geschaffen und immer wieder über Adrian herzog. Ich solle mich von diesem Arsch nicht beeinflussen lassen, stand da. Oder: »Wir beide gehören zusammen. Nur du und ich. Lass es nicht zu, dass andere unsere Liebe zerstören.« Welche Liebe, verdammt noch mal! Ich liebe sie nicht und habe sie nie geliebt. Sie war eine Affäre. Nichts weiter. Einmal noch habe ich sie dann selbst angerufen und sie total zur Sau gemacht. Sie war ganz überrascht und hat gesagt, dass sie mich verstehe und mir keinesfalls wehtun wolle, und natürlich werde sie mich nicht belästigen. Klasse, dachte ich, man muss wohl nur eine deutliche Ansage machen, dann kapiert auch sie es. Nach diesem Telefonat war ich erleichtert. Es ist vorbei, endlich vorbei. Ich war richtig happy. Bis zum nächsten Tag. Da stand sie dann mit einer roten Rose vor meiner Haustür und flehte mich an, sie zu heiraten.

In dieser Phase lernte ich dann meine neue Freundin kennen. Natürlich habe ich ihr nichts erzählt, denn die hätte mir sicher nicht geglaubt und gedacht, ich hätte was mit der anderen. Ist ja eigentlich auch logisch, würde ich auch denken, wenn bei ihr immer ein Typ vor dem Haus warten würde. Ich war immer total panisch, wenn mich meine Freundin besuchte, denn wie hätte ich ihr denn erklären sollen, wenn plötzlich die andre im Minikleidchen vor der Tür steht und mir um den Hals fällt. Hätte ich vielleicht sagen sollen: »Darf ich vorstellen, das ist meine Stalkerin?« Doch ich hatte Glück. Wenn meine Freundin bei mir übernachtete, tauchte die Stalkerin nie auf. Ohnehin hatte ich Glück, denn meine neue Freundin ist meine große Liebe, und wir beschlossen schon bald zusammenzuziehen und uns eine gemeinsame Wohnung zu suchen. Das war für mich natürlich doppelt gut, einerseits konnte ich so mit ihr immer zusammen sein, andererseits auch die Stalkerin loswerden. Und wie es aussieht, hat es auch geklappt, wir sind vor vier Monaten umgezogen und seitdem ist sie nicht mehr aufgetaucht. Trotzdem habe ich immer noch Panik. Denn was soll ich denn machen, wenn sie plötzlich vor der Wohnungstür steht. Dann geht alles wieder von vorne los, und meine Freundin wäre ich wahrscheinlich auch los. Die ist nämlich ganz schön eifersüchtig und würde mir nie abnehmen, dass ich mit der Stalkerin nichts habe. Damit die mich nicht so leicht finden kann, habe ich sogar aufgehört, in der Band zu spielen.

STALKING? KANN MIR NICHT PASSIEREN!

Barbara T., 40, wird erst seit einigen Wochen von einem unbekannten Stalker belästigt. Immer wieder werden ihr Waren ins Haus geliefert, die sie nicht bestellt hat.

Bis vor ein paar Wochen kannte ich das Thema Stalking nur »aus der Ferne«, hier mal eine Talkshow im Fernsehen, dort mal ein Artikel in einer Zeitschrift, und ich habe auch mitbekommen, dass im Hessischen Landtag über einen Gesetzentwurf diskutiert wurde, der Stalkern das Handwerk legen soll. Irgendwie war das alles zwar interessant, aber nicht wirklich mein Problem. Das hat sich nun schlagartig geändert.

Am Anfang waren es nur seltsame Begebenheiten, die mich zunächst nicht sonderlich irritierten und die ich als »Dumme-Jungen-Streiche« abgetan habe. Aber irgendwann nahm das Ganze dann eine neue Qualität an. Ich überlege hin und her, wer der Stalker sein könnte, und ich habe auch einen Verdacht, aber sicher bin ich mir nicht. Unruhig macht mich vor allem der Gedanke, dass diese Person sehr viele Daten von mir hat, die eigentlich nur meine engsten Freunde und Verwandten kennen.

Alles fing vor zirka fünf Wochen damit an, dass ich immer wieder merkwürdige Mails auf meine private, nur Freunden bekannte Mailadresse bekommen habe. Eine Woche später gingen dann im Büro Anrufe mit einer automatischen Bandansage ein – keine eigentliche Nachrichten, nur irgendwelche unverständlichen Zahlenkolonnen. Wenn ich den Hörer nicht abnahm, weil ich die Nummer erkannte, klingelte es alle paar Minuten, so lange bis ich die Nachricht schließlich doch abhörte. Ich sollte noch erwähnen, dass das natürlich nicht die Nummer des Stalkers war, sondern die eines Ansagedienstes.

Auch zu Hause werde ich seitdem immer wieder angerufen – bevorzugt nachts. Anrufe, bei denen sich meist niemand meldet, ich aber höre, dass jemand am anderen Ende dran ist. Das ist für mich schwer zu ertragen, weil ich seit dem Unfalltod meiner Mutter jedes Mal einen wahnsinnigen Schreck bekomme, wenn nachts das Telefon klingelt. Damals bekam ich nachts den Anruf, dass meine Mutter tödlich verunglückt sei. Am vergangenen Wochenende – pünktlich zum Monatsanfang – funktionierte mein Telefon nicht mehr. Nichts ging mehr – nicht einmal der Notruf. Zuerst dachte ich an einen Defekt, als ich bei der Telekom nachfragte, sagte man mir aber, »dass alles seine Richtigkeit habe«, denn ich hätte meinen Anschluss schriftlich gekündigt. »Wie bitte? Das würde ich aber gern mal sehen.« Daraufhin wurde mir mein angebliches Kündigungsschreiben per Fax zugeschickt. Die Unterschrift sah der meinen wirklich ähnlich, war aber doch als nachgemacht zu erkennen. Außerdem war in dem Kündigungsschreiben weder meine Kundennummer noch meine Buchungskontonummer angegeben. Unglaublich, da hatte jemand nur unter Angabe meiner Rufnummer meinen Anschluss gekündigt. Ich wusste nicht, auf wen ich wütender sein sollte, die Telekom, die das durch ihre Nachlässigkeit möglich gemacht hatte, oder den Stalker. Es dauerte dann noch fünf Tage, bis die bei der Telekom kapiert hatten, dass sie einem Spinner aufgesessen sind, und mein Anschluss wieder in Betrieb genommen wurde.

Aber damit nicht genug. Mein »unsichtbarer Freund« hat für noch mehr »Spaß« gesorgt. In der vergangenen Woche dachte ich, ich bin im falschen Film. Was ich da erlebte, kannte ich bisher nur aus dem Kino. Abends um zehn klingelte bei mir der Pizzamann und hatte ein Dutzend Pizzen im Arm. Angeblich hatte ich die bestellt. Natürlich habe ich sie nicht genommen und musste mich mit dem Ausfahrer deswegen heftig streiten. Der war total sauer auf mich und hielt mich vermutlich für bescheuert. Immerhin zog er mit seinen Pizzen wieder ab, als ich ihm zeigen konnte, dass mein Telefon lahmgelegt war. Am nächsten Tag ging es weiter. Kurz vor Mitternacht klingelte es an der Haustür. »Hier ist der ADAC, Sie haben Probleme mit Ihrem Fahrzeug? Wo steht es denn?« Wie bitte???? Ich war seit Wochen nicht mehr gefahren, und das sagte ich dem Herrn auch. Der glaubte mir kein Wort. Ich konnte die Situation nur deswegen retten, weil ich ihm durch »Handauflegen auf die Motorhaube« beweisen konnte, dass der Motor völlig kalt und das Auto nicht benutzt worden war. Wie der Pizzamann zog auch der »Gelbe Engel« unverrichteter Dinge und ziemlich verärgert wieder ab.

Am Wochenende meinte es mein Stalker wirklich gut mit mir: »Danke für den Wiesbadener Kurier. Danke für die FAZ. Danke auch für das Wiesbadener Tagblatt. Danke für die BamS.« Aber es hätte auch ausgereicht, wenn ich nur je ein Exemplar bekommen hätte, fünf sind selbst für mich nicht zu schaffen. Heute habe ich alle Zeitungen wieder zurückgeschickt und den Verlagen mitgeteilt, dass es sich nicht um meine Bestellung handelt. Mal sehen, was da wieder zurückkommt.

Dann der nächste Schock: Mein Stromversorger hat mir mitgeteilt, dass er meine Kündigung zum Ende des Monats erhalten hat. Wieder dasselbe Spiel. Ich rufe dort an, und man legt mir ein Kündigungsschreiben von mir vor. Diesmal hatte sich der Stalker nicht mal die Mühe gemacht, meine Unterschrift ordentlich zu fälschen. So schreibe auch nicht, wenn ich vier Flaschen Wodka getrunken habe. Auch das konnte ich aber noch geradebiegen, und in meiner Wohnung brennt auch im nächsten Monat weiter das Licht.

Inzwischen glaube ich nicht mehr daran, dass es sich um irgendwelche Streiche handelt, und versuche mich auf eventuelle Aktionen des Stalkers einzustellen. Bei der Bank habe ich mich schon gemeldet und gebeten, dass man mich anruft, bevor man irgendwelche Aktionen unternimmt.

Man kann ja nie wissen, ob mein »anderes Ich« mir nicht auch meine Kreditkarten sperren lässt oder mein Konto kündigt. Auch meiner Vermieterin habe ich von der Geschichte erzählt und sie gebeten, dass sie ein eventuelles Kündigungsschreiben von mir einfach in den Papierkorb werfen soll. Meinen Nachbarn habe ich vorsichtshalber schon mal mitgeteilt, dass sie Paketsendungen, die für mich abgegeben werden, keinesfalls annehmen sollen. Inzwischen lasse ich alle meine Pakete und Päckchen über die Packstation an mich schicken – für Stalkingopfer eine klasse Erfindung.

Das klingt sicherlich alles ganz lustig. Aber mir ist inzwischen das Lachen vergangen, und obwohl ich mir mein Leben nicht vermiesen lassen will und werde, wurde meinem Körper die ständige Nervenanspannung irgendwann zu viel. Ich bekam aus heiterem Himmel kolikartige Magenkrämpfe, hatte Migräneattacken, mir war ständig schlecht und ich zog mich immer mehr zurück und vernachlässigte meine Außenkontakte. Man kann ja nicht wissen, wem man trauen kann und wem nicht. Man wird ja schon fast paranoid und vermutet hinter jedem den Stalker. Diese Rückzugstendenzen sind eigentlich das Schlimmste, denn nach dem Tod meiner Mutter war ich in ein tiefes Loch gefallen, und jetzt war ich gerade dabei, wieder neue Kontakte aufzubauen und »unter Leute zu gehen«.

Schlimm ist auch, dass ich manchmal nicht weiß, was ich konkret tun kann. In den Büchern steht, man soll dem Stalker unmissverständlich klar machen, dass man keinen Kontakt wünscht. Würde ich gern machen, aber wie, wenn man keine Ahnung hat, wer einen verfolgt? Die Polizei lacht sich fast schlapp, wenn ich mit meiner Geschichte auftauche. Solange nicht wirklich was passiert, können die gar nichts machen, sagen sie. Da gebe ich denen sogar fast Recht, sollen die jetzt nach jedem fahnden, der zwölf Pizzen bestellt?

Das Problem ist doch, dass es in Deutschland noch keinen eigenen Straftatbestand für Stalking gibt. Ich habe mal nachgelesen, was es alles so für Straftatbestände im Gesetzbuch gibt: Hausfriedensbruch (§ 123 StGB), falsche Verdächtigung (§ 164

StGB), Beleidigung (§ 185 StGB), üble Nachrede (§ 186 StGB), Verleumdung (§ 187 StGB), Körperverletzung (§ 223 StGB), Nötigung (§ 240 StGB) und Bedrohung (§ 241 StGB). Aber unter welchen Paragraphen fällt es, wenn jemand bei mir ständig nachts anruft, meinen Stromanschluss kündigt und in meinem Namen Zeitungsabos und Pizzen bestellt?

Da wird man schon sauer. Der Staat kommt seiner Funktion, die Bürger vor Straftaten zu schützen, nur unzureichend nach. Nur wenn es ums liebes Geld geht, da steht der Gesetzgeber gleich auf der Matte. Wenn ein einziger Stalker bei seinen »Aktivitäten« einen Euro Steuern hinterziehen würde, dann würde sich sicherlich ganz schnell was ändern.

Vielleicht fragen sich jetzt einige, weshalb ich meine Geschichte hier im Buch veröffentliche. Ganz einfach, weil ich mir das vom Stalker nicht gefallen lassen will, und wenn er das hier liest, soll er wissen, egal was er macht, ich werde mich wehren. Außerdem möchte ich anderen Betroffenen Mut machen. Stalking ist schlimm und unangenehm, aber nicht das Ende der Welt. Man kann was dagegen tun, und auch wenn der Gesetzgeber zu lahm ist, man kann sich selbst helfen. Nur eines darf man nie: Aufgeben und sich selbst von der Außenwelt isolieren.

Nachsatz: Inzwischen weiß ich, wer der Stalker ist, es ist eine Frau, deren Identität ich durch Nachforschungen bei dem Pizzaservice, dem ADAC usw. herausfinden konnte.

SIE IST IHM ALS ENGEL ERSCHIENEN

Sandra P. ist heute Ende 30, vor mehr als zehn Jahren hatte sie eine kurze Beziehung mit einem Mann, der in psychiatrischer Behandlung war. Als sie sich nach einem Jahr von ihm trennte, begann er sie zu stalken. Das Stalking hörte auf, als Sandra P. mehrfach umzog und er ihre Spur verlor. Trotzdem belästigt der Stalker nach wie vor ihre Eltern und versucht ihren Wohnsitz herauszubekommen.

Ich lernte Oliver P. im Frühjahr 1994 in Marburg kennen. Damals studierte ich noch und hatte einen Freund in Frankreich, den ich an den Wochenenden regelmäßig besuchte. Die Beziehung war allerdings seit längerem in der Krise, aber ich schaffte es einfach nicht, einen Schlussstrich zu ziehen. Unbewusst suchte ich wohl eine »Brücke« zum Ausstieg. Und so war mir die direkte Werbung von Oliver P. sehr willkommen, der mich in einem Thermalbad in der Nähe der Stadt angesprochen hatte. Sein hartnäckiges Interesse tat mir gut. Wir verabredeten uns für einen nächsten Badbesuch. Als es so weit war, überlegte ich kurz, ob ich auch wirklich hingehen sollte, aber schließlich wollte ich zuverlässig sein und ihn nicht enttäuschen. Er war hoch erfreut, dass ich kam, und meinte, er hätte nicht ernsthaft damit gerechnet.

Er war sehr sympathisch, eloquent und sah dazu noch gut aus. Er sprach fließend Englisch und Französisch, spielte Trompete und war ein begeisterter Radrennfahrer. Deshalb ließ ich mich auch nicht abschrecken, als er mir gleich am zweiten Abend berichtete, dass er schon mal in der Psychiatrie war und gerade in einer Reha-Werkstatt arbeitete. Im Gegenteil. Ich bekam sofort Mitleid und wollte ihm helfen. Denn angeblich wäre alles ein riesiges Missverständnis, eine Verkettung unglücklicher Umstände gewesen. Er fühlte sich von seiner Familie und überhaupt von allen verraten und verkauft. Freunde hatte er nicht.

Ich beendete meine Beziehung in Frankreich, wurde Oliver P.s Freundin und eine glühende Kämpferin für seine Rechte und seine Anerkennung – ein weites Feld, denn er wusste nur von Misserfolgen und Rückschlägen zu berichten. Ich sprach mit dem Leiter der Reha-Werkstatt, mit seinem behandelnden Psychologen, mit seiner Familie. Unermüdlich versuchte ich, ihm Mut zu machen, Vorschläge und Ideen zu unterbreiten. Irgendwann merkte ich, dass alles Reden nichts half, er nur meine ganze Energie mit seinen Problemen absaugte und mich leer zurückließ. Er war so sehr mit sich beschäftigt, dass er keine Liebe an einen anderen weitergeben konnte. Ich versuchte mehrmals, mich zu trennen, hielt die Ankündigungen aber nie durch, sondern tappte immer wieder in die Falle meines Helfersyndroms. Das war ein Riesenfehler, da er mich, auch als es endgültig aus war, überhaupt nicht mehr ernst nahm. Das war ein gutes Jahr später, im Sommer 1995. Bald ging ich eine neue Beziehung ein, und mein neuer Freund versuchte ihm klarzumachen, dass er mich endlich in Ruhe lassen solle. Doch er ließ sich nicht abschrecken. Ich bekam böse Briefe mit Morddrohungen und anonyme Anrufe die ganze Nacht hindurch. Einmal verschaffte er sich durch die Vermieter Zutritt zum Flur und stellte mir ein selbst gemaltes riesiges Bild vor meine Wohnungstür. Ich hatte Angst, rief die Polizei und seinen Psychologen an, schrieb seiner Mutter verzweifelte Briefe – aber niemand konnte etwas tun.

Glücklicherweise wohnte er eine halbe Stunde von Marburg entfernt und besaß nur ein Fahrrad, kein Auto. Deshalb war es relativ unwahrscheinlich, nachts von ihm behelligt zu werden. Sicher konnte ich mir aber nicht sein und litt unter Verfolgungswahn. Angezeigt habe ich ihn jedoch nie. Ich hätte nicht gewusst, wo ich überhaupt ansetzen soll. Auch hatte ich Angst vor seiner Rache.

Zum Ende meines Studiums, Anfang 1998, zog ich dann in einer Nacht-und-Nebel-Aktion aus Marburg fort. Seitdem habe ich Ruhe. Doch dafür belästigt er bis heute meine Eltern, deren Adresse und Telefonnummer er als mein Ex-Freund ja hatte. Zuerst rief er sogar nachts bei ihnen an, es folgten endlose Briefe in krakeliger Schrift und Worten wie im Fieberwahn. Anlass dafür waren, seinen Aussagen zufolge, immer Träume, in denen ich ihm als Schutzengel erschienen bin. In einem Traum wurde ihm auch befohlen, am Heiligabend 2000 zu meinen Eltern zu fahren. Um neun Uhr abends stand er vor unserer Tür, mit einem Foto von mir in der Hand. Die ganze Familie war geschockt. Vor allem ich, die ich auch dort war und mich schämte, dass durch meine Schuld das Weihnachtsfest verdorben war. Er redete den ganzen Abend über sich selbst. Am nächsten Tag setzten wir ihn in den Zug. Die Entscheidung nahm er stillschweigend hin. Überhaupt zeigte er sich bis auf jenen Brief mit den Morddrohungen nie aggressiv, nur manchmal gegen sich selbst. Briefe schickten wir von da ab ungeöffnet zurück. Es folgten Fotos von ihm als Postkarten, Päckchen mit verschwitzten Fahrradhemden und andere Utensilien. Jedes Jahr zu Weihnachten ruft er an und verlangt, mich zu sprechen. Er erwähnte auch mal, dass er sich im Internet auf Recherche nach mir begeben, aber irgendwann aufgegeben hätte.

Ich bin seit 1998 aus beruflichen und privaten Gründen noch zweimal umgezogen. Im Telefonbuch habe ich zur Sicherheit trotzdem keinen Eintrag. Ich bin sicher, dass er mich wieder belästigen würde, wenn er wüsste, wo ich zu finden bin, so wie er früher jede Frau belästigt und verfolgt hat, die ihm einmal ein wenig Aufmerksamkeit und Liebe geschenkt hat. Heute fühle ich mich durch ihn zwar nicht mehr verfolgt, aber ich hatte lange Zeit Schuldgefühle meinen Eltern gegenüber und bereue sehr, mich damals auf ihn eingelassen zu haben. Hass empfinde ich trotzdem keinen. Für mich ist Oliver P. eine tragische Figur, der auch ich leider nicht helfen konnte.

WEHRET DEN ANFÄNGEN

Annabel D., heute fast 40, wurde während ihrer Unizeit von ihrem iranischen Ex-Freund bedrängt und belästigt. Die Nachstellungen währten nur kurz und endeten, ohne dass es zu einer Gewaltanwendung kam. Der Fall kann als Beispiel dafür dienen, wie man durch frühzeitiges und entschlossenes Eingreifen einen Stalkingfall schon im Ansatz beenden kann. Annabel D. hatte sich von ihrem Partner auf eine Art getrennt, die keinen Zweifel zuließ. Dazu kam ein Einsatz der Polizei, der den Stalker einschüchterte. Wie in anderen Fällen konnten die Beamten zwar nichts Konkretes unternehmen, doch da der Stalker Ausländer war und um die Verlängerung seiner Aufenthaltserlaubnis fürchtete, war er schnell eingeschüchtert. Schließlich griff auch noch ein Freund des Stalkers entschlossen zugunsten des Opfers ein.

Ich lernte Mahmoud auf einer Party an der Universität kennen, er war sehr nett und bei allen beliebt, hatte immer ein Lachen auf den Lippen und sah richtig knuffig aus. Er hatte mich angesprochen, und schnell waren wir uns im Gespräch näher gekommen. Ich fand ihn ziemlich nett, aber mehr auch nicht. Er aber hatte sich wohl in mich verliebt, denn von nun an lud er mich immer wieder ein. Wollte mit mir essen gehen, ins Kino oder auf ein Konzert. Er war mir durchaus sympathisch, und deswegen sagte ich meist auch zu. Und ausdauernd war er auch in seinen Flirtbemühungen. Irgendwann lud er mich dann zu sich nach Hause ein, um für mich persisch zu kochen. Er war Iraner und wollte mir auf diese Weise sein Heimatland näher bringen ... und sich wohl auch. Auf jeden Fall landeten wir dann an jenem Abend zusammen im Bett, aber eigentlich wusste ich schon vorher, dass das ein Fehler war. Die gemeinsame Nacht war auch entsprechend, und ich war froh, als ich am Morgen endlich gehen konnte. Trotzdem sah Mahmoud uns von nun an als Paar. Immer öfter wollte er etwas mit mir unternehmen, und immer öfter suchte ich Ausreden, um mich nicht mit ihm treffen zu müssen. Eigentlich fand ich ihn nach wie vor ganz nett, ich spürte aber, dass ich mit jedem Treffen Hoffnungen in ihm weckte, die ich nicht erfüllen konnte. Nachdem ich Mahmoud etwa drei Monate kannte, war ich eine Woche lang auf einem Seminar in Frankfurt, und dort verliebte ich mich in einen anderen Mann. Es knallte und zischte sofort, und jetzt wurde mir endgültig klar, was ich bei Mahmoud vermisst hatte. Es waren die Schmetterlinge im Bauch. Als ich zurückkam, erzählte ich ihm sofort von dem anderen und beendete die Beziehung. Ich sagte ihm ganz klar, dass ich nicht genug für ihn empfinden würde und deswegen unsere Beziehung keine Zukunft haben könne. Klar war er nicht begeistert, aber zunächst nahm er die Trennung ziemlich gefasst auf. In den folgenden Tagen klingelte dann ständig das Telefon bei mir. Es war Mahmoud, der sich mit mir aussprechen wollte. Ich traf mich mit ihm, aber von meiner Seite gab es da gar nicht so viel zu besprechen. Ich war einfach in einen anderen verliebt. Punkt. Ende. Mahmoud wurde nun richtig wütend und wurde laut und aggressiv. So hatte ich ihn noch nie erlebt, und ich war ziemlich geschockt. Trotzdem trafen wir uns noch zwei- oder dreimal zu weiteren »Aussprachen«. Da die aber alle auf dieselbe Weise endeten, sagte ich ihm schließlich klar und deutlich, dass ich ihn nicht mehr treffen wolle. Von da an fing er an, mir an der Universität hinterherzulaufen. Überall wo ich war, war fünf Schritte entfernt auch Mahmoud. Egal, ob ich auf dem Weg zur Mensa oder zur Bibliothek war, er war immer in meiner Nähe. Zumindest wenn ich allein unterwegs war, wenn Freunde dabei waren, tauchte er nie auf. Oft hielt er mich auch auf und wollte mir ein Gespräch aufdrängen, dann wieder stand er an Orten rum, an denen ich auf dem Weg zu meinen Vorlesungen vorbeigehen musste. Das alles war auf den ersten Blick nicht besonders bedrohlich, er wandte auch nie Gewalt an. Trotzdem war ich ziemlich verängstigt, besonders weil ich nicht einschätzen konnte, wie weit er noch gehen würde. Eines Abends stand er dann bei mir vor der Wohnungstür. Er klingelte Sturm und hämmerte wie ein Verrückter gegen die Tür. Da ich mir nicht mehr anders zu helfen wusste, rief ich die Polizei. Die kam auch gleich vorbei, die Polizisten nahmen Mahmouds Personalien auf, sagten mir aber gleichzeitig, dass sie nichts unternehmen könnten. Trotzdem stellte das Auftauchen der Polizei einen ersten Wendepunkt dar. Mahmoud war als Ausländer in Deutschland und hatte große Angst, dass ihm seine Aufenthaltserlaubnis nicht verlängert würde, sollte er sich etwas zuschulden kommen lassen. Seine Nachstellungen ließen zwar nach, hörten aber noch nicht ganz auf. Noch immer tauchte er an der Uni unvermittelt neben mir auf, und so, als würde ich ihn magnetisch anziehen, lief er immer in meiner unmittelbaren Nähe herum. Ich reagierte auf seine Zudringlichkeiten überhaupt nicht, sondern tat so, als wäre er Luft. Irgendwann sprach ich dann seinen besten Freund an und erzählte ihm von Mahmouds Übergriffen. Der war total entsetzt und versprach, ein ernstes Wort mit ihm zu reden. Mahmoud lag unendlich viel daran, deutsche Freunde zu haben, und wollte keinesfalls seinen besten Freund verlieren. Deswegen hatte dessen Wort auch Gewicht. Bald wurden die Nachstellungen weniger. Sie gingen zwar auf niedrigem Niveau noch ein paar Monate weiter, doch irgendwann war Ruhe. Eine ganze Weile später konnten Mahmoud und ich uns sogar freundschaftlich über seine »Aktionen« unterhalten, und er entschuldigte sich für sein Verhalten.

WENN VATER UND SOHN GESTALKT WERDEN

Martin T., 45, und dessen 77-jähriger Vater werden seit fünf Jahren von einer offensichtlich psychisch kranken Frau gestalkt. Sie wirft den beiden vor, dass sie sie telepathisch vergewaltigen würden. Die Justiz zeigt sich bei der Verfolgung der Angelegenheit wenig engagiert und hat bereits mehrere Verfahren gegen die Täterin eingestellt. Die Stalkerin »pausiert« zur Zeit mit ihren Nachstellungen. Martin T. ist aber überzeugt, dass die Verfolgung irgendwann weitergehen wird. Gegenwärtig läuft nämlich erneut ein Verfahren, und immer dann verhält sich die Stalkerin ruhig. Sobald die Justiz die Akten schließt, hat sie aber jedes Mal die Belästigungen wieder aufgenommen.

Seit fünf Jahren werden mein Vater und ich von einer Verrückten gestalkt. Sie hat mich auf einer Veranstaltung im Jahre 2000 gesehen und belästigt uns seit diesem Zeitpunkt. Ich habe sie damals nicht wahrgenommen und weiß bis heute nicht, wie sie aussieht. Auch ihren Namen habe ich erst später erfahren.

Kurze Zeit nach der Veranstaltung klingelte bei mir das Telefon, und eine mir unbekannte Frau fragte, ob ich Martin T. sei. Als ich bejahte, beschimpfte sie mich und beschwerte sich, dass ich sie zusammen mit meinem Vater jeden Tag telepathisch vergewaltige. Eindringlich beschwor sie mich, sofort damit aufhören. Ich konnte den Anruf überhaupt nicht einordnen, versuchte ihr aber gut zuzureden und sie zu beruhigen. Doch offenbar hatte ich damit keinen Erfolg, denn in der folgenden Zeit rief sie mehrmals täglich bei mir oder meinem Vater an. Immer wieder dasselbe: Sie bezichtigte uns, sie telepathisch zu vergewaltigen, und machte uns auch für den Herztod ihres Vaters verantwortlich. Am Tage seines Ablebens hätten wir nämlich in ihrem Wohnzimmer auf Französisch magische Rituale aufgeführt und dabei magischen Staub im Treppenhaus hinterlassen. Dass ich kaum Französisch spreche und mein Vater kein Wort, änderte nichts an ihren Vorhaltungen. Wir würden sie aussaugen und wollten sie umbringen, weil sie zu viel wisse. Immer wieder kamen die Anrufe, und immer wieder machte sie uns die gleichen Vorwürfe.

Irgendwann habe ich dann eine Fangschaltung beantragt, was, nebenbei bemerkt, ein ziemlich bürokratischer Aufwand ist, und so habe ich herausgefunden, wer meine Stalkerin ist. Etwas beruhigt hat mich, dass sie nicht in unmittelbarer Nachbarschaft wohnt und so zumindest nicht die Gefahr besteht, dass sie täglich vor meiner Wohnungstür steht.

Trotzdem wollte ich die Sache endgültig klären und habe sie angerufen. Das Gespräch verlief relativ ruhig, und sie erzählte mir von ihren Wahnvorstelllungen und entschuldigte sich schon fast dafür, dass sie uns belästigte. Danach war für eine Woche Ruhe. Die Hoffnung, dass sie mit den Nachstellungen aufhören würde, verflog aber ziemlich schnell. Denn nach der kurzen Pause rief sie sogar noch öfter an, und immer und immer wieder schrie sie ins Telefon, dass wir endlich aufhören sollten, uns an ihr zu vergreifen. Mein Vater ist auf das Telefon nicht angewiesen, und deswegen ließ er die Anrufe von da ab nur noch über den Anrufbeantworter laufen. So konnte ihn die Stalkerin nicht mehr persönlich erreichen. Ich aber arbeite teilweise von zu Hause aus und muss deswegen jederzeit erreichbar sein. Mich erwischte die Stalkerin deswegen meist am Telefon, und irgendwann warf sie mir dann vor, dass ich sie schon seit 1996 »vergewaltigen« würde – also vier Jahre bevor sie uns zu belästigen begann. Als sie das sagte, erinnerte ich mich an einen sonderbaren Telefonanruf, den ich damals bekommen hatte. Eine Frau hatte auf meiner Bürotelefonnummer angerufen und gefragte, ob ich sie mit »schwarzer Magie« verfolge. Ich war wohl ziemlich verwundert, verneinte, legte schnell wieder auf und vergaß den Anruf. Bis zum Jahre 2000 folgten dann keine weiteren Anrufe dieser Art, aber vermutlich war sie schon damals die Stalkerin.

Inzwischen ruft sie auch Bekannte und Freunde von mir an und »bittet« die, dass sie auf mich einwirken, damit ich aufhöre, sie telepathisch zu vergewaltigen. Im Laufe der Zeit wurden ihre Anrufe im Ton immer schärfer, und sie fing an, mit Mord und Selbstmord zu drohen. Einmal beispielsweise sagte sie, dass ihr eine Stimme zum Selbstmord geraten habe. Wenn sie das tue, werde sie mich aber in den Tod mitnehmen. Schließlich wusste ich mir nicht anders zu helfen und ging zur Polizei. Dort nahm man meine Anzeige sehr freundlich auf und sagte, dass man das schon in den Griff bekommen würde. Wirklich geschehen ist aber nichts. Ich habe inzwischen mehrere Anzeigen gestellt, und es war immer der gleiche Ablauf: Die Polizei nimmt die Anzeige auf, daraufhin hört das Stalking schlagartig auf, die Stalkerin meldet sich nicht mehr und beendet den Telefonterror. Einige Monate später wird das Verfahren von der Staatsanwaltschaft eingestellt und das Stalking beginnt sofort von neuem. Soviel ich weiß, war sie einmal für 14 Tage in der Psychiatrie, aber da sie der weiteren Behandlung nicht zustimmte, musste sie wieder entlassen werden. In einem Schreiben der Staatsanwaltschaft hieß es dazu: »Eine psychiatrische Behandlung ist angesichts des Tatvorwurfs der Beleidigung nicht möglich.« Ich weiß ja nicht, ob man eine Morddrohung als bloße Beleidigung abtun kann! Sie ist zwar bis jetzt noch nie bei mir vor der Haustüre aufgetaucht, aber nach den Morddrohungen hatte ich Angst um mein Leben. Nach solchen Anrufen war ich regelmäßig einige Tage so richtig durch den Wind und konnte kaum mehr arbeiten. Sie glaubt ja, dass ich ihr Leben zerstöre, da kann es schon sein, dass sie irgendwann mal mit einem Messer in der Hand vor meiner Tür steht. Ich habe auch Alpträume und schrecke immer öfter nachts aus dem Schlaf hoch, weil ich im Traum das Telefon klingeln höre. Gegen die letzte Einstellung des Verfahrens habe ich durch meinen Anwalt Beschwerde einlegen lassen. Der musste stattgegeben werden, und inzwischen gibt es auch schon einen Verhandlungstermin.

Ich bin nicht sicher, ob sich dadurch viel ändern wird. Wahrscheinlich ist die Stalkerin wegen ihrer psychischen Störungen ohnehin schuldunfähig und falls nicht, bekommt sie wahrscheinlich höchstens eine Geldstrafe. Andererseits habe ich immerhin momentan Ruhe, denn solange ein Verfahren läuft, verhält sie sich regelmäßig ruhig. So verrückt ist das gar nicht – eher clever.

NICHT GESCHRIEBENE GESCHICHTEN

Genauso interessant wie die Geschichten, die in diesem Buch abgedruckt wurden, sind die, die nicht geschrieben werden konnten. Denn sie zeigen ebenso deutlich, unter welch enormen psychischen und physischen Belastung viele Stalkingopfer stehen.

Eine Dame hatte mir telefonisch die Zusage zu einem ausführlichen Interview gegeben und wir hatten bereits den Gesprächstermin vereinbart. Als ich einen Tag vor dem Treffen die Verabredung bestätigen wollte, sagte sie ab. Zunächst sehr einsilbig meinte sie nur, man habe ihr abgeraten, das Gespräch mit mir zu führen und ihre Geschichte veröffentlichen zu lassen. Als ich vorsichtig nachfragte, begann sie zu erzählen. Sie hatte ihrer Freundin verraten, dass sie vorhabe, einem Journalisten ihre Trennungsgeschichte zu erzählen. Die Freundin hatte es einem Bekannten weitererzählt, der wieder einem Freund und über den kam das Ganze dann zum Ex-Mann. Der stand dann eines Morgens vor ihrer Tür und drohte dem Stalkingopfer, er werde sie »totprügeln«, wenn sie es wage, ihn öffentlich durch den »Dreck zu ziehen«. Verständlich, dass das Opfer von einem Gespräch Abstand nahm.

Allerdings wird niemand sein Stalkingproblem dadurch lösen, indem er den Drohungen des Täters nachgibt. An den individuellen Mut zu appellieren, wäre aber der falsche Weg. Der Staat ist gefordert, er muss den Opfern durch entsprechende Gesetze die Möglichkeit eröffnen, sich auf gerichtlichem Wege gegen den Stalker zu verteidigen. Er muss dafür sorgen, dass Polizei und Justiz so ausgestattet und ausgebildet sind, dass sie offensiv mit der Stalkingproblematik umgehen können.

In einem anderen Fall sagte ein Mann das zugesagte Gespräch ab, weil er fürchtete, er könne sich lächerlich machen, wenn er öffentlich darüber spricht, wie er von einer Frau gestalkt wird. Schlimmer noch, er fürchtete gar um seine Karrierechancen.

»Wissen Sie, wenn jemand in meiner Firma davon erfahren sollte, dass ich mit meiner Ex nicht fertig werde, dann kann ich doch jede Hoffnung auf beruflichen Aufstieg vergessen. Wenn ich schon mit einer kleinen Stalkerin nicht fertig werde, wer glaubt mir dann, dass ich eine Abteilung führen kann?« Aussagen wir diese würde man zeitlich eher in die fünfziger und sechziger Jahre des vergangenen Jahrhunderts einordnen, und in diesem Extrem habe ich sie auch nur einmal erlebt. Ähnliche Argumentationsketten, in abgeschwächter Form, hörte ich aber während der Arbeit zu diesem Buch immer wieder. Viele Männer haben Probleme mit ihrem Selbstbild, wenn sie eingestehen, dass sie sich vor einer Frau fürchten bzw. sich von ihr bedroht fühlen.

Trotzdem: Auch dem Stalkingopfer aus dem obigen Beispiel tat es gut, endlich mit jemandem über sein Problem sprechen zu können. Obwohl der Mann selbst einer anonymen Veröffentlichung seiner Geschichte nicht zustimmen wollte, erzählte er sie mir doch in allen Details. Das ist nicht verwunderlich, denn auch männliche Stalkingopfer haben Gesprächsbedarf und brauchen Hilfe. Die Fähigkeit diese Hilfe zu erbitten bzw. einzufordern wird aber durch das männliche Rollenbild mitunter stark eingeschränkt.

In einem dritten Fall hatte ich mich mit einer gestalkten Frau bereits dreimal getroffen, lange Gespräche geführt und die Geschichte auch schon zu Papier gebracht. Es war der Frau sogar besonders wichtig, dass alle Welt von ihrem Fall erfährt, denn sie wollte Öffentlichkeit für Stalkingopfer herstellen und durch ihr engagiertes Auftreten anderen Opfern Mut machen. Während dieses Buch entstand, blieben wir, auch über ihren Fall hinaus, in Kontakt. Sie erwies sich als kompetente Gesprächspartnerin zum Thema Stalking und gab mir mitunter wertvolle Anregungen, die auch Einfluss auf das vorliegende Buch hatten. Kurz vor Drucklegung kam sie dann bei mir vorbei und erklärte mir nervös, sie müsse ihre Einverständniserklärung zur Veröffentlichung zurückziehen. Als Begründung gab sie an, seit einigen Tagen nähme das Stalking zu und sie habe den Verdacht, dem Stalker sei der Inhalt ihrer Geschichte vorab bekannt geworden. Das Manuskript lag zu diesem Zeitpunkt sicher beim Verlag und dort hatte niemand, außer dem Lektor, Zugang zum Text. Aber natürlich kennt der Stalker die Geschichte – schließlich ist sie ja auch seine eigene.

Die Frau erzählte mir, dass im Theater die Menschen, die hinter ihr saßen, über ihren Fall getuschelt hätten –, völlig unbekannte Menschen, die das Opfer nie zuvor gesehen hatte. Auch Kinder würden auf der Straße ihrem Mann hinterherschreien ... und zwar keine Kindersprüche, sondern Details aus ihrem Stalkingfall. Als ich fragte, wie ihr Mann das empfinde, meinte sie: »Der ist so gutgläubig und naiv, dass ihm das gar nicht auffällt.«

Natürlich können sich die vom Stalkingopfer geschilderten Geschichten genauso zugetragen haben, es ist aber doch eher unwahrscheinlich.

Angstbedingte Überreaktionen darf man aber nicht dem Opfer anlasten, denn durch die jahrelange Verfolgung und Bedrohung entwickeln einige Menschen Ängste, die nicht immer durch die Realität begründet sind. Es wäre aber falsch, wollte man deswegen den gesamten Stalkingfall ins Reich der Phantasie verweisen. Die Ängstlichkeit und das Gefühl verfolgt zu werden, sind häufig Folgen des Stalkings. Die reale Gefahr führt zu einer Übersensibilisierung, und dann sehen die Opfer mitunter auch dort Bedrohungen, wo keine sind. Zwar gibt es auch Fälle, in denen ein Falsches-Opfer-Syndrom vorliegt, sich das vermeintliche Opfer also zu Unrecht verfolgt fühlt. Deren Anteil an der Gesamtsumme der Stalkingopfer ist aber verschwindend gering – man geht davon aus, dass lediglich in zwei von 100 Fällen die Verfolgung nicht der Realität entspricht.

Die drei genannten Beispiele zeigen exemplarisch die Probleme, die viele Stalkingopfer mit ihrem »Outing« haben. Die Angst vor Gewaltanwendung durch den Stalker, sei sie berechtigt oder nicht, und die Furcht sich lächerlich zu machen und mit seinem Problem nicht ernst genommen zu werden, sind die häufigsten Motive, das eigene Stalkingproblem nicht öffentlich zu machen. So lange das nur dazu führt, auf eine Veröffentlichung in einem Buch zu verzichten, ist das kein Problem. Wenn aber selbst Familienmitglieder, Freunde, Bekannte und Verwandte außen vor bleiben, führt das Stalking allmählich zu einer völligen Isolation des Opfers und damit letztendlich auch zur einer Kapitulation vor dem Täter.

NACHWORT

Hoffnungsvolle Zeichen am Horizont

Zum Aufatmen ist es noch zu früh, aber für Stalkingopfer zeigt sich zumindest ein Hoffnungsstreif am Horizont. Nachdem ihre Probleme jahrelang nicht ernst genommen wurden, haben sie nun auch von offizieller Seite Fürsprecher bekommen. Die Politik reagiert, wenn auch sehr spät und zu langsam. Inzwischen besteht aber parteiübergreifende Einigkeit darüber, dass ein Antistalkinggesetz nötig ist. Über den Weg wird allerdings noch gestritten.

Die politische Krise im Jahre 2005, gefolgt von den Neuwahlen am 18. September, bedeutete auch das Scheitern des von der rot-grünen Regierung geplanten Antistalkinggesetzes. SPD-Justizministerin Brigitte Zypries hatte zwar ihren Gesetzentwurf noch im August vom Kabinett absegnen lassen und an den Bundesrat weitergeleitet, doch der verwarf den Entwurf in seiner ersten Sitzung nach der Bundestagswahl.

Was auf den ersten Blick als Niederlage für diejenigen erscheint, die für die Strafbarkeit von Stalking gekämpft haben, erweist sich bei näherem Hinsehen als große Chance. Als die Chance nämlich, ein Gesetz zu schaffen, das den wirklichen Bedürfnissen der Opfer Rechnung trägt.

Die Länder lehnten das Gesetz nämlich nicht ab, weil sie gegen ein Antistalkinggesetz sind, sondern weil ihnen der Zypries-Vorschlag nicht weit genug ging.

Die unionsgeführten Länder kritisierten an dem von der alten rot-grünen Bundesregierung eingebrachten Gesetz, dass es beim Opferschutz unzureichend sei. Der Wortführer der Union, der hessische Justizminister Christean Wagner, befürchtet, dass die Strafverfolgungsbehörden im Extremfall abwarten müssen, »bis es zur Eskalation mit der Folge schwerster Verletzungen oder gar dem Tod des Opfer«[23] kommt.

Als logische Konsequenz aus der Kritik sieht der Gesetzesvorschlag des Bundesrates, der gute Chancen hat, von einer unionsgeführten Koalitionsregierung unterstützt zu werden, eine Deeskalationshaft vor, d.h. ein Wiederholungstäter kann bereits in Haft genommen werden, bevor er zur angekündigten Tat schreitet. Ein solches Gesetz kann Leben retten.

Damit hätte vermutlich der Bremer Stalkingmord, der auch in diesem Buch ausführlich dokumentiert wird, verhindert werden können. Man hätte nicht warten müssen, bis der Täter – der inzwischen zu 13 Jahren Haft verurteilt wurde – seine vielfach angekündigten Drohungen wahrgemacht und seine Ex-Frau getötet hat. Man hätte ihn schon vor der grausamen Tat aus dem Verkehr ziehen können. Vorausgesetzt, das Antistalkinggesetz wird von der neuen Regierung nicht auf die lange Bank geschoben oder im Parteienstreit zerredet, können die Opfer in naher Zukunft endlich auf wirkungsvolle Hilfe des Staates bauen.

Etwas nachdenklich stimmt, dass die alte wie neue Justizministerin offenbar noch nicht von ihrem Gesetzesvorschlag abrücken will und im neuen Bundestag beide Gesetzesvorschläge vorlegen will. Die Frankfurter Rundschau erwartet denn auch erhebliche Abgrenzungsprobleme zwischen den beiden großen Parteien, »an welchem Punkt die Strafwürdigkeit genau anfangen soll.«[24] Trotz aller guten Ansätze bleibt also die Gefahr, dass das wichtige Gesetz zum Spielball im Parteienstreit wird.

Ein neues Gesetz kann aber ohnehin nicht alle Probleme lösen. Stalker werden mit ihrem Tun nicht allein deswegen aufhören, weil es unter Strafe steht. Die Opfer brauchen daher mehr als nur juristische Hilfe. Ihnen wird häufig schwerer seelischer Schaden zugefügt und deswegen muss auch für ausreichend medizinische und psychologische Hilfe gesorgt werden – und das nicht nur für gut betuchte Privatpatienten.

Aber auch die Täter brauchen Hilfe. Das Problem ist, dass viele von ihnen wohl therapiefähig, die wenigsten aber therapiewillig sind. Hier ist nochmals der Gesetzgeber gefordert, der in schweren Fällen auch eine Zwangstherapie möglich machen muss.

Nicht zuletzt muss aber auch die Forschung intensiviert werden, denn zur Zeit gibt es nur sehr wenige wissenschaftliche Studien zum Thema Stalking. Das Datenmaterial ist entsprechend dünn, und viele Schlussfolgerungen zum Täterverhalten stammen deswegen häufig gezwungenermaßen aus dem Bereich der Spekulation. Auch in Zeiten der knappen Staatshaushalte muss für die Förderung wichtiger Forschungsprojekte Geld gefunden werden.

Übrigens: Auch in Österreich wird etwas gegen Stalker unternommen. Dort soll ab Anfang 2006 ein Antistalkinggesetz in Kraft treten. Im Gegensatz zum deutschen Gesetzesvorschlag sieht es zwar nur eine Freiheitsstrafe von bis zu einem Jahr für Stalker vor. Doch immerhin. Auch hier ist ein Anfang gemacht.

Leser, die Kontakt mit dem Autor aufnehmen wollen bzw. Fragen zum Thema Stalking haben, können sich unter der folgenden Mailadresse an ihn wenden: antistalking-berlin@web.de

Berlin, im November 2005

ANMERKUNGEN

[1] Zitiert im Internetportal newsclick.de, 3.3.2005

[2] Tjaden/Thoenness, Stalking in America, 1988, zitiert nach Dreßing/Gass, Stalking, S. 22

[3] Budd/Mattinson, The extent and nature of stalking: findings from the 1998 British Crime Survey. Zitiert nach Dreßing/Gass, Stalking, S. 23

[4] Purcell/Mullen, The prevalence and nature of stalking in the Australian community. In: Australian and New Zealand Journal of Psychiatry, 36, S. 114-120. Zitiert nach Dreßing/Gass, Stalking, S. 23

[5] Dreßing/Gass, Stalking, S. 23

[6] Pathé/Mullen, The impact of stalkers on their victims, The British Journal of Psychiatry 170, S. 12-17. Zitiert nach Dreßing/Gass, Stalking, S. 20

[7] Blaauw et al., The Toll of Stalking. Journal of Interpersonal Violence, 17, S. 50-63, zitiert nach Dreßing/Gass, Stalking, S. 20

[8] Hall, The victims of stalking, in: Meloy, The Psychology of Stalking, zitiert nach Dreßing/Gass, Stalking, S. 20

[9] Dreßing/Gass, Stalking, S. 20

[10] Voß, Zur Psychologie des Stalking, in Bettermann/Feenders. Stalking, Möglichkeiten und Grenzen des Intervention, S. 38

[11] Wondrak, Auswirkungen von Stalking aus Sicht der Betroffenen. In: Bettermann/Feenders. Stalking, Möglichkeiten und Grenzen der Intervention, S. 31

[12] Hoffmann, Star-Stalker: Prominente als Opfer der Obsession. In: Bettermann/Feenders. Stalking, Möglichkeiten und Grenzen der Intervention, S. 38

[13] Stalkenopfer leiden unter Verfolgung. In: Die Welt, 23.2.2005

[14] Wondrak, Auswirkungen von Stalking aus Sicht der Betroffenen, in: Bettermann/Feenders. Stalking, Möglichkeiten und Grenzen der Intervention, S. 31

[15] Pathé/Mullen, The impact of stalkers on their victims, The British Journal of Psychiatry 170, S. 12-17. Zitiert nach Dreßing/Gass, Stalking, S. 83

[16] Sheridan et al., Stalking: Knowns and unknowns. Trauma, Violence & Abuse, 4, S. 148-162, zitiert nach Dreßing/Gass, Stalking, S. 37

[17] Zitate auf dieser Seite nach Taz/Bremen und Weser Kurier vom 10. und 11.3.2005

[18] Brigitte Zypries am 11.5.2004 im Deutsche Welle TV, zitiert nach Pechstaedt, Spezifischer Rechtsschutz gegen Stalking im internationalen Vergleich. In: Dreßing/Gass, Stalking, S. 116

[19] Dreßing/Gass, Stalking, S. 129

[20] Dreßing/Gass, Stalking, S. 133

[21] Dreßing/Gass, Stalking, S. 132

[22] Dreßing/Gass, Stalking, S. 136

[23] zitiert nach RP Online vom 23.9.2005

[24] Knut Pries in der Frankfurter Rundschau vom 27.10.2005

INFOADRESSEN

Selbsthilfegruppen

Selbsthilfegruppe Berlin. www.stalking-selbsthilfe-berlin.de, Tel. 0160/95972620, 030/4434317

Stop! Stalking, Selbsthilfegruppe Bremen. Stalkingstop@aol.com, Tel. 0174/7327557

Stalkingberatung der Bremer Friedensgemeinde. Tel. 0177/7037703

Selbsthilfegruppe Hannover. info@stalking-hannover.de, www.stalking-hannover.de, Tel. 0511/9838690

Angeleitete Selbsthilfegruppe in Bielefeld durch Mitarbeiterinnen des Frauennotrufs. Tel. 0521/124248

Selbsthilfegruppe Coburg (in Gründung). Tel. 09561/891576

Stalkingberatung

Fachberatungsstelle für Stalkingopfer im Beratungszentrum für Frauen in Aschaffenburg. Bodelschwinghstraße 16, sefra@t-online.de, www.sefraev.de, Tel. 06021/2472810

Bundesweite Stalkingberatung. stalkingberatung@web.de, Tel. 0177/7037703

Weitere Hilfsangebote

Kriminalpolizeiliche Beratungsstelle Bremen. Am Wall 196 A, Tel. 0362/19003 (Mo-Do 9-15 Uhr, Fr bis 13 Uhr)

Opfernotruftelefon der Bremer Polizei 0800/2800110, www.polizei-bremen.de

Bundesverband autonomer Frauennotrufe. BaF@frauennotrufe.de, www.frauennotrufe.de, Tel. 0431/9877290

Weißer Ring, Weberstr. 16, 55130 Mainz, www.weisser-ring.de, Tel. 01803/343434 (0,09 Euro/Min.), in Österreich: www.weisser-ring.at, Tel. 07114/200155 (aus ganz Österreich zum Ortstarif)

Telefonseelsorge, www.telefonseelsorge.de, Tel. 0800/1110111, 0800/1110222 (kostenfrei)

Stalkinganwalt Dr. Volkmar von Pechstaedt, kanzlei@pechstaedt.de, www.pechstaedt.de, Tel. 0171/4883511

Webseiten zum Thema Stalking

Zu Stalking gibt es inzwischen im Internet Unmengen von Material, besonders englischsprachige Seiten. Die folgende Auflistung gibt Seiten an, die sich zum Einstieg in die Thematik gut eignen. Auf fast jeder von ihnen findet man über Links Zugang zu weiteren Informationen.

www.stalkingforschung.de – Seite der Arbeitsgruppe Stalking der TU Darmstadt. Sehr gute Hintergrundinfos. Fragebogen für Stalkingopfer.
www.stalkingforum.de – Forum für Stalkingopfer und deren Angehörige. Kompetente Infos.
www.webstalking.de – Diskussionsforum für Stalkingopfer.
www.bmj.bund.de/enid/nj.html – Infoseite des Bundesjustizministeriums mit weiterführenden Links zu offiziellen Stellen.
www.antistalking.com – Sehr gute amerikanische Webseite zum Thema Stalking.
www.stalkingvictims.com – Amerikanische Webseite für Stalkingopfer.

LITERATUR

Romane, die sich mit dem Thema Stalking befassen

Aversano-Schreiber, Dagmar: Die Stalkerin. *Romanmanuskript einer Stalkerin, die ihre Erlebnisse verarbeitet.*

Blobel, Brigitte: Liebe wie die Hölle. Würzburg: Arena, 2003. *Jugendroman. Till war ein guter Freund von Marcia. Irgendwann wird er immer zudringlicher und beginnt ihr aufzulauern. Überall erzählt er, dass er mit Marcia eine Beziehung habe und will, dass sie ihn genauso liebt wie er sie. Sie aber will nicht.*

French, Nicci: Der falsche Freund. München: Bertelsmann, 2004. (Englischsprachige Originalausgabe: Secret Smile, 2003). *Eine kurze Affäre wird für Miranda zum Alptraum, denn der verschmähte Liebhaber gibt nicht einfach auf, sondern verfolgt und bedroht sie. Er schafft es sogar, Mirandas Familie gegen sie aufzubringen. Denn die hält Miranda für hysterisch.*

Highsmith, Patricia: Der süße Wahn. Zürich: Diogenes, 2005. (Englischsprachige Originalausgabe: The Sweet Sickness, 1960). *David Kelsey liebt seine Angebetete so sehr, dass er sogar ein Haus für sie baut. Nur die weiß gar nichts davon und ist zudem verheiratet. Als ihr Mann eine Aussprache mit dem Stalker sucht, stirbt er ...*

Hünnebeck, Marcus: Im Visier des Stalkers. Nienburg: Betzel, 2004. *Kommissarin Anja Hübner jagt einen Frauenmörder. Gleichzeitig trennt sie sich nach einer handgreiflichen Auseinandersetzung von ihrem Freund. Anfangs versucht der, sie mit Aufmerksamkeiten zurückzugewinnen, als Anja jedoch einen neuen Mann kennen lernt, startet ihr Ex-Partner einen verhängnisvollen Rachefeldzug.*

Marklund, Liza und Eriksson, Maria: Mia – ein Leben im Versteck. Hamburg: Rowohlt, 2004. (Schwedischsprachige Originalausgabe: Gömda, 1992). *Nach einer wahren Begebenheit erzählt Liza Marklund die Geschichte einer Frau, die von ihrem afrikanischen Ex-Mann jahrelang verfolgt und bedroht wird und den Nachstellungen schließlich nur dadurch entgehen kann, dass sie ihre Heimat verlässt.*

McEwan, Ian: Liebeswahn. Zürich: Diogens Verlag, 1998. (Englische Originalausgabe: Enduring Love, 1997). *Beim Absturz eines Fesselballons wird Jed Perry auf den Wissenschaftler Joe aufmerksam. Von da an weiß er, dass eine mystische Verbindung zwischen ihnen besteht, und beginnt, Joe zu stalken. Der versucht sich zu wehren, doch seine Versuche laufen ins Leere und gefährden schließlich nicht nur seine Beziehung.*

Schoenle, Annemarie: Du gehörst mir. München: Knaur Taschenbuch Verlag, 2005. *Als Melanie einen Anwalt heiratet, der sie abgöttisch liebt, scheint ihr Glück perfekt. Doch schon bald beginnt er sie zu verfolgen und sie von einem Detektiv überwachen zu lassen. Erst langsam begreift sie, in welcher Gefahr sie schwebt ...*

Deutschsprachige Sachbücher

Bettermann, Julia; Feenders, Moetje (Hrsg.): Stalking. Möglichkeiten und Grenzen der Intervention. Frankfurt: Verlag für Polizeiwissenschaft, 2004.

Dreßing, Harald; Gass, Peter: Stalking! Bern: Verlag Hans Huber, 2005.

Friedrichsen, Gisela: Ich bin doch kein Mörder. München: DVA, 2004.

Hirigoyen, Marie France: Die Masken der Niedertracht. München: dtv, 2004.

Lorei, Clemens (Hrsg.): Themenheft Stalking. Frankfurt: Verlag für Polizeiwissenchaft, 2002.

Palmen, Connie: Idole und ihre Mörder. Zürich: Diogenes, 2005.

Schumacher, Susanne: Stalking. Göttingen: Hainholz Verlag, 2004.

Singer, Ellen: Geliebt, gequält, gehetzt. Bergisch Gladbach: Lübbe Verlag, 2005.

Weiß, Andrea; Winterer, Heide (Hrsg.): Stalking und häusliche Gewalt. Freiburg: Lambertus, 2005.

Englischsprachige Hintergrundliteratur

Dunn, J. L.: Courting Disaster. New York: De Gruyter, 2002.

Meloy, J. R. (Hrsg.): The Psychology of Stalking. San Diego: Academic Press, 1998.

Hobfoll, S. E.: Stress, Social Support and Women. Washington, New York, London: Hemisphere Publishing Corporation, 1986.

Englischsprachige Zeitschriftenaufsätze

Bandura, A. (1977): Self-efficacy. Toward a unifying theory of behavioural change. In: Psychological review, *84*, S. 191-215.

Blaauw, E.; Winkel, F.; Arensman, E.; Sheridan, L.; Freeve, A. (2002): The toll of stalking. The relationship between features of stalking and psychopathology of victims. In: Journal of Interpersonal Violence; 17. S. 50-65.

Budd, T.; Mattinson, J. (2000): The extent and nature of stalking. Findings from the 1998 British Crime Survey. London: Home office.

Hall, D.M. (1998): The victims of stalking. In: Meloy, J.R. (Hrsg.): The psychology of stalking. Clinical and forensic perspectives, S. 113-137.

Hobfoll, S. E. (1989): Conservation of Resources. A New Attempt at Conceptualizing Stress. In: American Psychologist; 44, S. 513-524.

Pathé, M. & Mullen, P. E. (1997): The impact of stalkers on their victims. In: British Journal of Psychiatry; 170, S. 12-17.

Purcell, R., Pathé, M. & Mullen, P. E. (2004). Editoral: When do repeated intrusions become stalking? In: The Journal of Forensic Psychiatry & Psychology; 15, S. 571-583.

Rotter, J. B. (1966): Generalized expectancies for internal versus external control of reinforcement. In: Psychological Monographs; 80, No. 609.

Sheridan, L.P.; Blaauw, E.; Davies, G.: Stalking. Knows and unknows. In: Trauma, Violence & Abuse; 4, S. 148-162

Sheridan, L.P.; Davies, G.; Boon, J. (2001): The Course and Nature of Stalking: A Victim Perspective. In: Journal of Criminal Justice; 40, S. 215-134.

Spitzberg, B.H. (2002): The Tactical Topography of Stalking Victimization and Management. In: Trauma, Violence, & Abuse; 3, S. 261-288.

Spitzberg, B.H.; Rhea, J. (1999). Obsessive Relational Intrusion and Sexual Coercion Victimization. In: Journal of Interpersonal Violence; 14, S. 3-20.

Tjaden, P.; Thoennes, N. (1998): Stalking in America. Findings from the National Violence Against Women Survey. Denver: Center for Policy Research.

DER AUTOR

Rasso Knoller, Jahrgang 1959, arbeitet seit 1989 als Journalist und Autor. Zu Beginn seiner beruflichen Laufbahn war er in Skandinavien als Rundfunkjournalist tätig, seit seiner Rückkehr nach Deutschland schreibt er regelmäßig für Tageszeitungen und Magazine. Daneben hat er beinahe 30 Sachbücher zu den unterschiedlichsten Themen verfasst. Zum Thema Stalking kam er leider nicht nur aus beruflichem Interesse, sondern auch als Betroffener. Seit mehreren Jahren ist er selbst Stalkingopfer und verbindet in diesem Buch daher die journalistische Herangehensweise an das Thema mit seinen eigenen Erfahrungen.

IMPRESSUM

Rasso Knoller
STALKING
Wenn Liebe zum Wahn wird

ISBN 3-89602-675-5

COVERGESTALTUNG
Timo Sudman

KATALOG
Wir senden Ihnen gern kostenlos unseren Katalog
Schwarzkopf & Schwarzkopf Verlag GmbH
Kastanienallee 32, 10435 Berlin
Telefon: 030 – 44 33 63 00
Fax: 030 – 44 33 63 044

INTERNET
www.schwarzkopf-schwarzkopf.de

E-MAIL
info@schwarzkopf-schwarzkopf.de